O
EMBUSTE
POPULISTA

GLORIA ÁLVAREZ
AXEL KAISER

O EMBUSTE POPULISTA

Como os países da América Latina arruinaram-se e como resgatá-los

São Paulo | 2019

Impresso no Brasil, 2019

Título original: *El engaño populista: Por qué se arruinan nuestros países y cómo rescatarlos*
Copyright © 2019 by Gloria Álvarez Cross & Axel Phillip Kaiser von Barents-Hohenhagen

Os direitos desta edição pertencem à
LVM Editora
Rua Leopoldo Couto de Magalhães Júnior, 1098, Cj. 46
04.542-001 • São Paulo, SP, Brasil
Telefax: 55 (11) 3704-3782
contato@lvmeditora.com.br • www.lvmeditora.com.br

Editor responsável | Alex Catharino
Tradução | Lucas Ribeiro
Copidesque | Aline Canejo / BR 75
Revisão ortográfica e gramatical | Moacyr Francisco & Márcio Scansani / Armada
Revisão técnica e preparação de texto | Alex Catharino
Revisão final | Márcio Scansani / Armada
Capa e projeto gráfico | Luiza Aché / BR 75
Diagramação e editoração | Laura Arbex / BR 75
Produção editorial | Alex Catharino & Silvia Rebello
Pré-impressão e impressão | Rettec

Dados Internacionais de Catalogação na Publicação (CIP)
Angélica Ilacqua CRB-8/7057

A474e
    Álvarez, Gloria
    O embuste populista: como os países da América Latina arruinaram-se e como resgatá-los/ Gloria Álvarez e Axel Kaiser ; tradução de Lucas Ribeiro. –– São Paulo: LVM, 2019. 320 p.

    ISBN: 978-85-93751-40-0
    Título original: El engaño populista: Por qué se arruinan nuestros países y cómo rescatarlos

    1. Ciência política 2. Populismo 3. Populismo - América Latina 4. América Latina - Política e governo I. Título II. Kaiser, Axel

19-0621   CDD 320.98

Índices para catálogo sistemático: 1. América Latina - Política e governo 320.98

Reservados todos os direitos desta obra.
Proibida toda e qualquer reprodução integral desta edição por qualquer meio ou forma, seja eletrônica ou mecânica, fotocópia, gravação ou qualquer outro meio de reprodução sem permissão expressa do editor.
A reprodução parcial é permitida, desde que citada a fonte.

Esta editora empenhou-se em contatar os responsáveis pelos direitos autorais de todas as imagens e de outros materiais utilizados neste livro.
Se porventura for constatada a omissão involuntária na identificação de algum deles, dispomo-nos a efetuar, futuramente, os possíveis acertos.

Sumário

Apresentação à Edição Brasileira
Neopopulismo na América Latina... 9
    Ricardo Vélez Rodríguez

Prólogo à edição em espanhol...................................... 47
    Carlos Rodríguez Braun

O Embuste Populista
Como os países da América Latina
arruinaram-se e como resgatá-los

Prefácio dos autores
Emigrar da América Latina?....................................... 59

Parte I
A Mentalidade Populista

Capítulo 1
Anatomia da Mentalidade Populista.. 71

Capítulo 2
O Ódio à Liberdade e à Idolatria ao Estado............................ 73

Capítulo 3
O Complexo de Vítimas.. 83

Capítulo 4
A Paranoia "Antineoliberal".. 97

Capítulo 5
A Pretensão Democrática.. 113

Capítulo 6
A Obsessão Igualitária.. 129

Parte II
Os Descaminhos do Populismo

Capítulo 7
A Hegemonia Cultural como Fundamento do Populismo..... 143

Capítulo 8
**O Papel dos Intelectuais e a Manipulação da
Linguagem no Avanço do Populismo**.................................... 145

Capítulo 9
**Gramsci, Pablo Iglesias e o projeto populista na
Espanha**... 155

Capítulo 10
Os Pais Intelectuais do Socialismo do Século XXI............... 165

Capítulo 11
Chile e Argentina: Lições na Luta pela Hegemonia Cultural ... 183

Capítulo 12
A Igreja Católica e Francisco: O Papa Socialista? ... 211

Capítulo 13
A Estratégia Hegemônica do Foro de São Paulo ... 231

Parte III
Alternativas ao Populismo

Capítulo 14
Como Resgatar nossas Repúblicas ... 241

Capítulo 15
A Alternativa: Republicanismo Liberal ... 243

Capítulo 16
A Estratégia: A Construção de um Novo Senso Comum ... 257

Capítulo 17
A Tática: Inteligência Emocional e Educação Econômica ... 279

Capítulo 18
Os Instrumentos: Redes Sociais e Novas Tecnologias ... 289

Epílogo ... 297

Índice Remissivo e Onomástico ... 303

Apresentação à Edição Brasileira
Por Ricardo Vélez Rodríguez

Neopopulismo na América Latina

O fenômeno do populismo está na crista da onda, não apenas na América Latina, mas pelo mundo afora também. Basta lembrar o perfil populista apresentado, hoje, pelos líderes de grandes potências como Donald Trump, nos Estados Unidos, com seu *slogan* de empreendedor agressivo que apregoa: *"America first"*; Xi Jinping, na China, que vestiu a velha casaca de Imperador e se apresenta como novo líder da ortodoxia comunista, e Vladimir Putin, o salvador da Rússia.

Diante desta proeminência de líderes populistas ao redor do globo a publicação em língua portuguesa do livro *O Embuste Populista* de Gloria Álvarez e Axel Kaiser, pela LVM Editora, torna-se extremamente oportuna para melhor compreendermos os desafios políticos das sociedades democráticas neste início do século XXI. Ao longo de uma parcela significativa do século XX, o populismo foi analisado por diversos autores, a maioria deles de esquerda, como uma característica de muitos governos "de direita" latino-americanos, contudo, após o colapso do bloco soviético foi o meio de sobrevivência ou o caminho para a tomada de poder das esquerdas, como é possível constatar nos exemplos de Cuba, da Venezuela, do Brasil, da Argentina, do Chile e do Peru, dentre outros. No entanto, tal fenômeno parece transcender tanto o espectro da antiga dinâmica entre esquerda e direita quanto os limites da América Latina ou do próprio Ocidente, exigindo uma análise mais detida, o que será o objeto desta nossa apresentação.

As incertezas geradas pela globalização do mercado de trabalho nos países desenvolvidos (pondo em risco a antiga política do *welfare state*); a inclusão na economia de mercado de nações até há pouco tempo dependentes de regimes totalitários (como no Leste europeu); a onda de regimes democráticos surgidos na América Latina nos últimos vinte ou trinta anos e que não conseguiram responder a contento aos reptos crescentes das suas sociedades; as reformas de inspiração liberal, feitas nas economias dos países sub-desenvolvidos, ao longo das últimas décadas, à luz do "Consenso de Washington", reformas que, se bem reduziram a inflação de modo geral, no entanto não tiveram os resultados esperados do ângulo da produtividade, ainda muito sufocada pelas tradições estatizantes e familísticas na gestão da coisa pública; a democratização *sui generis* (com forte presença de uma liderança tradicional e carismática), em países do mundo islâmico (Turquia, Síria, Líbia, Irã); a entrada das nações africanas no período pós-colonial (ao longo da segunda metade do século passado) no caminho da regularização da vida democrática, (num contexto ainda marcado fortemente pelo tribalismo); a desaceleração da economia norte-americana durante os governos de Bill Clinton e de Barack Obama e os freios que esse fenômeno produziu em outras economias, particularmente no nosso continente, essas seriam algumas das variáveis que têm contribuído para o surgimento do populismo, que pode ser considerado, nas versões mais radicais, como uma espécie de doença que afeta às democracias no momento em que entram em crise (de crescimento ou de desgaste).

Mas, também não se pode negar que, nas versões *soft*, o populismo é, fundamentalmente, um estilo de fazer política, com líderes carismáticos corajosos que olham para onde os políticos tradicionais deixaram de olhar, para o lado individual de pessoas que sofrem com as crises dos sistemas, muito além das grandes tipificações sociológicas.

Neste último caso, encontramos populistas que tomam o leme da nau que ameaça naufragar e inspiram, em suas sociedades, graças ao carisma de que gozam, novas esperanças que terminam se tornando porta de saída para a vivificação de instituições caducas. Nesse estilo de governo com tintes fortemente carismáticos, mas que termina dando alento às instituições desgastadas, podemos identificar a ação de estadistas como Donald Trump, nos Estados Unidos; Emanuel Macron, na França; Álvaro Uribe Vélez na Colômbia; François Legault, o conservador que acaba de ganhar as eleições para primeiro-ministro da província de Québec, no Canadá; ou o recente fenômeno de Jair Bolsonaro, no Brasil, que conseguiu unificar as oposições diante do fracasso estrondoso do lulopetismo, ao redor de uma proposta que olha para as reivindicações da classe média, fortemente premida pelas vagas de violência, corrupção, cinismo ideológico e incompetência. Reação característica diante da aparição desse tipo de lideranças reconstrutoras é adotada pela imprensa de esquerda que, célere, batizou impropriamente o novo estilo como "fascismo".

Atendendo às versões menos moderadas da síndrome populista, observamos que nações desenvolvidas, como a França, viram surgir, nos pleitos eleitorais dos últimos quinze anos, figuras de caráter populista situadas em vários parâmetros do espectro ideológico, como Jean-Marie Le-Pen, Joseph Bové ou Ségolène Royal. Na Itália, às voltas com a dramática redução do crescimento econômico se firmou o populista Silvio Berlusconi. Na América Latina, é rica a plêiade de líderes populistas que chegaram ao poder nos últimos vinte anos: o casal Néstor Kirchner (1950-2010) e Cristina Kirchner, na Argentina;

o coronel Hugo Chávez (1954-2013) e Nicolás Maduro, na Venezuela; Rafael Correa, no Equador; Evo Morales, na Bolívia; o ex-bispo católico Fernando Lugo, no Paraguai; o líder sindical Andrés Manuel López Obrador, no México; etc. No Brasil, o populismo carismático de Luiz Inácio Lula da Silva abiu espaço para a aventura lulopetista, com a derrubada da economia nos dois governos presididos pelo "poste" Dilma Rousseff e a interminável série de *affaires* de corrupção, ao ensejo do "Mensalão" e do "Petrolão", objeto da Operação Lava-Jato.

Fenômeno tão amplo merece ser estudado com detalhe. Não me deterei numa caracterização do Populismo, nas suas várias manifestações ao longo do século XX. Isso exigiria um trabalho de mais fôlego, só para dar conta de populismos tradicionais como o de Getúlio Vargas (1882-1954), no Brasil; o de Juan Domingo Perón (1895-1974), na Argentina; o de Jorge Eliécer Gaitán (1903-1948), seguido, depois, pelo de Gustavo Rojas Pinilla (1900-1975), na Colômbia, o ensejado pela longa hegemonia "democrática" do Partido Revolucionário Institucional (PRI), no México, ou o encarnado por ditadores militares como Juan Vicente Gómez (1857-1935) ou Marcos Pérez Jiménez (1914-2001), na Venezuela. Fixarei a atenção no denominado *neopopulismo*, que acompanha as reações das sociedades hodiernas perante a globalização econômica. Tratarei, portanto, de fenômeno atual, que se circunscreve às duas últimas décadas do século passado e que abarca, obviamente, as quase duas décadas transcorridas do presente século XXI.

Até mesmo a ampla e pertinente discussão em *O Embuste Populista* de não consegue da conta de toda a complexidade do tema, que para os que desejam aprofundar a questão além de nossas reflexões e da excelente análise dos autores, ofereço ao final de meu ensaio algumas indicações bibliográficas, além das obras que citarei ao longo do presente texto. Um dos grandes méritos do presente trabalho de Gloria Álvarez e Axel Kaiser ao abordar o populismo está na compreensão de que o fenômeno, em suas diferentes vertentes, possui cinco obsessões hegemônicas que parecem oferecer uma solidez ideológica para um tipo extremamente maleável de ação política. Tais características apontadas pelos autores são as seguintes: 1ª) a idolatria ao Estado; 2ª) o discurso vitimista; 3ª) a paranoia antiliberal; 4ª) a pretensão democrática; 5ª) a obsessão igualitária.

Na busca de introduzir e complementar a investigação de Gloria Álvarez e Axel Kaiser, em *O Embuste Populista*, pretendo desenvolver nesta breve exposição apenas dois aspectos: I) o conceito de *neopopulismo*; II) de que forma esse fenômeno afeta a vida democrática da América do Sul, atualmente e no futuro próximo?[1]

I – O Conceito de Neopopulismo

Dentre as muitas descrições conceituais em voga, deter-me-ei na elaborada pelo filósofo francês Pierre-André Taguieff, que me parece a mais adequada para caracterizar o fenômeno populista nas suas mais recentes manifestações. Para este autor:

---

1 Não tratarei neste texto acerca do fenômeno do populismo atual no México, centrado ao redor de dois pólos: o oficial, do governo de López Obrador, e o "populismo do terror" dos cartéis mexicanos de drogas (notadamente o Cartel dos Zetas, de longe o mais violento de todos). O caso mexicano exige uma abordagem mais sistemática, do ângulo sociológico, por se tratar justamente daquilo que o Nobel mexicano de Literatura, Octavio Paz (1914-1998), denominava de "El Ogro Filantrópico", título, aliás, da sua grande obra (Barcelona: Seix Barral, 1983). Essa feição de pai bondoso e de ogre que castiga vincula-se a um passado longínquo de mitos telúricos indígenas e mitos ibéricos de origem cristã. Por razões semelhantes, não tratarei aqui acerca dos populismos caribenhos e centro-americanos, embora apresentem obras que os abordem de forma completa, do ângulo da ficção literária. Inserem-se tais populismos num contexto antigo, herdeiro do despotismo hispano-árabe vinculado aos tradicionais despotismos de olmecas, maias e astecas, e do vodu caribenho. Os romances *La fiesta del Chivo* [*A Festa do Bode*] de Mario Vargas Llosa e *El señor presidente* [*O Senhor Presidente*] de Miguel Angel Asturias (1899-1974) são, por si sós, fontes suficientemente densas, que mergulham num passado mitológico que desborda os limites temporais assinalados para este trabalho. Ver: VARGAS LLOSA, Mario. *A Festa do Bode*. Trad. Paulina Wacht e Ari Roitman. São Paulo: Alfaguara, 2011; ASTURIAS, Miguel Angel. *O Senhor Presidente*. Pref. Arturo Uslar Pietri; trad. Luis Reyes Gil. São Paulo. Mundaréu, 2016.

O populismo, oscilando entre o autoritarismo e o hiper-democratismo, bem como entre o conservadorismo e o progressismo reformista – não poderia ser considerado nem como uma ideologia política, nem como um tipo de regime, mas como um estilo político, alicerçado no recurso sistemático à retórica de apelo ao povo e à posta em marcha de um modelo de legitimação de tipo carismático, o mais adequado para valorizar a *mudança*. É justamente porque se trata de um estilo, uma forma vazia preenchida do seu jeito por cada líder, que o populismo pode ser posto ao serviço de objetivos antidemocráticos, bem como de uma vontade de democratização[2].

Dois estudiosos brasileiros, Alberto Oliva e Mário A. L. Guerreiro, fazem uma caracterização semelhante: *"Longe de ser uma doutrina, o populismo é um modo de fazer política e de exercer o poder"*[3].

Destacarei, a seguir, 12 características que acompanham ao fenômeno do *neopopulismo* definido, segundo acabamos de ver, como um *estilo político* de amplo espectro ideológico. Alicerçar-me-ei, na identificação dessas características, nos já citados trabalhos de Pierre-André Taguieff e de Mário Guerreiro e Alberto Oliva, bem como nos estudos desenvolvidos por outros estudiosos entre os que se contam Alan Greenspan[4], Horacio Vázquez-Rial (1947-2012)[5], Simon Schwartz-

---

2 TAGUIEFF, Pierre-André. *L'Illusion populiste: Essai sur les démagogies de l´âge démocratique*. Paris: Flammarion, 2ª ed., 2007. p. 9.

3 GUERREIRO, Mário A. L. & OLIVA, Alberto. "Populismo: Ilusionismo e Auto-engano". *Banco de Idéias*, Volume 10, Número 37 (dezembro 2006 / janeiro-fevereiro 2007): 7-10. p. 7.

4 GREENSPAN, Alan. "América Latina e populismo". *In*: *A Era da Turbulência: Aventuras em um Novo Mundo*. Apres. Pedro Malan; trad. Afonso Celso da Cunha Serra. Rio de Janeiro: Elsevier, 2008. p. 322-32.

5 VÁZQUEZ-RIAL, Horácio. *La izquierda reaccionaria: Síndrome y mitologia*. Barcelona: Edições B, 2ª. ed., 2003.

man[6], Álvaro Vargas Llosa[7], Francisco Weffort[8] e Guillermo O'Donnell (1936-2001)[9], dentre outros.

1) **Soteriologia**. O estilo político do *neopopulismo* se encarna na figura do *salvador do povo*, quando se juntam os aspectos da retórica fácil com os relativos à modalidade de legitimação que Max Weber (1864-1920) identificava como carismática[10]. A respeito, frisa Taguieff:

> A combinação do populismo-retórico com o populismo-legitimação carismática encarna-se na figura do demagogo ou do tribuno do povo, personagem que é, ao mesmo tempo, expressão, guia e *salvador* do *povo*, e que se apresenta como homem providencial e realizador de milagres – ou de um porvir maravilhoso[11].

O povo, para o líder populista, é uma entidade mítica afinada misteriosamente com o seu carisma pessoal. Essa feição arcaica do populismo é assim destacada por Taguieff:

---

6 SCHWARTZMAN, Simon. *Coesão Social, Democracia e Corrupção*. São Paulo: Instituto Fernando Henrique Cardoso – CEPLAN, 2007.

7 VARGAS LLOSA, Álvaro. "Populismo e Ditadura" (entrevista). *Banco de Idéias*, Volume 11, Número 39 (junho-agosto 2007): 17-23.

8 WEFFORT, Francisco. "Le populisme dans la politique brésilienne". *Les Temps Modernes*, Number 257 (Octobre 1967): 624-49.

9 O'DONNELL, Guillermo. "Populismo". In: *Dicionário de Ciências Sociais*. Rio de Janeiro: Fundação Getúlio Vargas / Fundação de Assistência ao Estudante, 1986. Vol. 2, p. 935-37.

10 WEBER, Max. *Economia y Sociedad: Esbozo de Sociologia Comprensiva*. Ed. Johannes Winckelmann; notas de José Media Echavaría; trad. José Medina Echavarría, Juan Roura Parella, Eduardo García Máynez, Eugenio Ímaz e José Ferrater Mora. México: Fondo de Cultura Econômica, 2ª ed., 1977. p. 847-88. Ver, também: WEBER, Max. *On Charisma and Institution Building*. Chicago: University of Chicago Press, 1968.

11 TAGUIEFF, Pierre-André. *L'Illusion populiste. Op. cit.*, p. 10.

É necessário não desconhecer a dimensão mitológica de todo populismo, que reside na tese, sempre pressuposta, de que *o povo* existe e de que ele é dotado de uma unidade que lhe confere a sua identidade (ou a unicidade de sua figura), em face das elites ou das potências ameaçadoras, ou contra elas[12].

2) **Personalismo.** O líder populista trabalha somente para a sua causa pessoal e, para isso, elabora um discurso em que esta aparece identificada com a causa do povo, dando ensejo, assim, a uma deformação do princípio da soberania; ele é um *demagogo cínico*. A respeito da alteração que o princípio da soberania sofre nas mãos do líder populista, escreve Taguieff:

> O princípio democrático da soberania, isolado e privilegiado em relação aos princípios liberais da separação e limitação dos poderes, pode ser objeto de interpretações diversas e inspirar múltiplas práticas, para as quais ele serve de modo de legitimação. Nesse sentido, o populismo é definível como a demagogia da época democrática, ou como a forma mínima assumida pela demagogia, quando o povo é tratado como uma categoria que pertence ao domínio do sagrado e fazendo parte de um culto[13].

É na trilha do reforço à sua ação individual que o líder populista, no sentir de Alberto Oliva e Mário Guerreiro, coloca toda a sua iniciativa política, a fim de manter os subordinados numa condição de dependência pessoal dele. A propósito, os mencionados estudiosos destacam o seguinte:

---

12 Idem. *Ibidem*. p. 31-32.

13 Idem. *Ibidem*. p. 10-11.

O fato de *povo* ser uma entidade de difícil caracterização permite aos populistas se apresentarem como seus porta-vozes. A nebulosidade do conceito de povo propicia as mais diferentes formas de retórica engabeladora. É da ambiguidade que se nutre o populismo. A busca de um contato *direto* com as massas tem geralmente por objetivo manipular tanto seu imaginário quanto suas carências. A despeito de todas as sublimações, o sonho dos populistas é exercer o poder da forma a mais concentrada possível[14].

3) **Demagogia.** O líder *neopopulista* é um demagogo que explora sistematicamente, no seu discurso, o ressentimento das massas contra as elites. Esse ressentimento alicerça-se, no caso latino-americano, como frisa Álvaro Vargas Llosa, no fato de que *"temos uma cultura de pedintes, em lugar de uma cultura de criadores de riqueza"*[15]. A respeito desse artifício, escreve Taguieff:

> Supõe-se, de início, que um líder é *populista*, quando se esforça por fazer crer para fazer agir, se dirigindo diretamente ao *povo* para melhor manipulá-lo e utilizá-lo. O que vem a conferir ao termo *populismo* o sentido do velho termo *demagogia* é ou bem o ato de agradar ao povo, e mais particularmente, *a parte baixa do povo,* para fazê-lo agir ou aceitar alguma coisa, sob a condição de que esse discurso agradável implique uma denúncia dos supostos responsáveis pelos males que são deplorados – no caso, as elites. É por isso que numerosos intérpretes do fenômeno populista insistem na exploração cínica, pelo líder, do ressentimento das massas contra as elites. O que leva a

---

14 GUERREIRO, Mário A. L. & OLIVA, Alberto. "Populismo: Ilusionismo e Auto-engano". *Op. cit*, p. 7.

15 VARGAS LLOSA, Álvaro. "Populismo e Ditadura" (entrevista). *Op. cit.*, p. 19.

reduzir o populismo a alguma coisa como a patologia da democracia liberal/pluralista[16].

Essa patologia, nos casos mais extremados, conduz ao esmagamento de qualquer oposição, em obediência aos imperativos da "vontade soberana do povo", expressos no imperativo unipessoal do líder carismático. Modalidade de democratismo que termina sepultando as possibilidades de construção de uma democracia pluralista verdadeiramente moderna. A propósito, escreve Taguieff, enfatizando a ambiguidade do fenômeno populista, que oscila

> Entre um hiper-democratismo (realização do sonho da transparência veiculada pelo ideal da democracia direta) e um antidemocratismo alimentado por pulsões ou pretensões autoritárias. Este é um aspecto essencial daquilo que pode ser caracterizado como a *ambiguidade do populismo*. Mas podemos entender também, por populismo, alguma coisa como um democratismo abusivo, uma demissão das elites da inteligência e do saber em face da massa, cujo poder funciona, desde logo, como poder de decisão. O triunfo da *doxa* constitui uma figura da tirania do maior número, índice do reino da quantidade. O povo sempre teria razão contra aqueles que o contradizem, tidos como rivais ou inimigos[17].

É uma versão atual e bem latino-americana da *tirania da maioria*, que Alexis de Tocqueville (1805-1859) [1992: 300-318] identificava como um dos riscos da democracia[18].

---

16 TAGUIEFF, Pierre-André. *L'Illusion populiste. Op. cit.*, p. 11-12.

17 Idem. *Ibidem*. p. 29.

18 TOCQUEVILLE, Alexis de. *De La Démocratie en Amérique. In: Oeuvres II*. Ed. André Jardin, Jean-Claude Lamberti e James T. Schleifer. Paris: Galli-

4) **Sedução.** O líder *neopopulista* é um sedutor das massas populares, utilizando, para isso, a mídia e as pesquisas de opinião. Frisa Taguieff:

> Nas democracias representativas modernas, que se inclinam em direção à democracia de opinião, trata-se, para todo *populista*, de induzir o maior número possível de cidadãos a votarem no sedutor que ele encarna, notadamente no meio de uma popularidade construída, legitimada e medida pelas pesquisas de opinião. Trata-se de levá-los a confiar no líder, se esforçando por seduzir, por todos os meios disponíveis, o maior número possível de eleitores[19].

O caráter sedutor do populismo hodierno assoma nos apelos para reforçar a confiança das massas no líder. *Confiem em mim!* Essa seria a palavra de ordem. Modalidade ampla de paternalismo, que convive muito bem com as antigas formas de patimonialismo, nos contextos em que se preservaram tais formas de dominação, alheias ao contratualismo europeu-ocidental. A propósito, Taguieff escreve:

> Ora, a análise das formações populistas permite estabelecer que o fenômeno neopopulista, na Europa, não pressupõe a existência de uma coerência doutrinária, que conferiria identidade a uma *ideologia populista*. Isso vale, também, para as formas neopopulistas que surgem com as *novas democracias* pós-ditatoriais ou pós-totalitárias, democracias *frágeis*, que se observam notadamente na América Latina ou na Europa do Leste. A mensagem neopopulista se reduz a um *confiem em mim!* Ou *sigam-me!* *Slogans* pronunciados por demagogos expertos na explo-

---

mard, 1992. (Bibliothèque de La Pléiade). p. 300-18. Ver, também: VÉLEZ-RODRÍGUEZ, Ricardo. *A Democracia Liberal Segundo Alexis de Tocqueville*. São Paulo: Mandarim, 1998.

19 TAGUIEFF, Pierre-André. *L'Illusion populiste. Op. cit.*, p. 12.

ração dos recursos mediáticos. A bem da verdade, não há ideologia populista, somente havendo sínteses entre protestas populistas e tal ou qual construção ideológica. O populismo constitui um estilo político alicerçado na convocação ao povo, bem como sobre o culto da defesa do povo, compatível, em princípio, com todas as grandes ideologias políticas (liberalismo, nacionalismo, socialismo, fascismo, anarquismo etc.)[20].

5) **Contestação.** O *neopopulismo* contemporâneo parece emergir do desgaste das democracias representativas, a fim de apresentar uma alternativa democrática, de caráter contestatório. Na América Latina, como destaca O'Donnell tal fenômeno ocorre como reação contra *"formas tradicionais de dominação autoritária"* que conduziram a *"democracias de participação restrita"*[21]. Seja como for, o populismo é uma resposta diante de práticas políticas insatisfatórias e que não representam os interesses da sociedade. A propósito deste ponto, escreve Taguieff:

> A crise da representação, interpretada nos anos 1990 como *crise de confiança nas democracias pluralistas*, parece ter feito surgir condutas ou atitudes de desconfiança que, pela sua normalização social, tendem a desenhar a figura de uma *antidemocracia* de caráter contestatório[22].

Nos hodiernos *populismos telúricos* latino-americanos (chavista, zapatista, "moralista" etc.), os líderes aparecem como iconoclastas dos sistemas tradicionais de governo. Tudo deve ir por água abaixo: leis, decisões judiciais, instituições das denominadas *democracias burguesas*, dando a impressão de que se colocou em marcha um verdadeiro *tsunami*

---

20 Idem. *Ibidem.*

21 O'DONNELL, Guillermo. "Populismo". *Op. cit.*, p. 935.

22 TAGUIEFF, Pierre-André. *L'Illusion populiste. Op. cit.*, p. 15.

que levará tudo para o fundo, só restando o líder populista e o povo. Essa iconoclastia aparece como operação de limpeza a ser efetivada, à maneira rousseauniana, pelos "puros" (o líder e os seus asseclas).

Consolida-se, assim, um tipo de populismo contestatório, que é caracterizado por Taguieff, nos seguintes termos:

> Enfim, o apelo direto ao povo *contra os de cima* ou contra *os do outro lado* orienta-se pela dupla prescrição de romper com o sistema político existente e de mudá-lo: *acabar* com a *burocracia*, a *partidocracia*, a *plutocracia* etc. Apelo à mudança, que amiúde assume a forma de um *varrer a sujeira* ou de uma grande *operação de limpeza*. Quando prevalece a função tribunícia que expressa politicamente a protesta social, o populismo pode ser chamado de *contestatório*[23].

6) **Ação direta.** O líder *neopopulista* apela para a vinculação direta entre ele e o povo, dispensadas mediações institucionais, como as que dizem relação ao governo representativo. É uma espécie de *ação direta* do líder carismático sobre as massas, em que, certamente, são utilizadas as novas tecnologias como a comunicação *on line*, via *chats*, *blogs* ou foros de debate. A propósito, escreve Taguieff:

> Enquanto que, nas democracias pluralistas instaladas e tranquilas, a política supõe mediações e contemporizações – sendo que os debates e as deliberações requerem tempo, bem como mediadores e lugares de mediação –, o imaginário antipolítico do populismo centra-se totalmente na rejeição das mediações, consideradas inúteis ou nocivas. Os líderes populistas propõem-se a derrubar a barreira ou a distância, ou seja, qualquer diferença entre governantes e governados, representantes e representados, ou bem

---

23 Idem. *Ibidem*. p. 20.

sugerem que eles possuem o poder para abolir qualquer distância entre os desejos e a sua satisfação, de suspender este aspecto do princípio da realidade que é constituído pela inserção na duração, pelo respeito aos prazos, pela contemporização[24].

Trata-se, certamente, da irrupção pura e simples da magia na vida política. O líder-salvador tem o poder extraordinário de satisfazer instantaneamente os desejos das massas, só com a dinâmica onipotente de sua vontade, e sem que intermedeiem outras instâncias pessoais ou institucionais. O líder-salvador pode encarnar uma tradição ancestral de antigas civilizações, como é o caso de Evo Morales, identificado e coroado por um grupo de intelectuais bolivianos na qualidade de *"líder supremo dos indígenas do Continente Americano"*[25], antes de ser aclamado como tal pelo povo camponês, quando da sua eleição para a presidência de seu país. Essa relação direta entre líder populista e povo se expressa, no mundo contemporâneo, pela utilização frequente da consulta direta via *referendum* ou plebiscito, promovida pelo líder a fim de firmar a sua vontade sobre quaisquer procedimentos institucionais alheios aos seus propósitos. É a prática que um *neopopulista*, como Chávez, soube utilizar de maneira perfeita.

7) **Semelhança popular.** Apela-se, no contexto do populismo contemporâneo, para restabelecer uma relação de semelhança entre o líder e o povo. As antigas elites são desprezadas, na medida em que não se assemelham à massa popular, não possuem a sua alma. O governo, para ser legítimo, tem de estar presidido por alguém que *tenha a cara*

---

24 Idem. *Ibidem*. p. 16.

25 CARRANZA, Alejandra & USTARIZ ARCE, Reginaldo. *Evo Morales, um indígena presidente: Como um aimará voltou ao poder*. Trad. Carolina Elizabeth Osinaga Ustariz e Hebe Terán Arnéz. São Paulo: Brasbol, 2006. p. 9.

e a alma do povão. Essa tese da ausência de semelhança entre líderes e liderados e da necessidade de restabelecê-la é antiga e se remonta a fontes diversas: Jean-Jacques Rousseau (1712-1778), Maximilien Robespierre (1758-1794) e John Stuart Mill (1806-1873)[26].

No seio dos hodiernos populismos suscitados pela integração europeia, prevalece a denúncia de que as elites subordinadas a Bruxelas teriam traído o povo das suas nações, tendo-se colocado a serviço de interesses internacionais. Essas elites não retratam a cara dos seus povos respectivos. A respeito, o Taguieff escreve:

> O que chama a atenção do leitor, à primeira vista, em relação aos discursos nacional-populistas contemporâneos é, de um lado, a oposição à construção europeia (indo do euro-ceticismo até a pura e simples rejeição), e, de outro lado, a denúncia virulenta contra a globalização. O antieuropeismo não é aqui mais do que uma variável do antielitismo: se a União Europeia é objeto de críticas, é porque ela seria construída e dirigida por elites *separadas do povo* e convertidas em estrangeiras em face dos povos europeus. Quanto aos atores sociais mobilizados pelos partidos populistas, podem ser caracterizados, genericamente, como *perdedores da globalização*. Na retórica do novo populismo, à denúncia do sistema político vigente se junta, pois, a de que se trata de uma realidade *mundialista*, interpretada como um complô contra os povos e as nações. O antielitismo e a antiglobalização formam um círculo vicioso que se alimenta do imaginário conspiratório[27].

---

26 TAGUIEFF, Pierre-André. *L'Illusion populiste. Op. cit.*, p. 17.

27 Idem. *Ibidem*. p. 28.

Esse seria um dos elementos preponderantes do neopopulismo de Donald Trump, segundo vários dos seus críticos.

8) *Ampla fenotipia.* Sendo o *neopopulismo* um *estilo* propriamente dito, o seu formato pode informar diversos conteúdos. Três são, segundo Taguieff, as principais manifestações do fenômeno: populismo político, agrário e cultural. Eis a caracterização que deles traça o mencionado autor:

> Os populismos políticos apresentam-se como mobilizações ou como regimes compatíveis com qualquer ideologia (socialismo, comunismo, nacionalismo, fascismo, anarquismo, liberalismo etc.). Assim, os cesarismos populistas latino-americanos são formas de nacionalismo; há populismos que são reacionários, até mesmo racistas, mas não se lhes pode desconhecer nem as realizações parciais da democracia populista (na Suíça, por exemplo), nem o *populismo dos políticos*, que pode ser definido, segundo Margaret Canovan, como o apelo à reunião do povo para além das diferenças ideológicas. Os populismos agrários, alicerçados na idealização do *povo-camponês*, ou na estrita defesa dos seus interesses, podem estar ligados a uma forma de messianismo (o populismo russo), a uma reação antiurbana e antiestatizante (o radicalismo dos proprietários rurais de certos Estados norte-americanos) ou a uma variante do nacionalismo étnico (Polônia, Romênia). Quanto ao populismo cultural, manifesta-se na literatura, na pintura ou no cinema, todas as vezes que, nessas manifestações artísticas, predominam temas referidos à vida do povo comum, do *povinho* ou da *gente do lugar*, como se dizia antigamente ou, como se diz hoje, das *massas* ou *dos de baixo*[28].

---

28 Idem. *Ibidem.* p. 20-21.

9) **Denuncismo.** O estilo *neopopulista* de fazer política está acompanhado, quase sempre, de uma variante da mídia: a imprensa que denuncia, de forma sistemática, os males sociais como provenientes das artimanhas dos de cima contra os de baixo.

> A sensibilidade populista confunde-se amiúde com a sensibilidade em face da miséria, e o estilo populista com o estilo *proletário* ou *plebeu*. O seu postulado ideológico é que os *Grandes* ou *Os de cima* mentem e se enriquecem às expensas das pessoas comuns, descritas como vítimas que sofrem. Essa sensibilidade que mistura sentimentos de revolta e compaixão se expressa, encenada e instrumentalizada com fins comerciais, em numerosos diários e semanários que rivalizam em matéria de denúncia contra as elites, mediante a revelação de escândalos que as inculpam. É nesse sentido que se pode dizer que há uma imprensa populista (...)[29].

10) **Feição antipolítica.** Estilo eminentemente individual de relacionamento entre o líder carismático e o povo, o *neopopulismo* é, paradoxalmente, *antipolítico*, na medida em que rejeita qualquer institucionalização no exercício do poder; o líder populista aproxima-se, destarte, do ideal do mínimo institucional, com a finalidade de manter incólume a sua relação de prestígio pessoal em face do povo. Gabriel García Márquez, em *O Outono do Patriarca*, deixou clara essa característica, ao mostrar a despreocupação do líder – Juan Vicente Gómez, encarnado no *Autocrata solitário* – para com a estrutura do Estado, reduzido aos limites da sua casa[30]. Qualquer mediação que escape ao seu poder pessoal incomoda. Qualquer liderança que apague

---

29 Idem. *Ibidem*. p. 21.

30 GARCÍA MÁRQUEZ, Gabriel. *El otoño del patriarca*. Buenos Aires: Debolsillo, 4ª ed., 2005. p. 41.

a sua presença deve ser banida. Taguieff completa, da seguinte forma, a descrição desta característica do populismo contemporâneo:

> As novas formas de populismo, na Europa especialmente, caracterizam-se pela sua orientação antipolítica, que se revela na aparição de paradoxais partidos anti-partidistas nos contextos marcados pela crise da representação política, até mesmo pela crise de confiança nas democracias representativas. Daí provém a rejeição à classe política, que implica, por sua vez, na negação das diferenças político-ideológicas institucionalizadas e dos próprios partidos[31].

A classe política, para os líderes *neopopulistas*, é totalmente corrupta, não vale a pena o trabalho de moralizá-la ou modificá-la, deve-se prescindir dela. Os novos governantes devem surgir diretamente do seio do povo, sem mediações partidárias ou institucionais. Apela-se, aqui, para o antigo sentimento jacobino da *pureza* ou da *virtude*. Somente é puro ou virtuoso aquele que provém das entranhas populares. A respeito deste ponto, escreve Taguieff:

> O eco que encontram os líderes populistas depende, notadamente, de um fator circunstancial: o sentimento, fortemente espalhado, de que a *classe política, afastada, até mesmo segregada do povo é toda ela corrupta*, não reformável. Através da tomada de consciência dessa crise profunda de legitimidade, desenvolve-se a convicção de que é necessário, em consequência, mudar as elites dirigentes, fazê-las surgir do povo, a fim de que os governantes *se assemelhem* aos governados, que os representantes se aproximem, portanto, dos representados. Essa exigência democrática de similitude é lembrada, entre outros,

---

31 TAGUIEFF, Pierre-André. *L'Illusion populiste. Op. cit.*, p. 22.

por John Stuart Mill. O ideal consiste no seguinte: os governantes devem ser, de modo insofismável, filhos do povo. É isso precisamente que Platão recusava no regime democrático, em que os governantes se assemelham aos governados e os governados aos governantes, fazendo da democracia um tipo de governo intrinsecamente contingente. Esse é, também, um velho sonho dirigido especialmente, na modernidade europeia, contra o quase--racismo existente no Antigo Regime entre as classes superiores e as inferiores, dos de cima (*de sangue claro e puro*) e dos de baixo (*de sangue vil e abjeto*). Trata-se, pois, de democratizar o elo representativo pela aproximação e a maximização da semelhança entre representantes e representados. Lucien Jaume destaca criteriosamente que o clube dos Jacobinos assimilou, de Rousseau, aquilo que o poderia legitimar, a saber: a tese normativa de que *somente delegados ou mandatários virtuosos (à imagem de um povo virtuoso) poderiam reconciliar a soberania do povo com a sua representação,* ou ainda que, para falar como Robespierre, se o corpo representativo *não é puro e quase identificado com o povo, a liberdade se perde*[32].

A opção neopopulista pela *antipolítica*, cruzada com a secular tradição patrimonialista ibero-americana que faz da coisa pública negócio a ser tangido pelos donos do poder, como se fosse a sua propriedade privada, transfere para o reino do Estado uma atitude de não profissionalismo e de espírito familístico, que fazem com que aquele perca a competitividade necessária nos tempos atuais. A respeito desse fenômeno, Mário Guerreiro e Alberto Oliva destacam o seguinte, adotando, nesse ponto, os arrazoados do cientista político argentino Torcuato Di Tella (1929-2016):

---

32 Idem. *Ibidem*. p. 23-24.

O fato é que existe uma forma *subdesenvolvida* de se fazer política, de se administrar e prover serviços públicos essenciais. A maioria dos países da América do Sul não consegue encaminhar soluções objetivas para seus problemas e dilemas sóciopolítico-econômicos. Talvez por isso muitos de seus governantes sejam aprendizes de ditadores e recorram à retórica escapista de que *só a revolução dá jeito*[33].

11) **Antielitismo.** Os hodiernos populismos têm uma enorme carga de ressentimento em face das dificuldades que enfrentam os países em vias de desenvolvimento. Os problemas sociais são atribuídos, de forma maniquéia, à presença, no cenário internacional do mundo globalizado, de nações líderes ou poderosas. Esse sentimento ganha destaque em face dos Estados Unidos (especialmente nos casos latino-americano e árabe), ou de Israel (no caso palestino). Taguieff detalha, da seguinte forma, esta característica:

> Quanto ao antiamericanismo que, depois do início dos anos 90, revela-se, via de regra, associado a um *antissionismo* virulento, aparece em todas as formas, de esquerda e de direita, do novo populismo. O antielitismo assume ali, corriqueiramente, a forma clássica da teoria do complô: (*Dizem-nos mentiras*; *somos enganados; somos passados para trás*), sobre a base da convicção de que o povo é vítima de um complô organizado contra ele pelos *de cima* ou pelos *de fora* ou pelos *de lugar nenhum*, identificados com as elites transnacionais ou cosmopolitas (os *novos donos do mundo*), que encarnam o mal político. O antielitismo deriva,

---

33 GUERREIRO, Mário A. L. & OLIVA, Alberto. "Populismo: Ilusionismo e Auto-engano". *Op. cit*, p. 9.

amiúde, em conspiracionismo: a *globalização* é imaginada como a fonte de todos os males da humanidade[34].

Vázquez-Rial também destacou a presença do binômio antiamericanismo / anti-semitismo nos discursos de líderes *neopopulistas* na Conferência Mundial contra o Racismo, a Discriminação Racial, a Xenofobia e a Intolerância, reunida em Durban, em 2001, pouco antes dos ataques de 11 de setembro[35]. No caso do *neopopulismo* brasileiro, é de se destacar o antiamericanismo que inspirou a política externa dos governos de Lula. No plano internacional, o governo brasileiro preferiu se distanciar dos Estados Unidos e se alinhar com a França, sem levar em consideração que, como frisam Eduardo Viola e Héctor Ricardo Leis, este país *"é o que mais fortemente se contrapõe à agenda econômica brasileira"*[36].

12) **Nacionalismo.** De um modo paradoxal, os *neopopulismos* telúricos latino-americanos (Chávez, Correa, Morales, Lugo) partem para um acirramento da onda estatizante, a fim de reagir contra as privatizações efetivadas pelas elites liberal-conservadoras nos momentos anteriores. Elas teriam traído a causa do povo ao entregar às multinacionais a riqueza do país. Sem que tal processo signifique uma racionalização do Estado, os novos messias partem para estatizar em nome do povo, politizando, nos casos mais moderados (como no populismo petista) as agências reguladoras, que são tiradas do domínio dos técnicos e entregues às lideranças sindicais, essas sim, representativas do *povão*.

---

34 TAGUIEFF, Pierre-André. *L'Illusion populiste*. Op. cit., p. 23.

35 VÁZQUEZ-RIAL, Horácio. *La izquierda reaccionaria*. Op. cit., p. 247.

36 VIOLA, Eduardo & LEIS, Héctor Ricardo. *Sistema internacional com hegemonia das economias de mercado: Desafios do Brasil e Argentina*. Florianópolis: Insular, 2007. p. 121.

No contexto dessa nacionalização, emerge uma espécie de mágica econômica, que produz resultados alvissareiros.

É o denominado por Alan Greenspan de "populismo econômico", caracterizado da seguinte forma:

> O populismo econômico imagina um mundo mais simples e direto, no qual as estruturas teóricas não passam de dispersões em relação às necessidades evidentes e prem=mentes. Seus princípios são simples. Se há desemprego, o governo deve contratar os desempregados. Se o dinheiro está escasso e as taxas de juros, em consequência, estão altas, o governo deve impor limites artificiais ou, então, imprimir mais dinheiro. Se as importações estão ameaçando empregos, proíba as importações[37].

Esta característica nacionalizante, na Europa hodierna, tomou um rumo *sui generis*: o da contestação antimundialista que exclui imigrantes, no desenvolvimento de um modelo econômico nacional--populista. Nele, as oportunidades de trabalho devem ser preservadas, exclusivamente, para os representantes da *autêntica* nação (francesa, alemã, austríaca, etc.). A propósito, Taguieff escreve:

> A segunda vaga populista tem-se caracterizado pela geminação da dimensão contestatória e a de origem nacionalista, privilegiando o motivo da identidade – essencialmente definido contra a *ameaça* da *imigração-invasão*. Essa tendência irrompeu na França, onde a entrada em cena política do Front National (FN) produziu-se em 1983-1984, ao mesmo tempo em que se impunha a figura emblemática de Jean-Marie Le Pen, o seu líder carismático. Essa onda logo afetou a Áustria, com o avanço do

---

37 GREENSPAN, Alan. "América Latina e populismo". *Op. cit.*, p. 326.

Partido da Liberdade (FPÖ), encarnado em Jörg Haider a partir de 1986. A evolução dessas duas formações políticas ilustra a oscilação do novo populismo entre um pólo contestatório e um pólo de identidade: enquanto predomina o exercício da função tribunícia (expressão política do mal-estar social, da raiva de grupos ameaçados ou excluídos), o populismo é de tipo contestatório; já quando prevalecem as preocupações com a identidade (defesa da identidade nacional, rejeição à imigração) apresenta-se como um nacional-populismo[38].

II – De que forma o fenômeno do neopopulismo afeta a vida democrática da América do Sul, atualmente e no futuro próximo?

Inserido o estilo populista de governar no contexto da tradição patrimonialista latino-americana, a principal consequência é o reforço à tendência que faz da política iniciativa do líder patrimonial, num contexto de espírito clânico e familista. Efetivamente, no patrimonialismo encontramos a privatização da iniciativa política por parte dos denominados "donos do poder". A sociedade é fraca. O Estado é mais forte do que a sociedade. E, no interior deste, a ação do líder é mais forte do que as iniciativas dos membros da sociedade.

Na atual conjuntura latino-americana observamos isso: a preponderância de políticas personalistas, formuladas pelos líderes *neopopulistas*, muitas vezes na contramão das expectativas das respectivas sociedades: ocorreu isso na Venezuela dos presidentes Chávez e Maduro, no Equador do ex-presidente Correa, na Bolívia do presidente Morales, na Argentina nos tempos do casal Kirchner e no Brasil dos ex-presidentes Lula e Dilma. Para que as políticas públicas formuladas correspondes-

---

38 TAGUIEFF, Pierre-André. *L'Illusion populiste. Op. cit.*, p. 26.

sem, de fato, aos interesses nacionais, tornar-se-ia necessária a presença atuante dos respectivos Congressos. No entanto, o que se observa é que em todos os países mencionados, o Poder Executivo entrou em atrito com os outros poderes, tendo havido uma evidente hipertrofia daquele. Quando não houve confronto declarado com o Legislativo e o Judiciário, registrou-se amplo processo de cooptação por parte do Executivo (com as consequentes práticas corruptas de *mensalões* e outras modalidades cooptativas). Os presidentes, via de regra, terminaram assumindo um papel crucial e hipertrofiado no comando do Estado, a partir de reformas constitucionais, como as efetivadas na Venezuela, no Equador e na Bolívia. Formuladas a partir dos pontos de vista particulares de cada um desses mandatários, as políticas públicas terminam-se chocando com os interesses diversificados das suas respectivas sociedades, tendo dado ensejo a profundos conflitos que, como o que ainda está acontecendo na Bolívia, põem em tela de juízo o excessivo centralismo do governo nacional.

Vários autores destacaram essa característica do populismo, dentre eles: Benjamin Arditi[39], Gino Germani (1911-1979)[40], Susanne Gratius[41] e Ernesto Laclau (1935-2014)[42]. O populismo abrange uma série de práticas de centralização do poder e de relativização das instituições, destacando, em contrapartida, o peso que têm as

---

39 ARDITI, Benjamin. *La política en los bordes del liberalismo: Diferencia, populismo, revolución, emancipación*. Barcelona: Gedisa, 3ª ed., 2017.

40 GERMANI, Gino. "Middle Classes and Social Mobilization in the Rise of Italiann Fascism: A Comparison with the Argentine Case". *In: Authoritarianism, Fascism and National Populism*. New Brunswick: Transaction Books, 1978. p. 225-42.

41 GRATIUS, Susanne. "The 'Third Wave of Populism' in Latin America". *Fundación para las Relaciones Internacionales y el Diálogo Exterior*. Madrid, October 2007. p. 1-19.

42 LACLAU, Ernesto. "Populism: Ambiguities and Paradoxes". *In: On Populist Reason*. London: Verso, 2005. p. 3-20.

relações de caráter direto entre o líder populista e as multidões que se sentem espelhadas nele.

Não é de hoje, aliás, que se sedimentou essa característica, como se pode ver pela presença dela em versões anteriores, nos casos de Juan Facundo Quiroga (1788-1835), na Argentina do século XIX, segundo a análise feita por Domingo Faustino Sarmiento (1811-1888) em *Facundo: Civilização e Barbárie no Pampa Argentino*[43], de 1846, ou na belíssima versão romanceada por Gabriel García Márquez em *O Outono do Patriarca*[44], de 1975, da sanguinolenta e modernizadora ditadura de Juan Vicente Gómez, entre 1908 e 1935, na Venezuela.

A *revolução bolivariana* do falecido coronel Hugo Chávez, peça-chave da sua proposta política, cindiu ao meio, com certeza, a sociedade venezuelana. Aqueles setores populares que recebiam generosamente as verbas oficiais, através de inúmeros programas assistencialistas financiados com os petrodólares, deram o seu apoio incondicional ao chefe do Estado. De qualquer forma, a aliança do chefe do Estado *"con los de abajo"*, típica do *neopopulismo*, tem sido uma das notas características do regime venezuelano, bem como a sua política de *"mano dura"* para com as classes médias, os intelectuais, os empresários (ameaçados volta e meia com a estatização do respectivo setor produtivo) e a imprensa. Sem mencionar os acontecimentos que, uma década atrás, em 2007, involucraram o excêntrico presidente venezuelano de então, Hugo Chávez (um ator *marxista-narcisista*, como dizia o jornalista Andrés Oppenheimer), com as FARC, ao redor do problema dos reféns da narcoguerrilha colombiana e das obscuras transações ligadas aos lucros desse grupo armado.

---

43 SARMIENTO, Domingo Faustino. *Facundo: Ou Civilização e Barbárie*. Prol. Ricardo Piglia; posf. Francisco Foot Hardman; trad. e notas de Sérgio Alcides. São Paulo: Cosac Naify, 2010.

44 GARCÍA MÁRQUEZ, Gabriel. *El otoño del patriarca. Op. cit.*, p. 41.

Valha recordar aqui, também, a decisão do falecido presidente Chávez de criar linhas de aceitação para a sua política antiimperialista e de cruzada bolivariana, seduzindo outros países da região com os seus petrodólares. Na alça da mira da política exterior bolivariana de Chávez estavam, de início, dois países sul-americanos: Bolívia e Equador, possuidores de riquezas petrolíferas e de gás natural. Era grande o interesse de Chávez pela Bolívia, situada no coração da América do Sul, a partir de cujo território poderia expandir, de forma mais fácil, a sua "revolução" pelo cone sul do Continente.

A telúrica *revolución indígena* do presidente Morales, irmã gêmea da "revolução bolivariana" de Chávez, partiu para uma agressiva política de estatizações no terreno da mineração e da exploração de hidrocarbonetos, aliada a uma decidida ação de expropriações de terras nas áreas produtivas. Problemas de desabastecimento, de carência de créditos externos para a exploração petroleira e de ordem pública ocorreram na Bolívia, com a queda correspondente nos índices de crescimento econômico e os problemas sociais conhecidos de todos.

É de se destacar, de novo, aqui, a aliança, típica do *neopopulismo*, entre o Executivo hipertrofiado *"y los humildes"*, os indígenas quéchuas e aymaras, tradicionais plantadores de folha de coca, em cujo benefício, segundo a retórica governamental, são feitas todas as reformas revolucionárias. Mas que, com certeza, estão a pagar a conta da elevação dos preços dos alimentos e dos combustíveis. Poder-se-ia falar, no caso boliviano, da "utopía arcaica" (que puxa o fio da história para trás), de que falava Mario Vargas Llosa ao analisar a obra de um dos grandes autores do gênero *indigenista*[45], José Maria Arguedas (1911-1969), autor

---

45 VARGAS LLOSA, Mario. *La utopía arcaica: José Maria Arguedas y las ficciones del indigenismo*. México: Fondo de Cultura Econômica, 1996.

do clássico romance intitulado *Los Ríos Profundos*[46]. É uma utopia situada no passado longínquo do império incaico, impossível de ser revivido.

No Equador do ex-presidente Correa, observa-se a mesma aliança entre o chefe do Estado e *"los de abajo"*, os *cholos*, historicamente explorados como denunciava o grande romancista Jorge Icaza (1906-1978), na década de vinte do século passado, no seu belo romance *Huasipungo*[47]. Após vários governos que foram colocados em questão pelos movimentos indígenas, o mandatário mencionado, formado em reconhecida universidade norte-americana, elaborou ampla proposta de reformas que fortaleceram o executivo sobre os demais poderes. Ambiciosa ação legislativa em benefício das comunidades indígenas foi deflagrada pelo ex-presidente equatoriano, ao passo que denunciava o tratado que o Equador tinha com os Estados Unidos para a manutenção da Base de Manta, e negociava a mesma com os chineses. Entusiasticamente apoiado pelo presidente Chávez, Correa partiu para uma agressiva política de confronto com o governo da Colômbia, a partir da morte do segundo homem das FARC, Raúl Reyes (1948-2008), em território equatoriano, pelas Forças Armadas colombianas. Parece que, tanto no caso equatoriano quanto no boliviano, os petrodólares do presidente Chávez foram um argumento forte para apoiar a "revolução bolivariana", que buscava integrar os países da América do Sul ao redor da Venezuela, e em confronto com os Estados Unidos.

Na Argentina do casal Kirchner, permaneceu clara a aliança do governo com os grandes sindicatos de trabalhadores, reforçando, assim, a tradição populista do peronismo, na qual se situavam esses novos atores políticos. Era clara a simpatia – e a dependência em matéria de petrodólares para as eleições – dos governos do casal Kirchner em face

---

46 ARGUEDAS, José Maria. *Os Rios Profundos*. Trad. Gloria Rodríguez. Rio de Janeiro: Paz e Terra, 1977.

47 ICAZA, Jorge. *Huasipungo*. Trad. António José Massano. Lisboa: Edições 70, 1980.

do presidente Chávez. O confronto com os tradicionais produtores rurais deixou clara a aliança *"con los de abajo"*, mas aumentou, com certeza, os problemas de desabastecimento, tendo comprometido, de outro lado, a capacidade exportadora do país.

No Brasil, a política desenvolvida pelo presidente Lula, ao longo de seus dois mandatos, deixou clara uma coisa: a aliança *neopopulista* do governo com os denominados "movimentos sociais", no contexto ideológico da denominada "revolução cultural gramsciana"[48]. Movimento dos Sem Terra (MST), Movimento dos Afetados por Barragens, Movimento dos Quilombolas, Movimento dos Indígenas, Movimento dos Sem Teto etc., são inúmeras as entidades contempladas pelos generosos recursos oficiais, distribuídos à torta e à direita por centenas de *Ongs*, cuja gestão fugiu ao controle do governo. Isso para não falar do programa "Bolsa Família", que se tornou verdadeira festança assistencialista, devido ao fato de que não havia seguimento do Estado em face desses benefícios, que em muito fizeram crescer os gastos públicos. (Fica evidente, aqui, a presença do modelo ético pombalino do "Estado Empresário que garante a riqueza da nação"). Era clara a tolerância oficial em face dos desmandos de movimentos como o MST, cujos ativistas peitavam autoridades locais, destruíam patrimônio público, invadiam propriedades produtivas, desconheciam sumariamente decisões da justiça, aniquilavam centros de pesquisa agropecuária, tudo em aliança com grupos internacionais como *Via Campesina* e contando com a complacência do ministério da Reforma Agrária[49].

---

48 VÉLEZ-RODRÍGUEZ, Ricardo. "O marxismo gramsciano, pano de fundo ideológico da reforma educacional petista". *Ibérica: Revista Interdisciplinar de Estudos Ibéricos e Ibero-Americanos*. Volume I, Número 1 (setembro / novembro 2006): 71-99. Disponível em: http://www.estudosibericos.com/arquivo/iberica1.pdf

49 VÉLEZ-RODRÍGUEZ, Ricardo. *Movimento dos Sem-terra: Questões estratégicas*. Juiz de Fora: Portal Defesa, 2005. Disponível em: http://www.defesa.ufjf.br/fts/MST.pdf, acesso em 12/mar/2019.

Paralelamente, nenhuma medida foi tomada pelo governo para que os arruaceiros passassem a respeitar as instituições de direito. Tudo sob as bênçãos estapafúrdias da Comissão da Pastoral da Terra e do Conselho Indigenista Missionário da Conferência Nacional dos Bispos do Brasil (CNBB). Políticas atentatórias contra a soberania nacional foram postas irresponsavelmente sobre o tapete, com assinatura de documentos e declarações em foros internacionais que, se tivessem sido levados à prática, teriam conduzido a sérios riscos para a manutenção da unidade nacional em terras indígenas, como aconteceu na criação da reserva "Raposa Serra do Sol", em Roraima, seriamente questionada por juristas, intelectuais, empresários e militares.

Na retórica do ex-presidente Lula, aparecia como *leitmotiv* dos seus pronunciamentos a denúncia contra as maquinações das denominadas elites, que estariam tentando preservar privilégios em face das demandas do povão. Lula situava-se, nos palanques, ao lado dos humildes, dos descamisados, dos pretos, índios e quilombolas. Mas, de outro lado, preservava as linhas mestras da política macroeconômica herdada dos governos anteriores, o que lhe possibilitou atrair as inversões externas e a entrada de divisas necessárias para manter o crescimento econômico, em que pese o absurdo aumento do gasto público e o calote do governo à dívida interna, que mais do que triplicou ao longo dos últimos anos.

Era clara a simpatia do ex-presidente Lula pelo seu homólogo venezuelano, a quem deu apoio estratégico num momento decisivo para a permanência de Chávez no poder, tendo enviado um navio da Petrobrás a fim de garantir o abastecimento, ameaçado pela greve geral em 2003. O populismo do carismático Lula coexistia perfeitamente com a estrutura patrimonial do Estado, que levou o partido do governo a gerir a coisa pública como propriedade privada, com os desmandos de corrupção generalizada que mancharam a memória do outrora moralizante grupo de petistas alçados ao poder em 2002. Populismo e tradição patrimonialista fundiram-se, certamente, em macunaímico carnaval, que deitou por terra a moral pública e que entronizou o cinismo do *bateu-levou* ou da ética totalitária gramsciana, que visa à hegemonia do proletariado. Consolidou-se, no Brasil, novo modelo de *neopopulismo de esquerda*, de tipo peleguista e estatizante ao qual se opôs, com coragem, o então candidato presidencial Jair Messias Bolsonaro.

A luta contra o neopopulismo petista, contudo, não dever ser a única bandeira a unir liberais e conservadores no combate às esquerdas, pois esta é apenas mais uma batalha na guerra ao patrimonialismo. Nesse longo conflito em oposição ao Estado patrimonial, Antônio Paim lembra, na sua clássica obra *A Querela do Estatismo*[50], que deveriam ser identificados quatro segmentos na análise do Estado patrimonial brasileiro, a saber: 1º) militares; 2º) tecnocratas, 3º) burocracia tradicional, 4º) classe política. Na época em que o mestre escrevia a sua análise, em 1978, os dois primeiros segmentos se contrapunham aos outros dois. A dinâmica para tirar força ao Estado patrimonial estaria ligada, portanto, a uma prevalência desses segmentos na vida política.

Passados exatos quarenta anos, as coisas estão um pouco mais complexas em nossos dias. A primeira diferença corre por conta de algo que em 1978 não aparecia claramente: a organização da sociedade civil e a sua reação contra o estatismo vigente. Atualmente ela constitui uma quinta variável, e é por aí, a meu ver, que se deve vislumbrar o caminho para pôr limites ao reforço do Estado mais forte do que a sociedade.

Os incisivos argumentos, fundamentados em princípios de vertentes diversas do liberalismo, tornam a análise de Gloria Álvarez e Axel Kaiser ainda mais pertinentes tanto para liberais quanto para conservadores nesta nova era em que a maioria dos brasileiros desejam mais Brasil e menos Brasília. Os formadores da opinião pública, bem como os políticos, encontrarão na terceira e última parte de *O Embuste Populista*

---

50 PAIM, Antônio. *A Querela do Estatismo*. Rio de Janeiro: Tempo Brasileiro, 1978. A edição mais recente é a seguinte: PAIM, Antônio. *A Querela do Estatismo*. Brasília: Senado Federal, 2ª ed., 1998.

uma espécie de guia prático para o enfrentamento do populismo, no qual são oferecidas alternativas às mazelas da mentalidade esquerdista que por muito tempo parecia ser hegemônica na cultura, na política e na economia.

Conclusão

O *neopopulismo* na América do Sul, como estilo praticado por governantes carismáticos no seio da mais ampla estrutura patrimonialista da sociedade, conduziu estes países, certamente, a um longo período de estagnação, em decorrência da falta de racionalidade na gestão do Estado. Compadrio, corrupção, autoritarismo, falta de transparência, desaguaram em enfraquecimento progressivo da democracia e perda da capacidade competitiva, num mundo em que este fator é fundamental para garantir a sobrevivência em meio a países que, como a China e a Índia, crescem de forma continuada e agressiva. O *neopopulismo* traduziu-se, assim, via de regra, em fator de atraso para os países latino-americanos.

É bem verdade que a onda *neopopulista* encontrou os nossos países com uma boa situação econômica, em parte decorrente das medidas saneadoras realizadas ao longo dos anos 90 do século passado, no terreno do controle sobre a inflação e em parte, também, em virtude da valorização das *commodities* produzidas na região, no mercado internacional. Assim, como frisava Álvaro Vargas Llosa, *"o que está ocorrendo agora é que os populistas têm muito dinheiro à sua disposição, desde Hugo Chávez até Nestor Kirschner"*[51]. Mas a situação, não podemos negar, mudou fortemente, tendo aparecido dificuldades decorrentes da instabilidade dos mercados internacionais. Em face dessas incertezas, uma nova geração de governantes aparece no Peru, no Chile, no Equador, na Colômbia, na Argentina e no Brasil. Essa nova geração

---

51 VARGAS LLOSA, Álvaro. "Populismo e Ditadura" (entrevista). *Op. cit.*, p. 19.

não se despiu por completo do estilo populista. Mas o pôs a serviço da reconstrução das instituições. O exemplo de Álvaro Uribe Vélez, na Colômbia, é muito significativo e abriu espaço para uma nova geração de mandatários, da qual o atual presidente colombiano, Ivan Duque, é digno representante.

Do neopopulismo praticado pelas lideranças de esquerda na América Latina nas décadas anteriores ficou clara uma lição: pretender substituir a representação política pela política de participação direta do povo em praça pública, é uma infantilidade que sempre sai cara. Nas sociedades de massas, a deliberação da democracia participativa pressupõe e complementa, não substitui, a democracia representativa. Essa vã tentativa escora-se num pressuposto falso, decorrente do *democratismo* rousseauniano: a legitimidade de quem é eleito pelo voto direto confere-lhe uma soberania total, sendo que o mandato conferido em eleições refere-se a aspectos limitados que não abarcam a totalidade da vida social. Presidentes eleitos são legítimos para agir dentro dos marcos da soberania limitada assinalada pela Constituição, não para exercer um poder discricionário. Esta crítica já tinha sido feita, no início do século XIX, por Benjamin Constant de Rebecque (1767-1830), nos seus *Princípios de Política*[52]. A nossa tradição patrimonialista simplesmente passou uma borracha sobre estes ensinamentos do liberalismo doutrinário.

Somente uma crítica continuada acerca dos mecanismos de ensimesmamento, de autoritarismo e de espírito antiliberal presentes nos vários *neopopulismos* na América Latina, afastar-nos-á da cilada da *utopia arcaica* que ameaça nos levar de volta ao passado.

---

52 CONSTANT DE REBECQUE, Henri-Benjamin. *Princípios de Política Aplicáveis a Todos os Governos*. Intr. de Nicholas Capaldi Trad. Joubert de Oliveira Brízida. Rio de Janeiro: Topbooks / Liberty Classics, 2007.

Mais uma vez, lembramos a grande contribuição de Antonio Paim, agora em *História do Liberalismo Brasileiro*[53], ao demonstrar que mesmo com os percalços do período republicano, nosso país tem uma longeva tradição liberal, que ajudou a forjar nossa identidade e nossas instituições. Apesar dos traços patrimonialistas e autoritários que permeiam diversos aspectos de nossa política e de nossa cultura, o tipo de liberalismo moderado defendido, até mesmo pela maioria dos conservadores, é uma força que ainda poderá colaborar de modo decisivo para libertar o Brasil da *utopia arcaica* oferecida por nossos *neopopulistas* de esquerda.

Apenas para citar duas personagens abordadas por Antonio Paim em sua análise, lembramos os exemplos do filósofo Silvestre Pinheiro Ferreira (1769-1846) e do estadista José Soares de Sousa (1807-1866), o Visconde de Uruguai, que souberam integrar à tradição do liberalismo e do conservadorismo brasileiros elementos oriundos da doutrina elaborada no exterior. Nesse sentido, o lançamento pela LVM Editora da obra *O Embuste Populista*, de Gloria Álvarez e Axel Kaiser, poderá colaborar para uma melhor compreensão da atual geração de liberais e de conservadores acerca de alguns dos desafios que devem ser enfrentados com urgência para superarmos *a grande mentira*.

Bibliografia Complementar

ALMEIDA, Alberto Carlos. *A Cabeça do Brasileiro*. (Com a colaboração de Clifford Young). Rio de Janeiro: Record, 2007.

ALMEIDA, Alberto Carlos. *Por que Lula? – O contexto e as Estratégias Políticas que Explicam a Eleição e a Crise*. Rio de Janeiro: Record, 2006.

ARCE CATACORA, Luís Alberto. "Economía de Bolívia: Diagnóstico y planos para el 2008". *DEP – Diplomacia, Estratégia, Política*, Número 7 (julho / setembro 2007): 26-48.

---

53 PAIM, Antônio. *História do Liberalismo Brasileiro*. Pref. Alex Catharino; posf. Marcel van Hattem. São Paulo: LVM Editora, 2ª ed. rev. e ampl., 2018.

BARRERA TYSZKA, Alberto; MARCANO, Cristina. *Hugo Chávez sem Uniforme: Uma história pessoal*. Prólogo de Francisco Carlos Teixeira da Silva; Trad. Marcos Santarrita. Rio de Janeiro: Gryphus, 2006.

BARRETO, Luiz; MAGALHÃES, Inês & TREVAS, Vicente (Org.). *Governo e Cidadania: Balanço e Reflexões sobre o Modo Petista de Governar*. São Paulo: Fundação Perseu Abramo, 1999.

CHÁVEZ FRÍAS, Hugo. "Acerca de la gandísima importância de un partido". *DEP – Diplomacia, Estratégia, Política*, Número 6 (abril / junho 2007): 205-34.

CORREA DELGADO, Rafael. "Un plan para Ecuador". *DEP – Diplomacia, Estratégia, Política*, Número 6 (abril / junho 2007): 91-97.

DI FELICE, Massimo & MUÑOZ, Cristobal (Org.). *A Revolução Invencível: Subcomandante Marcos e Exército Zapatista de Libertação Nacional, Cartas e Comunicados*. Trad. Cláudia Schilling e Valter Pomar. São Paulo: Boitempo, 1998.

DI TELLA, Torcuato. "The Transformations of Populism in Latin America". *Journal of International Cooperation Studies*, Volume 5, Number 1 (June 199): 47-78.

DORNBUSCH, Rudiger & Sebastian EDWARDS. "The Macroeconomics of Populism". *In: The Macroeconomics of Populism in Latin America*. Chicago: Chicago University Press, 1991. p. 7-13.

FERNÁNDEZ DE KIRCHNER, Cristina. "Realidad de Argentina y de la región". *DEP – Diplomacia, Estratégia, Política*, Número 6 (abril / junho 2007): 5-14.

FERREIRA, Jorge (Org.). *O populismo e sua História: Debate e Crítica*. Rio de Janeiro: Civilização Brasileira, 2001.

LACALLE DE HERRERA, Luis Alberto. "Mercosur: Proyecto y perspectivas". *DEP – Diplomacia, Estratégia, Política*, Número 6 (abril / junho 2007): 196-204.

MARTÍ, José. *Nossa América*. Apres. Fernando Peixoto; Intr. Roberto Fernández Retamar; Trad. Maria Angélica de Almeida Tajber e Beatriz Cannabrava. São Paulo: Hucitec, 3ª Ed., 2006.

KRAUZE, Enrique. *Redeemers: Ideas and Power in Latin America*. Trad. Frank Heifetz e Natasha Wimmer. New York: Harper Collins, 2011.

LÓPEZ MAYA, Margarita. "Popular Power in the Discourse of Hugo Chávez's Government (1999-2013)". *In*: TORRE, Carlos de La (Ed.). *The Promise and Perils of Populism: Global Perspectives*. Lexington: The University Press of Kentucky, 2015.

PAIM, Antônio. *Momentos Decisivos da História do Brasil*. Campinas: Vide Editorial, 2ª Ed., 2014.

PAIM, Antônio (Org.). *O Patrimonialismo Brasileiro em Foco*. (em colaboração com Antônio Roberto Batista, Paulo Kramer e Ricardo Vélez Rodríguez). Campinas: Vide Editorial, 2015.

PAIM, Antônio. *O Relativo Atraso Brasileiro e sua Difícil Superação*. São Paulo: SENAC, 2000.

PAIM, Antônio. *Para Entender o PT*. Londrina: Edições Humanidades, 2002.

PANIZZA, Francisco. *Populism and the Mirror of Democracy*. London: Verso, 2005.

PENNA, José Osvaldo de Meira. *O Dinossauro: Uma pesquisa sobre o Estado, o patrimonialismo selvagem e a nova classe de intelectuais e burocratas*. São Paulo: T. A. Queiroz, 1988.

PERÓN, Juan Domingo. *Bajo el signo de las masas (1943-1973)*. (Edición preparada por Carlos Altamirano). Buenos Aires: Emecé, 2007. (Biblioteca del Pensamiento Argentino, Volumen VI).

PERUZZOTTI, Enrique. "Populism in Democratic Times: Populism, Representative Democracy, and the Debate on Democratic Deepenig". *In*: TORRE, Carlos de La & ARNSON, Cynthia J. (Ed.). *Latin American Populism in the Twenty-First Century*. Baltimore: John Hopkins University Press, 2013. p. 61-84.

QUIJANO, Aníbal. "Colonialidad del poder, globalización y democracia". *DEP – Diplomacia, Estratégia, Política*, Número 6 (abril / junho 2007): 133-81.

RIKER, William H. "The Connection Between the Theory of Social Choice, and the Theory of Democracy". *In*: *Liberalism Against Populism*. Prospect Heights: Waveland Press, Inc., 1982. p. 1-16.

RIVAROLA, Milda. "Paraguay – Estado patrimonial y clientelismo". *DEP – Diplomacia, Estratégia, Política*, Número 6 (abril / junho 2007): 110-32.

SCHAMIS, Hector E. "From the Peróns to the Kirchners". *In*: TORRE, Carlos de La & ARNSON, Cynthia J. (Ed.). *Latin American Populism in the Twenty-First Century*. Baltimore: Johns Hopkins University Press, 2013. p. 151-63.

SIGAL, Silvia & Eliseo VERÓN. *Perón o muerte: Los fundamentos discursivos del fenómeno peronista*. Buenos Aires: Biblioteca Virtual Universal, 2006. p. 1-28.

STOLL, David. *Rigoberta Menchú and the Story of all Poor Guatemalans*. Boulder: Westview Press, 1999.

URIBE VÉLEZ, Álvaro. "Colombia – Retos hasta 2010". *In*: *DEP – Diplomacia, Estratégia, Política*, Número 6 (abril / junho 2007): p. 76-90.

VÉLEZ-RODRÍGUEZ, Ricardo. *A Análise do Patrimonialismo na Literatura Latino-Americana: O Estado Gerido como Bem Familiar*. Rio de Janeiro: Documenta Histórica / Instituto Liberal, 2008.

VÉLEZ-RODRÍGUEZ, Ricardo. *A Grande Mentira: Lula e o Patrimonialismo Petista*. Campinas: Vide Editorial, 2015.

VÉLEZ-RODRÍGUEZ, Ricardo. *Castilhismo: Uma Filosofia da República*. Apres. Antonio Paim. Brasília: Senado Federal, 2ª Ed. rev. e ampl., 2000.

VÉLEZ-RODORÍGUEZ, Ricardo. *Da Guerra à Pacificação: A Escolha Colombiana*. Campinas: Vide Editorial, 2010.

VÉLEZ-RODRÍGUEZ, Ricardo. *Estado, cultura y sociedad em la América Latina*. Bogotá: Universidad Central, 2000.

VÉLEZ-RODRÍGUEZ, Ricardo. *Liberalismo y conservatismo em América Latina*. Bogotá: Ediciones Tercer Mundo, 1978.

VÉLEZ-RODRÍGUEZ, Ricardo. *Patrimonialismo e a Realidade Latino--americana*. Rio de Janeiro: Biblioteca do Exército Editora, 2ª Ed. rev. e ampl., 2017.

VÉLEZ-RODRÍGUEZ, Ricardo. *Pensamento Político Brasileiro Contemporâneo*. Apres. Cel. Aviador Araken Hipólito da Costa. Rio de Janeiro: Editora Revista Aeronáutica, 2012.

VÉLEZ-RODRÍGUEZ, Ricardo. "Teologia da Libertação, Marxismo e Messianismo Político". *COMMUNIO: Revista Internacional de Teologia e Cultura*, Volume XXVIII, Número 2 (abril / junho 2009): 437-54.

Prólogo à edição em espanhol
Carlos Rodríguez Braun

Este notável trabalho de Gloria Álvarez e Axel Kaiser é uma contundente denúncia de um inimigo dos direitos e liberdades dos cidadãos: o populismo. Visto da Espanha, o texto tem mérito adicional, porque ataca o paternalismo europeu de costume quando se analisa a América Latina. Graças a esse paternalismo, na Europa jamais se aceitaria que alguém tentasse mudar a sociedade aqui sem democracia e a tiros, mas a muitos fascina o Che Guevara (1928-1967)... em Cuba. É como se a distância e o pitoresco mitigassem sua vocação criminosa e totalitária.

As páginas que se seguem colocam o dedo na ferida: não é verdade que o populismo consiste em uma peculiaridade praticamente genética e exclusiva dos latino-americanos, derivada de uma estrutura institucional fraca. Portanto, não há possibilidade de enraizamento na Europa velha e civilizada. Ledo engano: temos populistas em vários países europeus e, na Espanha, e ainda mais, os temos mergulhados no poder, em uma meteórica corrida ascendente. E seu fim não é possível prever. Por outro lado, na supostamente atrasada América

Latina, o povo recentemente virou as costas ao populismo em países simbolicamente associados a ele, como Venezuela, Bolívia ou Argentina.

Ninguém está vacinado contra o populismo. Até o Chile, talvez a nação institucionalmente mais sólida ao sul do Rio Grande, pode perder seus êxitos conquistados por décadas em razão dos socialistas, dispostos a tentar a liderança com Michelle Bachelet que, de fato, nunca foi boa. O mesmo acontece com a esquerda na Espanha, ao mesmo tempo desconcertada, golpeada e cativada por populistas que, em pouco tempo, conquistaram consideráveis níveis de poder político e influência na mídia. A esquerda espanhola não conseguiu antecipar ou impedir essa ascensão, e esse populismo não é mais do que uma variedade de socialismo "de todos os partidos", como diria F. A. Hayek (1899-1992). Isso é comprovado pela proximidade de fascistas, comunistas, socialistas e populistas, unidos por sua desconfiança frente à liberdade, à propriedade privada e aos contratos voluntários. No entanto, o populismo tem um apelo que os outros ramos do antiliberalismo podem ter em menor grau ou até perder quase completamente. É por isso que os populistas surgem quando esses outros ramos estão desanimados, por causa de sua ineficiência ou sua corrupção. Isto é o que aconteceu na Espanha, onde muitas pessoas de esquerda decidiram votar no Podemos porque parecia uma opção mais excitante do que o PSOE ou o IU. Não é que seja algo muito diferente, pois compartilha com eles uma ideologia que, no final, ainda é imunda e reacionária. Mas o modo de apresentá-la é sedutor. Basta lembrar *slogans* enganosos, mas poderosos de Pablo Iglesias e seus asseclas de "contra a casta" até a mais simples sua fértil fábrica de demagogia: "contra o Ibex 35", como se contra os espanhóis roubassem pela força a liberdade e o dinheiro as entidades que estão listadas na bolsa de valores, e não os governos.

No início, nossos populistas, como em outros países, recorreram a métodos violentos, a mensagens radicais e a uma cumplicidade vergonhosa com os piores regimes do planeta, como o iraniano, o kirchnerista ou o chavista. Uma vez conquistadas cotas de poder, entretanto, mudam o discurso, porque a mentira nunca representa um obstáculo ou desperta remorso, e agora eles fingem ser estadistas serenos, admiradores do euro e da socialdemocracia nórdica. Não está descartado acabar abraçando o Fundo Monetário Internacional, como o seu uma vez idolatrado Tsipras. Nada é descartável com os populistas, precisamente porque eles mentem sem pudor para alcançar seu objetivo: o poder. E se, para isso, você tem que impedir a gritos que Rosa Díez fale na Universidade Complutense, assaltar a capela ou emocionar-se ao recordar da memória de Hugo Chávez (1954-2013), ou apresentar-se com naturalidade maternal e amamentar uma criança dentro da Câmara do Congresso dos Deputados, ou chegar ao Parlamento de bicicleta, ou ir em camisa de mangas para ver o rei ou de *smoking* para a festa de cinema, está feito e pronto. O que nunca pode ser feito é perder o foco das câmeras. Isso porque, para o populismo, a imagem é tudo menos um acessório. Daí que o Podemos tenha lutado arduamente para sentar nas primeiras filas no Congresso: eles têm de estar lá para serem filmados.

Sua insistência permanente de que eles são a grande novidade contrasta com a conteúdo dos seus programas, de suas recomendações e até do funcionamento político. Eles afirmam ser mais democráticos do que qualquer um. Tudo neles é "participação" e "consultar as bases", mas funciona como um pequeno grupo despótico tão poderoso como implacável no momento de bater dissidentes ou concorrentes dentro de suas fileiras. Ou seja, semelhante aos outros partidos políticos daqueles que afirmam diferir de uma maneira substancial.

O alcance antiliberal que vai dos fascistas aos comunistas se sente atraído pelo populismo. Tal fato é explicável porque suas ideias são bastante semelhantes. É um mérito notável de Gloria Álvarez e Axel Kaiser que eles prestem muito atenção a essas ideias, e que, com razão, as rastreiem até o Iluminismo mais hostil frente ao liberalismo, a do arrogante racionalismo europeu continental que se gabava de saber mais que os cidadãos modestos e de poder reorganizar a sociedade de cima para baixo como se as pessoas fossem "peças em um tabuleiro de xadrez", nas palavras de Adam Smith (1723-1790). Neste esforço soberbo, os direitos e liberdades individuais sempre deviam ter se subordinado aos padrões coletivistas. Observa-se como os antiliberais falam o tempo todo sobre "direitos sociais", e nunca sobre os direitos específicos de pessoas concretas. Como Guy Sorman aponta: *"O populismo é necessariamente antiliberal, pois o liberalismo acredita que a sociedade baseia-se na livre associação de cidadãos".*

Este livro destaca a responsabilidade de intelectuais, políticos e organizações internacionais na difusão das noções contrárias à liberdade, desde Raúl Prebisch (1901-1986) e Cepal até os teóricos da dependência. Suas mensagens não eram tão tecnicamente solventes quanto politicamente sugestivas, tanto para muitos cidadãos quanto para grupos de pressão não competitivos, que sempre buscam a proteção do poder. A estes grupos, foi conveniente o absurdo protecionismo da "substituição de importações" na América Latina, como é conveniente o fechamento dos mercados que defendem tanto o Podemos como a Marine Le Pen, demonstrando mais uma vez os concomitantes de totalitário qualquer estirpe. Justamente por isso neste livro chamam-se de "fascipopulistas" Iglesias e seus companheiros.

E os economistas populistas voltam-se para as teorias neoclássicas aparentemente científicas de falhas de mercado e bens públicos, como se por si só justificassem qualquer expansão do poder, os admirados líderes o populismo sofre com o culto da personalidade em um grau ainda maior do que as outras variantes antiliberais dedicam-se de corpo e alma à propaganda, com grande impacto sobre a profissão jornalística, e procuram intoxicar as pessoas com rótulos muitas vezes brilhantes mas também simplistas, seguindo o padrão clássico de intervencionismo. Então, tudo o que cheira a liberdade ou menos opressão política é demonizado como o perigoso e desalmado "neoliberalismo". Enquanto isso, o cidadão é apresentado como uma vítima das empresas, não das autoridades, como se aos espanhóis cobrassem impostos à Zara e não à Agência Tributária. A mensagem é repetidamente a de Eduardo Galeano (1940-2015) e seu ordinário sucesso *As veias abertas da América Latina*, que até ele se arrependeu, tarde demais. O capitalismo é mau, e o bom é o Estado, cuja crueldade deve ser dirigida apenas a 1% minúsculo da população, que será expropriada em benefício dos 99% restantes. Esta ideia, aliás, é tão antiga quanto *O Capital* de Karl Marx (1818-1883). Este afirma que o socialismo vai ser fácil de implementar, porque será a massa de pessoas a expropriar um punhado de usurpadores. Isso é o suficiente para conseguir, como diria Mario Vargas Llosa, *"o paraíso na outra esquina"*.

Gloria Álvarez e Axel Kaiser denunciam todos esses fogos de palha com suas armadilhas retóricas e novilínguas, que foram difundidas na Espanha por parte da esquerda, como a meta angelical de "blindagem direitos sociais", que na verdade significa "legitimar o poder para obliterar os direitos individuais", ou como as perpétuas "lutas" de muitos caras de pau que não têm ideia do que é ganhar a vida com trabalho, ou como a arrogância de crer ser a maioria do povo, fabulosa estafa que remonta aos bolcheviques e atinge até as "marés" e "movimentos sociais". Como economista, gostei do truque de Juan Carlos Monedero. Ele chama de "empresas de produção social" as empresas estatais ou públicas sempre que o poder exige que as pessoas paguem e que gerenciem privadamente seus proprietários originais, que são os políticos, os burocratas e as várias máfias de lobistas, começando pelos sindicatos.

Os autores não se esquecem do papel da Igreja Católica, cujo populismo não começou com o Papa Francisco. Ao mesmo tempo, reivindicam o importante peso dessa mesma Igreja no pensamento oposto. De fato, uma fonte fundamental do liberalismo eram os proeminentes religiosos católicos, os escolásticos espanhóis, grandes pensadores do século XVI, entre os quais também se conta o jesuíta Juan de Mariana (1536-1624).

A história não está escrita e a Espanha não precisa sofrer eternamente com o protagonismo dos populistas, assim como a América Latina não está condenada. Na verdade, na América parece que esses ventos estão soprando agora no norte do continente. Os amigos da liberdade podem lidar redobrando a crítica às medidas recomendadas pelos populistas, apontando seu caráter ilusório, porque eles pretendem resolver problemas quando, na realidade, seu próprio intervencionismo os agrava. Há provas abundantes de que o resultado das políticas intervencionistas defendidas pelo populismo é o oposto do que eles proclamam: pobreza, desemprego, escassez, inflação, corrupção, privilégios políticos e cortes de direitos e liberdades do povo. Podemos aplicar o que Winston Churchill (1874-1965) disse sobre os socialistas: eles não são abelhas, porque estas pelo menos produzem mel, mas cupins.

Gloria Álvarez e Axel Kaiser denunciam com destreza desde o próprio título que o populismo é uma farsa. De fato, seus líderes provaram ser mitomaníacos, genuínos pseudo-cientistas que transformam a falsidade em uma arte, como Jonathan Swift (1667-1745) diria, ou melhor, John Arbuthnot (1667-1735). Eles parecem seguir fielmente o conselho de Nicolau Maquiavel (1469-1527): "[...] *ter a capacidade de fingir e disfarçar... Você pode parecer gentil, fiel, humano, religioso, leal e até mesmo ser; mas é necessário manter sua alma de acordo com seu espírito, que, se necessário, você saiba como variar de maneira oposta"*. Os chefes populistas mostraram sua desfaçatez na hora de fazer proclamações contraditórias com menos vergonha do que os políticos tradicionais.

Certa vez, perguntei a Karl Popper (1902-1994) por que ele se tornara comunista e por que abandonara o comunismo. Suas respostas ilustram o propósito deste excelente livro, apontando para a falsa primazia ética dos populistas e a realidade de seus resultados desastrosos. Ele me disse que se tornara comunista porque achava que era um imperativo moral. E isso deixou de ser quando descobriu que os comunistas eram muito mentirosos.

O EMBUSTE POPULISTA

Como os países da América Latina
arruinaram-se e como resgatá-los

"Cada um de nós carrega o peso de parte da sociedade nas costas, e ninguém foi dispensado de sua responsabilidade pelos outros; ninguém pode encontrar uma rota de fuga para si mesmo se a sociedade se vê arrastada para a destruição. Portanto, cada um por seu próprio interesse, deve participar vigorosamente na batalha intelectual. Ninguém pode permanecer indiferente; do resultado dessa luta depende os interesses de todos".

Ludwig von Mises

"Nunca duvide de que um pequeno grupo de cidadãos reflexivos e comprometido pode mudar o mundo; na verdade, é a única coisa que o tem conseguido".

Margaret Mead

PREFÁCIO DOS AUTORES

Emigrar da América Latina?

Em 1830, pouco antes de sua morte, Simón Bolívar (1783-1830) escreveu o seguinte em uma carta a seu comandante, general Juan José Flores (1800-1864):

> Você sabe que me dediquei por vinte anos e só obtive alguns resultados: 1) A América é ingovernável para nós. 2) Aquele que serve uma revolução para no mar. 3) A única coisa que pode ser feita na América é emigrar. 4) Este país cairá infalivelmente nas mãos da multidão desenfreada, e então passará para tiranos quase imperceptíveis, de todas as cores e raças. 5) Devorados por todos os crimes e extinguidos pela ferocidade, os europeus não se dignarão a nos conquistar. 6) Se fosse possível que uma parte do mundo retornasse ao caos primitivo, este seria o último período da América[54].

Assim, o grande libertador da América, cujos nome e imagem têm sido provavelmente os mais distorcidos da história latino-americana,

---

54 Disponível em: <http://digital.csic.es/bitstream/10261/28362/1/ BolivarPen.pdf>. Acesso em 10 de setembro de 2018.

despedia-se deste mundo, frustrado, quase à beira da depressão e profetizando que a América Latina não tinha outro destino do que o governo tirano e criminoso que tornaria impossível para a região avançar. Desse modo, a única coisa a ser feita seria "emigrar". A tradição populista do caudilho que não respeita as instituições – do "tirano", como disse Bolívar –, a falta de governabilidade e a busca de construir tudo do zero foram características recorrentes do panorama latino-americano desde que o herói de Caracas escreveu essas linhas até hoje. Houve, é claro, melhores períodos em diferentes países, mas, em geral, este mal caudilhista e refundacional de que Bolívar advertiu em seu tempo segue penando como um fantasma até hoje. É por isso que, todos os dias, milhares de latino-americanos decidem deixar seus países, deixando para trás suas famílias e suas casas para emigrar para os Estados Unidos ou outras nações mais prósperas. Buscam sociedades onde eles possam buscar um futuro sem medo de serem assassinados ou condenados à pobreza ou se contentarem com os serviços de saúde e educação miseráveis e serem governados por governos ineptos e corruptos que os exploram em proveito próprio.

Se Bolívar estivesse vivo hoje e pudesse ver o que aconteceu na Venezuela, na Argentina, na Bolívia, no Equador, no Brasil, em Cuba, na Nicarágua e na América Central em geral, e constatasse como a região pela qual ele deu sua vida ainda está galáxias de distância de países desenvolvidos, sua depressão provavelmente o levaria ao psiquiatra. Apesar de certos avanços e sinais esperançosos, o panorama geral da região latino-americana é, nestes tempos, sombrio. O nível de idiotice, para usar o conceito de Álvaro Vargas Llosa, Plinio Apuleyo Mendoza e Carlos Alberto Montaner[55], parece ter aumentado em muitos lugares, apesar de todas as evidências de que o populismo, seja da direita ou

---

55 VARGAS LLOSA, Álvaro ; APULEYO MENDOZA, Plinio & ALBERTO MONTANER, Carlos. *Manual del perfecto idiota latinoamericano*. Barcelona: Plaza & Janés, 1996.

da esquerda, é um fracasso retumbante. Até mesmo o Chile, um país que parecia ter superado esse problema, está retornando a velhas receitas populistas fracassadas, emulando o caminho deprimente de sua vizinha Argentina.

Apesar de todos os itens mencionados aqui, nós, que acreditamos na liberdade, não aceitamos o determinismo. Não acreditamos que haja algo como um destino inevitável e fatal para os latino-americanos – ou para os espanhóis. Não acreditamos que estamos condenados à idiotice e ao populismo. Nem a atual prosperidade dos países ricos era um destino inevitável, nem o destino que os manterá naquele pedestal. Se a história nos ensina alguma coisa é que ela não é predeterminada como Karl Marx (1818-1883) pensava, mas, sim, o resultado da livre atividade dos seres humanos. Basta olhar, por exemplo, o desenvolvimento de muitos países asiáticos tradicionalmente pobres ao longo dos últimos cinquenta anos e nas últimas duas décadas. Os países, agora livres de regimes de dominação e comunistas soviéticos, avançam a um ritmo alucinante. É pela mesma razão que só dependemos de avançar e aproveitar as vantagens naturais que temos para alcançá-lo. Não somos inerentemente inferiores. E, se estamos mal em tantas frentes, é porque não fizemos esforços suficientes para escapar do engano populista que nos tem condenado ao fracasso e à tirania uma e outra vez.

Quem escreveu este livro pertence a uma nova geração que, graças à tecnologia, à globalização, ao acesso universal à informação e à nossa plena convicção de que é possível avançar, assumiu um desafio: tentar provar que o pessimismo de Bolívar na região não é condenatório e que sua situação pode ser revertida. As ferramentas que o mundo está contribuindo para a nova geração de latino-americanos e espanhóis e que nos possibilita ser capaz de desafiar o "peso da história", aprender com nossos erros e ir uma nova rota tem nenhum precedente. Você pode criar uma realidade em que não seja necessário nem desejável emigrar da América Latina ou temer pelo futuro da Espanha, uma realidade da qual podemos salvar nossos países da mediocridade, da tirania e da miséria que, em diferentes graus, geraram ou poderia gerar os Hugo Chávez (1954-2013), Fidel Castro (1926-2016), Néstor Kirchner (1950-2010) e Cristina Kirchner, Luís Inácio Lula da Silva, Rafael Correa, Daniel Ortega, Pablo Iglesias, Evo Morales, Nicolás Maduro, Andrés Manuel López Obrador, Michelle Bachelet, Dilma Rousseff e muitos outros que nos colocam sob o equívoco populista. É inevitável que tais líderes, ou outros como Alberto Fujimori no Peru e Carlos Menem na Argentina, que não pertencem à tradição de esquerda, mas, sim, à tradição populista, cheguem no poder e arruínem nossos países. Se realmente acreditássemos que nada pode ser feito a respeito, como Bolívar chegou a pensar, então, sim, teríamos de emigrar.

Claro que não queremos ser ingênuos e assumir que o drama latino-americano – e agora espanhol – com o populismo não tem causas muito profundas e mais complexas do que qualquer livro ou análise poderia explicar. Este também não é um tratado sobre o populismo que procura abranger o fenômeno em todas as suas complexidade, variedade e multiplicidade de dimensões, pelo que será necessariamente um esforço bastante incompleto. Como tal, será limitado às formas mais duras de populismo – e uma das muitas dimensões apresentadas por esse fenômeno, que, em nossa opinião, não está suficientemente sublinhado nas discussões sobre o assunto. Referimo-nos ao populismo como um produto intelectual. Com isso, procuramos chamar atenção para o fato de que as ideias, as ideologias e a hegemonia cultural construídas por intelectuais e formadores de opinião são nutrientes fundamentais do populismo. Pela mesma razão, ideias e cultura são um instrumento essencial para derrotá-lo. Em outras palavras, acreditamos que o caminho para superar o populismo passa essencialmente por ter a coragem de ser persistente na batalha de ideias. Isso porque, como insistiu o Prêmio Nobel de Economia em 1974, F. A. Hayek (1899-1992), são as ideias que, finalmente, definem a evolução social, econômica e política das nações[56].

Este livro surge, então, a fim de convocar todos os latino-americanos e espanhóis que querem viver em sociedades pacíficas, com oportunidades e espaços reais de liberdade, de unir esforços para mudar as coisas dando a devida importância para o mundo das ideias e seguindo o caminho da república constitucional ou liberal. Sabemos que o conceito de república é impreciso e tem leituras variadas. Na Espanha, é associado ao que pretendemos superar nesta obra, que são as ideias populistas e socialistas. Para Platão (427-347 a.C.), o ideal da república era de um tipo totalitário. Enquanto isso, os marxistas chineses chamam sua ditadura de República Popular da China. No entanto, o fato de um conceito ter sido distorcido não deveria ser uma razão para não lutar para recuperá-lo. Nossa ideia de república tem, para colocá-la de modo poético, muitos reinos, mas não aqueles que não primam pela liberdade individual, pelo Estado de Direito, por um grau aceitável de honestidade política, pela tolerância, pela economia livre e por outros valores essenciais para uma vida social próspera e pacífica. Quando falamos de república, referimo-nos a um republicanismo liberal e constitucional, próximo (mas não igual) àquele inspirou os fundadores dos Estados Unidos. Trata-se de uma proposta em que prevalece o império da lei para fazer valer os direitos individuais à vida, à propriedade e à liberdade de todos e cada um, sem exceção, limitando severamente o poder que poderia exercer maiorias circunstanciais para esmagar esses direitos.

Os autores deste livro estão na América Latina há anos e em seus respectivos países – Guatemala e Chile – promovendo a dignidade das pessoas e motivando outras a se unirem a esta causa, a mais nobre que a humanidade já conheceu. Em nossos esforços, um eco da semeada

---

56 HAYEK, F. A. *The Constitution of Liberty*. Abingdon: Routledge, 2006. p. 98.

esperança já faz mais de meio século, através do famoso historiador britânico conhecido como Lord Acton – John Emerich Edward Dalberg--Acton (1834-1902), o primeiro Barão de Acton. Este observou que, em todos os momentos, a liberdade foi um trabalho de minorias[57]. E são justamente as minorias que têm vocação para maiorias, mesmo dispostas a arriscar suas vidas para defender seus países da tentação populista e totalitária, que pudemos observar em nossas viagens. Em todos os lugares, surgem mais e mais vozes e grupos dispostos a resistir à maldição populista, à corrupção e à decadência e exigir uma vida decente, ou seja, sem pobreza, insegurança, corrupção e medo, problemas que o populista promete resolver, mas acaba apenas agravando-os.

É verdade que a população também tem sua parcela de responsabilidade conforme esse tipo de governo chega ao poder e o exerce de maneira abusiva e corrupta. No entanto, a desinformação está se tornando menos dispendiosa para combater. Devido precisamente ao acesso a novas tecnologias de informação e comunicação e redes sociais, a consciência da cidadania como uma condição que implica direitos à vida, liberdade e propriedade levou mais e mais pessoas a dizer "basta!" Um esforço bem articulado, clareza de ideias, novas energias e em que os protagonistas são especialmente a geração mais jovem pode mudar a cara da América Latina no século XXI. Assim, é possível levar o populismo ruinoso que nos tem caracterizado em direção a ideia de uma república liberal como um novo tipo de organização social que finalmente dará aos latino-americanos boas razões para serem otimistas sobre seu futuro.

Entendendo que o caminho é longo e exigente, este livro pretende ajudar a traçar um novo projeto sob a convicção de que é responsabilidade de todos – sem exceção, como disse o grande economista Ludwig

---

57 ACTON, John Emerich Edward Dalberg-Acton, First Baron. *The History of Freedom and Other Essays*. Oxford: Benediction Classics, 2012. p. 23.

von Mises (1881-1973) – impedir que nossas sociedades avancem rumo à decadência e à destruição[58]. Por este motivo, dedicamos este trabalho a todas as pessoas da América Latina que lutam diariamente para melhorar suas vidas com paixão, com um sorriso no rosto e com muito trabalho. Como eles, todos nós devemos nos perguntar o que fazer para tornar nossos países lugares dignos de se viver, e também devemos agir de acordo. No que diz respeito aos autores desta obra, compartilhamos uma profunda fé na capacidade de seguir adiante dos latino-americanos. E acreditamos, como disse Margaret Mead (1901-1978), que nunca se deve subestimar o poder que uma minoria comprometida tem de mudar o mundo.

Gloria Álvarez
Axel Kaiser

---

58 MISES, Ludwig von. *Socialismo*. Buenos Aires: Centro de Estudios Sobre la Libertad, 1968. p. 535.

Parte I

A Mentalidade Populista

"O populismo tem sido um mal endêmico da América Latina. O líder populista inflama o "povo" contra "antipovo", anuncia o alvorecer da história, promete o paraíso na Terra. Quando se chega ao poder, com o microfone na mão, decreta a verdade oficial, destrói a economia, instiga o ódio de classe, mantém as massas em contínua mobilização, despreza os parlamentos, manipula eleições, limita as liberdades".

Enrique Krauze

CAPÍTULO I

Anatomia da Mentalidade Populista

Há pelo menos cinco desvios que compõem a mentalidade populista. Assim, é necessário analisá-la para entender o engano que devemos enfrentar e superar. O primeiro é o desprezo pela liberdade individual e uma correspondente idolatria do Estado, a qual acontece tanto com nossos populistas socialistas quanto com os populistas totalitários, como Adolf Hitler (1889-1945) e Benito Mussolini (1883-1945). O segundo é o complexo de vítima, segundo o qual todos os nossos males sempre têm sido culpa dos outros, e nunca de nossa própria incapacidade de desenvolver instituições que nos permitam avançar. O terceiro, relacionado ao anterior, é a paranoia "antineoliberal", segundo a qual o neoliberalismo – ou qualquer coisa relacionada ao livre-mercado – é a origem última de nossa miséria. O quarto é a pretensão democrática com a qual o populismo se veste para tentar dar legitimidade a seu projeto de concentração de poder. O quinto é a obsessão igualitária, utilizada como pretexto para aumentar o poder do Estado e, assim, fortalecer o grupo político às custas das populações, beneficiando os amigos do populista e abrindo as portas para a corrupção desenfreada. Vamos ver em que consiste cada um desses desvios.

Capítulo 2

O Ódio à Liberdade e à Idolatria ao Estado

Embora o conceito de "populismo" seja muito confuso, em termos gerais podemos dizer que consiste em uma degradação profunda que começa no nível mental e se projeta nos níveis cultural, institucional, econômico e político. Na mentalidade populista, sempre se espera do outro a solução para seus próprios problemas, porque sempre o outro é responsável por eles. É a lógica de receber sem dar e, acima de tudo, a cultura segundo a qual o governo deve cumprir o papel de provedor e encarregado por satisfazer todas as necessidades humanas imagináveis.

Politicamente, o populismo tende a ser encarnado em um líder carismático, um redentor que vem resgatar os sofredores e assegurar- -lhes um espaço de dignidade no novo paraíso criado por ele. Isto é particularmente perceptível no caso do "socialismo do século XXI". O populista realiza seu programa usando as categorias "povo" e "antipovo". Afirma incorporar o "povo" e, portanto, quem quer que seja contra suas reivindicações sempre será, por definição, contra o "povo" e do lado do "antipovo", o que implica ele dever ser marginalizado ou eliminado.

A figura populista, devido à sua ideia de tomar conta da vida do "povo", promove o ódio na sociedade, dividindo-o entre o bem e o mal. Já dizia Che Guevara, em na revista *Tricontinental*, em 1967:

> O ódio como fator de luta; o ódio intransigente ao inimigo, que impulsiona para além das limitações naturais do ser humano e o transforma em uma eficaz, violenta, seletiva e fria máquina de matar. Nossos soldados precisam ser assim; um povo sem ódio não pode triunfar sobre um inimigo brutal[59].

Quando Guevara propunha essa ideia, ele estava se referindo, é claro, à violenta revolução marxista. Mas, fundamentalmente, a estratégia do populismo socialista não mudou, sendo a inserção do ódio na sociedade o primeiro passo.

O segundo passo consiste em eliminar a liberdade econômica, anulando o máximo o direito de cada indivíduo desfrutar do fruto de seu trabalho. As expressões concretas da política econômica e social do populista, seja de direita ou de esquerda, são conhecidas: um Estado gigantesco que se intromete em tudo e controla tudo; e redistribuição maciça da riqueza por meio de impostos e regulamentações extremamente elevados que obrigam o setor privado a assumir papéis de supervisão e outros que não lhes correspondem. Acrescentamos também as altas taxas de inflação, resultado da monetização dos gastos estatais; o controle de capital para impedir que os dólares saiam do país; a discricionariedade da autoridade em qualquer assunto de

---

59 GUEVARA, Ernesto "Che". "'Crear dos, tres..., muchos Vietnam'. Mensaje a los pueblos del mundo a través de la *Tricontinental*". Folheto especial da revista *Tricontinental*, órgão do Secretariado Executivo da Organização de Solidariedade dos Povos da África, da Ásia e da América Latina (Ospaaal), La Habana (Cuba), 16 de abril de 1967. Disponível em: <https://www.marxists.org/espanol/guevara/04_67.htm>. Acesso em 10 de setembro de 2018.

ordem econômica, o que implica o desaparecimento do Estado de Direito; as burocracias gigantescas e ineficientes; o aumento da dívida do Estado; a queda no investimento privado; o aumento do desemprego; a corrupção galopante; o aumento no risco-país; a deterioração dos direitos de propriedade e de segurança pública; os privilégios especiais para grupos de interesse associados ao poder político; e a criação de empresas estatais totalmente ineficientes.

Então, ancorando-se o populista em uma adoração febril ao poder do Estado, seu motor supremo, o qual leva ao cultivo do ódio e à destruição do Estado de Direito, é um total desprezo pela liberdade e pelas instituições que a protegem. A mentalidade populista é liberticida. É improvável ver um líder populista dizendo que privatizará as empresas estatais, que garantirá a independência do banco central e da imprensa, que reduzirá os impostos, que irá reduzir os gastos do Estado ou cortar os benefícios da população para estabilizar as contas fiscais. Também não se viu um populista ampliar o espaço da liberdade civil e cultural das pessoas, nem reconhecer a individualidade delas. Pelo contrário, dilui-as na massa e as ignora, homogeneizando-as e valorizando-as apenas como parte da multidão. As promessas são sempre o oposto: utilizar o aparato de poder estatal para supostamente elevar o "povo" a um nível do mais alto bem-estar através de presentes e favores de diferentes tipos. É por isso que deveria terminar, por exemplo, a independência do banco central, porque essa é uma ideia "neoliberal"; estatizar as empresas, pelo menos as mais importantes, como nas áreas de recursos naturais e energéticos; e aumentar drasticamente os impostos e desenvolver uma gigantesca rede de assistencialismo tendo milhões de pessoas dependendo do Estado. O populismo clássico é sempre estatista porque baseia seu projeto em um eixo distributivista radical. Como os professores Andrés Benavente e Julio Cirino explicaram em seu estudo sobre o assunto, *"o populismo clássico é estadista, já que supõe um Estado superdimensionado cujos recursos realiza sua trabalho redistributivo"*[60].

Nenhum dos fenômenos é exclusivamente latino-americano, por certo. O nazismo alemão e o fascismo italiano, por exemplo, embora com um núcleo ideológico mais refinado e outras importantes diferenças com o que temos visto na América Latina, também foram movimentos populistas que fizeram do ódio à liberdade individual e da adoração ao Estado suas molas mestras. A verdade é que, além da complexidade das comparações, ideologicamente, Benito Mussolini, Adolf Hitler, Josef Stalin (1878-1953) e Mao Tse-Tung (1893-1976) estavam no mesmo caminho de Hugo Chávez, Juan Domingo Perón (1895-1974), Fidel Castro, Pablo Iglesias, Salvador Allende (1908-1973), Nicolás Maduro, Néstor Kirchner (1950-2010) e Cristina Kirchner, Evo Morales, Rafael Correa, Andrés Manuel López Obrador, Daniel Ortega e Michelle Bachelet (esta, em seu segundo mandato, implementou um programa *refundacional* com o objetivo de acabar com o bem-sucedido sistema de liberdades prevalecente há mais de três décadas). Considerando as distâncias históricas e culturais, o elemento ideológico antiliberal, anti-individualista e anticapitalista radical foi tanto a essência do nazismo e do fascismo quanto é o socialismo populista do século passado e do século XXI promovido por Chávez e seus seguidores latino-americanos e europeus. Se Che Guevara, o maior herói dos socialistas populistas hoje, disse que os comunistas deveriam pensar como "massa", rejeitando o individualismo[61], Benito Mussolini, no artigo "A Doutrina do Fascismo", falou o seguinte:

---

60 BENAVENTE, Andrés & CIRINO, Julio. *La democracia defraudada*. Buenos Aires: Grito Sagrado, 2005. p. 41.

61 Discurso de Ernesto "Che" Guevara na comemoração do segundo aniversário da integração das Organizações Juvenis (p. 31-45), celebrada em 20 de outubro de 1962. Disponível em: <http://archivo.juventudes.org/textos/Jovenes%20Clasicos/Discursos%20a%20la%20juventud.pdf>. Acesso em 10 de setembro de 2018.

Anti-individualista, a concepção fascista da vida ressalta a importância do Estado e aceita o indivíduo apenas na medida em que seus interesses coincidem com os do Estado [...]. [O fascismo] se opõe ao liberalismo clássico que emergiu como uma reação ao absolutismo e esgotou sua função histórica quando o Estado se tornou uma expressão da consciência e da vontade do povo. O liberalismo negou o Estado em nome do indivíduo; o fascismo reafirma isso[62].

E Hitler diria:

Somos socialistas, somos inimigos de morte do atual sistema econômico capitalista, porque explora os economicamente fracos com seus salários injustos, com sua valorização do ser humano de acordo com a riqueza e a propriedade [...] e estamos determinados a destruir esse sistema em todas as circunstâncias[63].

Sem ir mais longe, na Alemanha nazista, o programa governamental em matéria social e econômica do partido não tinha muita diferença com o que nossos populistas socialistas exigem em geral. Assim, por exemplo, os socialistas nacionalistas liderados por Hitler exigiam em seu programa de 25 pontos que *"o Estado deve assegurar que cada cidadão tenha a possibilidade de viver decentemente e ganhar a vida"*[64]. Em seguida,

---

62 ROTH, Hermann. "Die nationalsozialistische Betriebszellenorganisation (NSBO), von der Gründung biz zur Röhm-Affäre (1928 *bis* 1934)". *Jahrbuch für Wirtschaftsgeschichte*, Vol. 19, N. 1, 1978, p. 51. Disponível em: <http://www.digitalis.uni-koeln.de/JWG/jwg_75_49-57.pdf>. Acesso em 10 de setembro de 2018.

63 MUSSOLINI, Benito. *The Doctrine of Fascism*. 1932. Disponível em: <https://archive.org/details/DoctrineOfFascism>. Acesso em 10 de setembro de 2018.

64 Programa del Nationalsozialistische Deutsche Arbeiterpartei (NSDAP). Disponível em inglês em: <http://avalon.law.yale.edu/imt/nsdappro.asp>. Acesso em 10 de setembro de 2018.

ele propôs *"abolir toda a renda não derivada do trabalho"* para *"quebrar a escravidão dos juros"*, nacionalizar todos os *fideicomissos*, aumentar as pensões, fazer uma reforma agrária para redistribuir a terra e estabelecer um sistema de educação gratuito totalmente controlado pelo Estado, entre outras medidas estadistas e redistributivas[65]. É quase como se os socialistas do século XXI e todos os seus seguidores intelectuais e políticos tivessem feito "copiar e colar" das ideias de Hitler e Mussolini. Como se explica isso? A razão é que o fascismo e o nazismo são doutrinas coletivistas inspiradas, em grande parte, pelo socialismo marxista. Ambos reivindicam defender o "povo" dos abusos das oligarquias nacionais e estrangeiras. Dessa maneira, como os socialistas do século XXI, os nazistas e fascistas detestam a liberdade individual e reivindicam um papel quase absoluto do Estado, ou seja, do partido e do líder em nome dos trabalhadores e do "povo".

Lênin, Stalin, Hitler, Chávez, Mao, Mussolini e Castro, para citar alguns, são, em essência, representantes da mesma ideologia totalitária. Na verdade, a sigla NSDAP do partido nazista significava Partido Nacional Socialista dos Trabalhadores da Alemanha (*Nationalsozialistische Deutsche Arbeiterpartei*); e Mussolini militou no partido socialista italiano antes de fundar seu próprio movimento. Então as coisas, além de todas as demais diferenças, os populismos que levaram a Europa à ruína não só são primos em primeiro grau do socialismo marxista, mas também dos populismos socialistas que condenaram a América Latina à miséria.

Em seu famoso estudo sobre o fascismo, Stanley G. Payne advertiu que, mesmo existindo diferenças entre os vários movimentos fascistas de outras regiões frente aos europeus, havia pelo menos cinco características genéricas que todos compartilhavam:

---

65 Idem. *Ibidem*.

1) Autoritarismo nacionalista permanente de apenas um partido;
2) Princípio da liderança carismática;
3) Ideologia étnica;
4) Sistema estatal autoritário e economia corporativista, sindicalista ou socialista parcial;
5) Ativismo voluntarista[66].

Obviamente, o socialismo do século XXI, ainda que tenha se manifestado com vários matizes em diferentes países, geralmente satisfaz as características descritas ao menos no nível do objetivo. Se algumas nações não conseguiram adotar um regime de partido único, é porque a oposição não tornou isso possível, mas não há dúvida de que, se pudessem consagrá-lo, fariam isso.

A ideia de que nossos socialistas do século XXI, herdeiros de Fidel Castro e, então, de Hugo Chávez, se encontram aparentados com o fascismo foi bem elaborada pelo intelectual Juan Claudio Lechín em seu interessante livro *As Máscaras do Fascismo*. Nele, Lechín mostra que, se a comparação for realizada em termos de procedimentos políticos, discursivos e mecanismos de concentração de poder entre Chávez, Castro, Morales, Mussolini, Franco e Hitler, percebe-se que todos eles podem ser considerados fascistas. Lechín desenvolve o conceito de "índice fascista", composto por 12 elementos, que valem a pena reproduzir para entender como nossos líderes do socialismo populista do século XXI se assemelham a tiranos europeus.

O caudilho fascista, de acordo com Lechín, é messiânico, carismático e de origem plebeia; seus braços são grupos de choque militares ou paramilitares; sua linguagem é a da propaganda política; sua fé, a fantasia redentora; seu ouvido, serviços de inteligência e delatores; busca a refundação da pátria e a reforma constitucional; destrói as

---

66 PAYNE, Stanley G. *El fascismo*. Madri: Alianza Editorial, 1982. p. 214.

instituições liberais; é antiliberal e anti-norte-americano. Consegue que ele seja identificado com o partido e que o partido se identifique com o Estado; o Estado, com a nação; a nação, com a pátria; a pátria, com o povo, com sua história épica. O povo é adepto ao caudilho, e este se perpetua no poder e promove valores medievais como a coragem militar[67]. Estes são, explica Lechín, os elementos centrais do fascismo, e eles se aplicam a personagens como Castro, Mao Tsé-Tung e Stalin, cujos métodos eram idênticos aos de Hitler. A reflexão de Lechín é importante porque, além de deixar claro que nossos populistas são da tradição fascista, levanta ao mesmo tempo algo que já vários historiadores e pensadores têm apontado: a identidade entre a doutrina marxista ou comunista e o socialismo nacionalista ou fascismo. Diz Lechín:

> A maior diferença entre o nazifascismo e o comunismo soviético é que um foi derrotado na Segunda Guerra Mundial e o outro não. Depois disso, a propaganda comunista produziu diferenças irreconciliáveis, ainda inexistentes, a fim de libertar-se de qualquer associação ao navio afundado e continuar vendendo a fantasia ideológica em um mundo por conquistar[68].

Assim, Lechín deixa em evidência um dos diversos mitos que construíram a esquerda mundial, e que consiste em que esta não é fascista, quando, na verdade ambas as doutrinas, como diz o autor, aplicam o mesmo modelo político, embora seus impactos, discursos e estilos sejam diferentes[69]. Esta ideia, a propósito, não é apenas uma tese de Lechín. O prestigiado intelectual francês Jean-François Revel

---

67 LECHÍN, Juan Claudio. *Las máscaras del fascismo*. La Paz: Plural, 2015. p. 32.

68 Idem. *Ibidem*., p. 38.

69 Idem. *Ibidem*., p. 39.

(1924-2006), um ex-comunista convertido, explicou em seu ensaio sobre a sobrevivência da utopia socialista, exatamente o mesmo. De acordo com Revel, o comunismo e o nazismo são ideologias irmãs ao ponto que o nazismo seria o herdeiro ideológico do comunismo. Revel recorda que o próprio Hitler confessou, em uma ocasião, que ele era o *"realizador do marxismo"*[70] e tinha um profundo conhecimento da obra de Marx. Acerca desta questão, Hitler adicionaria:

> Não vou esconder que aprendi muito com o marxismo [...]. O que me interessou e aprendi dos marxistas são os seus métodos [...]. Todo o nacional-socialismo está contido nele [...], os sindicatos as células da empresa, os desfiles de massa, os folhetos de propaganda escritos especialmente para serem entendidos pelas massas. Todos esses novos métodos de luta política foram inventados pelos marxistas. Não pude deixar de me apropriar deles e desenvolvê-los para obter o instrumento de que precisávamos[71].

Como Revel explica, o parentesco ideológico do marxismo com o nazismo vai tão longe que, inclusive o antissemitismo dos nazistas, foi herdado em grande parte do marxismo. Hitler conhecia perfeitamente o famoso ensaio *Sobre a Questão Judaica*, escrito por Marx, em que o filósofo fomentou seu ódio contra os judeus. De fato, Hitler praticamente plagiou trechos desse ensaio em seu infame livro *Mein Kampf*[72] [*Minha Luta*].

Seguindo essa linha de análise, o Prêmio Nobel de Economia F. A. Hayek, também socialista na juventude, alertou o público europeu que

---

70 REVEL, Jean-François. *La gran mascarada: Ensayo sobre la supervivencia de la utopía socialista*. Madri: Taurus, 2000, p. 112.

71 Idem. *Ibidem.*

72 Idem. *Ibidem.*, p. 116.

o nazismo e o comunismo foram, no fim, a mesma coisa. Escrevendo na época de Hitler, Hayek explicou que o conflito entre a direita nacional-socialista e a esquerda marxista era, na verdade, um conflito "entre facções rivais", com idêntica natureza ideológica[73]. Ambos – e isto é o importante – detestavam o liberalismo individualista anglo-saxão e o capitalismo que o primeiro gerou. Lechín, analisando os regimes de Castro, Morales e Chávez, chega à mesma conclusão de Hayek: que o fascismo não é uma questão de direita ou esquerda, mas uma estratégia grosseira para conseguir o controle máximo do poder possível, a fim de destruir as instituições liberais[74].

Fica claro, então, que o socialismo do século XXI e nossos populistas socialistas em geral não são nada mais do que uma projeção de ideologias fascistas/socialistas que detestam a liberdade, adoram o Estado e buscam aumentar seu poder para aniquilar o espaço do indivíduo mediante a destruição das instituições políticas e econômicas liberais. A oposição que a esquerda mundial fabricou entre fascismo e socialismo, e seguida ao pé da letra na América Latina e na Espanha, não passa de uma construção artificial para negar o óbvio: que, apesar das diferenças retóricas, socialistas e fascistas, elas compartilham motivações, métodos, origens intelectuais e objetivos muito semelhantes e por vezes idênticos.

---

73 HAYEK, F. A. *Camino de servidumbre*. Madri: Alianza Editorial, 1985. p. 35. [Em língua portuguesa a obra está disponível na seguinte edição: HAYEK, F. A. *O Caminho da Servidão*. Trad. Anna Maria Capovilla, José Ítalo Stelle e Liane de Morais Ribeiro. São Paulo: Instituto Ludwig von Mises Brasil, 6ª ed., 2010. (N. E.)].

74 LECHÍN, Juan Claudio. *Las máscaras del fascismo*. *Op. cit.*, p. 39.

CAPÍTULO 3

O Complexo de Vítimas

Uma característica essencial da mentalidade populista sempre foi – e continua sendo – culpar todos os males da sociedade aos outros: os ricos, os "gringos", o capitalismo ou a CIA. Dificilmente um líder populista latino-americano ou europeu dirá: "Na realidade, não conseguimos resolver nossos problemas porque não fomos capazes de criar as instituições que nos levem adiante". Como já dissemos, o líder populista fomenta o ódio entre as classes e o ressentimento contra algum suposto inimigo interno e/ou externo que conspira para nos manter na pobreza e no subdesenvolvimento. Em suma, somos sempre vítimas e, portanto, precisamos de um "salvador" para que ponha fim à conspiração conjunta das oligarquias nacionais e dos perversos interesses capitalistas internacionais.

Curiosamente, nada desse complexo de vítimas que nos caracteriza é novo, nem uma invenção propriamente latino-americana. Na verdade, é uma anomalia europeia e surgiu há vários séculos. Quem melhor explicou a origem deste mito foi o grande intelectual venezuelano Carlos Rangel (1929-1988) em seu extraordinário livro *Do bom selvagem ao bom revolucionário*. Nesse trabalho, Rangel advertiu-nos que, na época do descobrimento, acreditava-se que Deus não havia destruído o paraíso na Terra e isto estava em alguma ilha ou lugar perdido no mundo[75]. Este lugar seria povoado por bons selvagens, ou seja, por seres humanos não corrompidos. O "bom selvagem" seria um homem em estado puro de inocência, vivendo em total harmonia com a natureza e com outras pessoas em comunidades nas quais não havia ricos ou pobres ou qualquer autoridade política. Para que o leitor tenha uma ideia sobre a popularidade deste mito na Europa, vejamos o que um escritor francês do calibre de Michel de Montaigne (1533-1592) afirmava no século XVI sobre como era o bom selvagem que, supostamente, habitava a América. De acordo com Montaigne, os nativos americanos *"não tinham conhecimento de letras, nem de ciência, nem de números"*, nem reconheceriam *"magistrados ou superioridade política"*. Tampouco havia *"riqueza ou pobreza, contratos, sucessões, dividendos, propriedades, empregos, [...] vestuário, agricultura, metal, uso de milho ou vinho"*[76]. Neste estado, perto da república perfeita, segundo Montaigne, *"palavras que significam mentira, traição, dissimulação, ganância, inveja, retratação e perdão nunca foram ouvidas"*[77]. De acordo com Montaigne, os europeus, por outro lado, já haviam degenerado suas virtudes naturais para acomodá-los a seu *"paladar corrupto"*[78]. O próprio Montaigne é responsável pela propagação de um dos mitos mais destrutivos e persistentes da história e que custou caro aos latino-americanos. Referimo-nos à ideia de que o mercado é um jogo de soma zero – o que se ganha é devido ao que o outro perde. Vejamos o que dizia o francês em seu ensaio intitulado "Le profit de l'un est dommage de l'autre" ["O lucro de um é prejuízo de outro"]:

---

75 RANGEL, Carlos. *Del buen salvaje al buen revolucionario*. Caracas: Monte Ávila Editores, 1982. p. 31ss.

76 MONTAIGNE, Michel de. *Essays of Montaigne*. Ed. rev. William Carew Hazlett; trad. Charles Cotton. New York: Edwin C. Hill, 1910. Vol. 2, p. 67.

77 Idem. *Ibidem.*, p. 66.

78 Idem. *Ibidem.*

[...] nenhum lucro ou vantagem é alcançado sem o prejuízo de outros; segundo essa opinião, todo tipo de lucro deveria ser condenado como ilegítimo. O comerciante não consegue seu lucro senão aos distúrbios da juventude; o agricultor aproveita-se da escassez do trigo; o arquiteto, da ruína das construções; os auxiliares da justiça, das brigas que ocorrem constantemente entre os homens; a própria honra e a prática dos guias religiosos estão baseadas em nossa morte e nossos vícios; nenhum médico é grato até mesmo à saúde de seus próprios amigos, diz um autor de quadrinhos grego, ou a qualquer soldado, à paz de sua cidade, e assim por diante[79].

Essa tese alimenta a ideia de que a riqueza dos ricos é a causa da pobreza dos pobres e, portanto, alguns devem destituídos para reparar a injustiça cometida sobre os outros. É, no fundo, a mesma doutrina marxista segundo a qual a acumulação de capital baseada na propriedade privada dos meios de produção é o resultado da exploração do empreendedor. Tal doutrina, como conhecemos bem na América Latina, é usada pelo revolucionário "angelical", como se chamava Che Guevara, para justificar seu projeto criminoso e ditatorial.

Seguidor de Montaigne, o filósofo naturalizado francês, nascido em Genebra, Jean-Jacques Rousseau (1712-1778), um precursor direto dos totalitarismos marxista e nacional-socialista, levaria o mito do bom selvagem e da condenação da propriedade privada até o delírio. Para se ter uma ideia da importância desse pensador, basta recordar que a coleção de obras clássicas de Harvard, editada pelo professor e presidente da universidade, Charles Eliot (1834-1926), infere que Rousseau foi o *"escritor francês mais amplamente influente de seu tempo"*[80].

---

79 MONTAIGNE, Michel de. *Essays of Montaigne. Op. cit.*, Vol. 1, p. 239.

80 ELIOT, Charles (Ed.). *French and English Philosophers*. New York: Collier & Son, 1910. (Harvard Classics, Vol. 34). p. 162.

Em seu famoso *Discurso sobre a Origem da Desigualdade entre os Homens*, Rousseau descreveu os selvagens americanos com um romantismo quase adolescente. Vale a pena reproduzir as reflexões de Rousseau, um dos filósofos mais influentes na América Latina, para entender bem o assunto com que estamos lidando. Referindo-se às condições de vida dos nativos, Rousseau argumenta que, *"acostumado desde a infância ao intemperismo do tempo e ao rigor das estações, exercitado na fadiga e forçado a defender-se nu e desarmado suas vidas e suas presas contra as feras selvagens"*, os homens formaram *"um temperamento forte e quase inalterável"*. Enquanto isso, *"as crianças, vindo ao mundo com a excelente constituição de seus pais e fortalecendo-se com os mesmos exercícios que a produziram, adquiriram todo o vigor de que a espécie humana é capaz"*[81].

Para Rousseau, o homem europeu civilizado era exatamente o oposto: covarde, doentio, corrupto e sem energia. No entanto, mais importante ainda, o selvagem na América era um ser puro, moralmente falando, e ele não conhecia paixões degeneradas, que eram um produto da civilização para Rosseau:

> Com paixões tão menos ativas e um freio tão saudável, os homens, mais ferozes que maus, mais atentos a proteger-se do mal que podiam receber do que inclinados a prejudicar aos outros, não estavam expostos a disputas muito perigosas. Como eles não tiveram nenhum tipo de relacionamento um com o outro; como, portanto, eles não conheciam a vaidade, nem a consideração, nem a estima, nem o desprezo; como eles não tinham a menor

---

81 ROUSSEAU, Jean-Jacques. *Discurso sobre el origen de la desigualdad entre los hombres*. Ed. & prol. Eduardo Maura y Clara Navarro. Madri: Minerva, 2014. As citações são da versão de Ángel Pumarega (Madri: Calpe, 1923). Disponível em: <http://www.catedradh.unesco.unam.mx/SeminarioCETis/Documentos/Doc_basicos/5_biblioteca_virtual/2_genero/5.pdf>. Acessado em 10 de setembro de 2018.

noção de bem ou mal, nem qualquer ideia verdadeira de justiça, percebiam a violência que poderiam receber como dano fácil de reparar, e não como uma ofensa para ser punida. E, como nem mesmo pensavam em vingança, a menos que talvez mecanicamente e, ao mesmo tempo, como um cão que morde a pedra lançada contra ele, suas disputas raramente teriam uma causa mais importante que a comida[82].

De acordo com Rousseau, nesse estado de natureza e inocência havia uma igualdade material quase perfeita, porque todos, além de suas diferenças físicas, viviam em condições semelhantes e ninguém subjugava o outro. Assim, a América era o paraíso de igualdade, e os nativos, seres inocentes e viris, livres de toda corrupção. Eles também viviam separados das doenças e misérias europeias. E qual é a origem de todo o mal civilizatório na visão de Rousseau? Bem, nada mais, nada menos que propriedade privada:

O primeiro homem a quem, cercando um terreno, teve a ideia de dizer que "isto é meu" e achou pessoas bastante ingênuas para acreditar nele foi o verdadeiro fundador da sociedade civil. Quantos crimes, guerras, assassinatos; quantas misérias e horrores teriam evitado a raça humana que gritara com seus semelhantes, arrancando as estacas da cerca ou cobrindo o buraco: "Cuidado ao escutar esse impostor; você está perdido se esquecer que os frutos pertencem a todos e a terra, de ninguém!"[83]

Quando você lê estas reflexões de um dos mais importantes filósofos dos últimos séculos, cujas ideias foram fundadoras do marxismo,

---

82 Idem. *Ibidem.*, p. 28.
83 Idem. *Ibidem.*, p. 33.

não surpreende que, na América Latina, temos ancestralmente essa mentalidade contrária ao sistema de economia livre, sem prejuízo da existência de muitas outras fontes intelectuais e materiais que contribuíram para tal. O ponto é que, nessa mitologia, o capitalismo – o sistema da propriedade privada – foi a origem da todos os males, como foi para Marx e seus seguidores, os quais se inspiraram em Rousseau ao sustentar que o homem era naturalmente bom e a sociedade o corrompia e o degenerava. De acordo com esse pensamento, por causa da propriedade privada é que havia a desigualdade e a tentação de abusar daquele que tem menos.

Em seu famoso livro *A Guerra de Guerrilhas*, Ernesto "Che" Guevara seguiria essa mitologia dizendo que a guerrilha era *"um homem que abraça o desejo de libertação do povo"* e que, *"no início da luta, ele tem a intenção de destruir uma ordem injusta e, portanto, mais ou menos velada, com a intenção de instituir algo novo no lugar do velho"*[84]. A essência desta libertação quase divina consistia, tanto para Guevara quanto para Rousseau, em acabar com a propriedade privada: *"O guerrilheiro é uma espécie de anjo da guarda que caiu do céu para ajudar sempre os pobres [...]; a propriedade privada deve adquirir nas zonas de guerra sua função social. Ou seja, o excedente de terra, o que se ganhou além para a manutenção de uma família rica, deve passar para as mãos do povo e ser distribuído equitativamente e com justiça"*[85]. Até hoje, essa mitologia nutre as correntes populistas socialistas e sua lógica *refundacional*. E, como Rangel advertiu, é no esforço para restaurar a ordem supostamente perfeita antes do vírus trazido pelos europeus que o bom selvagem se torna o bom

---

84 GUEVARA, Ernesto "Che". *Guerra de guerrillas*. Librodot.com. Disponível em: <http://dspace.utalca.cl:8888/bibliotecas/librodot/guerra_guerrillas.pdf>. Acessado em 10 de setembro de 2018. Versão no livro: *La guerra de guerrillas*. Hondarribia: Hiru, 2014.

85 Idem. *Ibidem*.

revolucionário, um messias, como Che Guevara ou Chávez queriam, no intuito de levar-nos a um paraíso perdido que nunca existiu.

Certamente, nem todos na Europa comungavam de tal ficção do bom selvagem. Cansado da persistência desse mito, em meados do século XVIII, o famoso escritor britânico Charles Dickens (1812-1870) escreveu um artigo intitulado, precisamente, "The Noble Savage" ["O bom selvagem"]. Nele, sustentava que era *"extraordinário"* observar como algumas pessoas falaram do bom selvagem *"como se falassem sobre os bons velhos tempos"* e ver como *"lamentavam sua desaparição no curso de desenvolvimento de certas terras"*[86]. Ofuscado, Dickens alertou sobre a total desconexão entre o pensamento daqueles que sentiam saudade do bom selvagem e a realidade: *"[...] mesmo com as provas diante deles, estarão determinados a acreditar ou sofrer para serem persuadidos à crença de que [o bom selvagem] é algo que seus cinco sentidos dizem que não é"*. O escritor rebelava-se contra esse autoengano declarando o seguinte: *"Não acredito nem um pouco no bom selvagem. Considero-o um incômodo prodigioso, uma enorme superstição [...], minha posição é que, se tivermos de aprender algo com o bom selvagem, é precisamente que ele deve ser evitado. Suas virtudes são uma fábula; sua felicidade, uma ilusão; sua nobreza, uma tolice"*.

A visão de Dickens, como sabemos, é muito mais próxima da realidade do que a de Rousseau e Montaigne: tanto os incas quanto os maias e os astecas eram sociedades classistas e escravistas, com diferentes estratos e privilégios para os poderosos líderes religiosos e políticos acima das populações gerais. Por certo, estes povos também tinham um valor cultural importante, e nada justifica os crimes cometidos pelos conquistadores contra eles, assim como os crimes que esses povos co-

---

86 DICKENS, Charles. "The Noble Savage". Disponível em: <https://ebooks.adelaide. edu.au/d/dickens/charles/d54rp/chapter12.html>. Acessado em 10 de setembro de 2018.

meteram contra os seus próprios e outros. O ponto é que nunca existiu o bom selvagem. No entanto, esse mito foi instalado, oferecendo assim uma perfeita justificativa ideológica para líderes populistas de todas as épocas que defendiam uma "distribuição igualitária da riqueza", enquanto eles culpavam várias potências estrangeiras pelas misérias da América Latina. Na verdade, é inevitável não ver neste mito que ele retratou os latino-americanos como "vítimas" dos europeus, uma das origens intelectuais da famosa doutrina do "estruturalismo", o qual levou ao ruinoso sistema de substituição de importações predominante na América Latina desde a década de 1940. Todo o programa da Comissão Econômica para a América Latina e o Caribe (Cepal), da Organização das Nações Unidas (ONU), baseava-se na ideia de que os latino-americanos foram vítimas econômicas das potências desenvolvidas e que, portanto, devíamos praticar o protecionismo comercial e estatismo desenfreado para avançarmos. Originalmente, essas ideias alcançaram maior influência através do trabalho desenvolvido pelo economista argentino Raúl Prebisch (1901-1986), que presidiu a Cepal em Santiago do Chile (entre 1949 e 1963) e foi conhecido como o John Maynard Keynes (1883-1946) da América Latina[87].

Para se ter uma ideia do que pensava o mentor de Prebisch, Keynes, basta recordar sua afirmação: *"O capitalismo individualista decadente em cujas mãos nos encontramos depois da guerra não é um sucesso. Não é inteligente, não é bonito, não é justo, não é virtuoso e não produz bens"*[88]. O próprio Keynes reconheceria no prólogo da edição alemã de sua famosa *Teoria Geral do Emprego, do Juro e da Moeda* que seu programa estadista se adaptava *"muito mais facilmente às condições de um Estado*

---

87 "Raul Prebisch: Latin America's Keynes". *The Economist*. 5 March 2009.

88 KEYNES, John Maynard. "National Self-Sufficiency". *The Yale Review*, Volume 22, Number 4 (June 1933): 755-69. Disponível em: <https://www.mtholyoke.edu/acad/intrel/interwar/keynes.htm>. Acessado em 10 de setembro de 2018.

totalitário do que a teoria da produção e da distribuição gerados sob condições de livre-concorrência e uma grande dose de laissez-faire"[89]. Esta filosofia antiliberal e pró-autoritária foi a defendida por Prebisch e pela Cepal, com base na teoria do "estruturalismo". Este foi desenvolvido por Prebisch, o qual, por sua vez, se fundamentou nas teorias de Hans Singer (1910-2006), economista que fez doutorado sob a orientação de John Maynard Keynes na Universidade de Cambridge.

Na visão de Prebisch, as leis econômicas não eram universais; consequentemente, o que valia para os Estados Unidos ou a Europa não se aplicava à América Latina. Portanto, devia ser buscada uma ciência econômica propriamente latino-americana, pois os economistas dos países desenvolvidos, por não viverem na região, não poderiam entender o que estava acontecendo lá ou oferecer soluções para nossos problemas. Seguindo essa lógica, Prebisch argumentou que havia um problema estrutural entre o que ele chamava de países da "periferia" e os países desenvolvidos, ou do "centro". De acordo com tal ponto de vista, os latino-americanos foram vítimas econômicas dos países desenvolvidos, porque estes, por venderem bens industriais e tecnológicos de maior valor do que nossas exportações de bens primários, levaram-nos a uma deterioração permanente nos termos de troca. Ou seja, poderíamos comprar cada vez menos do que eles produziam e eles mais do que nós produzíamos. Por sua vez, isso nos fazia depender dos países avançados, que sentiam quedas de preços menores em suas exportações em relação às exportações dos países subdesenvolvidos.

De acordo com Prebisch, a teoria da divisão internacional do trabalho formulada por Adam Smith e David Ricardo (1772-1823)

---

89 KEYNES, John Maynard. "Preface to the German Edition". *In: The General Theory of Employment, Interest and Money*. New York: Harcourt, Brace, 1936. O texto do prefácio está disponível em: <http://gutenberg.net.au/ebooks03/0300071h/gerpref.html>. Acessado em 10 de setembro de 2018.

séculos antes havia sido refutada pelos fatos[90]. Em outras palavras, não era verdade que todos se beneficiaram do livre-comércio nem do livre-mercado global. A solução era fechar nossas economias às importações e desenvolver uma política industrial dirigida pelo Estado, além de uma redistribuição maciça de renda e propriedade por meio de reformas agrárias. O resultado dessas políticas estadistas foi desastroso para a América Latina, tal como a realidade e a literatura especializada demonstram há muito tempo[91]. Não poderia ser diferente. Em geral, Prebisch sentia-se, como todos os intelectuais da Cepal, próximo do socialismo. Em uma interessante entrevista, afirmou o seguinte:

> Naturalmente, o Partido Socialista também defendeu a reforma agrária, para a divisão de grandes propriedades. Isso provocou grandes debates. Eu também estava absolutamente a favor deles [...]; o que mais atraiu no Partido Socialista foi o nível intelectual e a capacidade jurídica dos homens do partido. Esse conjunto foi um dos mais brilhantes[92].

As teorias de Prebisch e da Cepal também inspiraram o famoso programa de ajuda do governo de John F. Kennedy (1917-1963) conhecido como "Aliança para o Progresso". Kennedy definiu o programa como *"um esforço cooperativo, inigualável em magnitude e nobreza de propósito, para satisfazer as necessidades básicas do povo latino-americano de ter*

---

90 PREBISCH, Raúl. "El desarrollo económico de la América Latina y sus principales problemas". Cepal, 14 maio 1949. Disponível em: <http://prebisch.cepal.org/sites/default/files/2013/prebisch_el_desarrollo_eco.pdf>. Acessado em 10 de setembro de 2018.

91 Sobre o fracasso da Cepal, ver: HIRA, Anil. *Ideas and Economic Policy in Latin America: Regional, National, and Organizational Case Studies*. Westport: Praeger, 1998. p. 64.

92 Entrevista. Disponível em: <http://www.revistas.uchile.cl/index.php/CDM/article/viewFile/25955/27268>. Acessado em 10 de setembro de 2018.

casas, trabalho, terra, saúde e escolas"[93]. O mesmo Prebisch reconheceria muito depois que as ideias da Aliança para o Progresso eram as das Cepal[94]. A lógica por trás disso era que somente se a miséria material fosse eliminada poderia conter a ameaça marxista na região poderia. Segundo Kennedy, as nações pobres da América Latina e outras regiões do mundo estavam, *"sem exceção, sob pressão comunista"*[95].

Nesse contexto, a tarefa fundamental de programas como a Aliança para o Progresso era fazer *"uma demonstração histórica de que o crescimento econômico e a democracia política podem se desenvolver de mãos dadas"*[96]. Na prática, a Aliança para o Progresso foi uma espécie de Plano Marshall para a América Latina que destinou 20 bilhões de dólares a doações e empréstimos em um período de dez anos. Ao final deste, seus promotores supunham ingenuamente que os problemas econômicos e sociais mais sérios da região seriam resolvidos. Em troca, os países latino-americanos teriam de se comprometer a realizar certas reformas para redistribuir equitativamente a riqueza gerada pelo crescimento econômico e outros para reduzir a corrupção.

O resultado, novamente, foi um desastre. A Cepal e sua influência na Aliança pelo Progresso levaram a América Latina a várias décadas perdidas em matéria de progresso econômico e social, com hiperinflação, alta taxa de desemprego e impossibilidade de resolver a pobreza crônica. Mas, também, como produto de seu fracasso, ela plantou um

---

93 "Preliminary formulations of the Alliance for Progress". Discurso do presidente Kennedy em uma recepción da Casa Blanca para diplomatas latino--americanos e membros do Congreso, 13 de março de 1961. Disponível em: http://web.archive.org/web/20060903200646/<http://www.fordham.edu/halsall/mod/1961kennedy-afp1.html.

94 POLLOCK, David. "Entrevista inédita a Prebisch: Logros y deficiencias de la CEPAL". *Revista de la Cepal*, N. 75, (dez 2001): 18. Disponível em: <http://www.eclac.org/publicaciones/xml/5/19315/pollock.pdf>. Acessado em 10 de setembro de 2018.

95 Idem. *Ibidem.*

96 Idem. *Ibidem.*

terreno fértil para os movimentos marxistas da região se radicalizarem e se espalharem ainda mais. A manifestação clara deste processo foi o surgimento de outra teoria econômica que se tornou hegemônica na América Latina e foi declaradamente marxista: a famosa "teoria da dependência", igualmente promovida pela Cepal.

A tese central desta teoria seguiu a ideia estruturalista de *"centro e periferia"* de Prebisch, acrescentando o paradigma de Vladmir Lenin (1870-1924) e de Rosa Luxemburgo (1871-1919), segundo o qual os países desenvolvidos "exploraram" os subdesenvolvidos da mesma maneira que os capitalistas exploraram os proletários. Nas palavras do teórico principal sobre a dependência, André Gunder Frank (1929-2005) – que, ironicamente, terminaria seu doutorado na Universidade de Chicago com Milton Friedman (1912-2006) como professor-orientador –, o subdesenvolvimento na América Latina foi *"criado pelo mesmo processo que gera desenvolvimento econômico: o desenvolvimento do próprio capitalismo"*[97]. Em outras palavras, de acordo com Frank, que se tornaria conselheiro do presidente marxista chileno Salvador Allende, o capitalismo era um jogo de soma zero em que alguns vencem porque outros perdem. E a solução de Frank era o caminho revolucionário. Em seu livro *Latin America: Underdevelopment or Revolution*, Frank explicou que seu esforço visava a espalhar a Revolução Cubana por todo o continente e que este era o único caminho para superar a miséria criada pelo capitalismo. Já na abertura de seu livro, Frank confirmou, mais uma vez, o mito de que os latino-americanos são as vítimas de poderes contra os quais quase nada pode ser feito: *"a América Latina sofre de um subdesenvolvimento colonial que torna seu povo dependente politicamente, economicamente*

---

97 FRANK, Andre Gunder. "The Development of Underdevelopment". *In:* RHODES, Robert (Ed.). *Imperialism and Underdevelopment*. New York: Monthly Review Press, 1970. p. 9.

e culturalmente, não tanto de si mesmo ou entre si, mas dos poderes das metrópoles estrangeiras"[98]. E continuou:

> O subdesenvolvimento na América Latina surge como resultado da estrutura colonial do desenvolvimento do capitalismo mundial. Essa estrutura penetrou em toda a América Latina, formando e transformando a estrutura de classes colonial e de classe subdesenvolvida nos níveis nacional e local em todo o continente. Como resultado, o subdesenvolvimento continuará na América Latina até que seu povo seja libertado dessa estrutura da única maneira possível: pela violenta vitória revolucionária sobre sua própria burguesia e sobre o imperialismo[99].

As ideias de pessoas como Prebisch e Frank tiveram um grande impacto no imaginário coletivo da região e, a propósito, não permaneceram em textos acadêmicos de alta complexidade. A mesma tese de que os latino-americanos são pobres vítimas exploradas foi a popularizada pelo escritor uruguaio Eduardo Galeano (1940-2015) em seu *best-seller As Veias Abertas da América Latina*. Segundo Galeano:

> A divisão internacional do trabalho é que alguns países se especializam em ganhar e outros em perder. Nossa região do mundo, que hoje chamamos de América Latina, foi precoce: especializava-se em perder desde os tempos remotos, quando os europeus renascentistas se atiraram contra o mar e cravaram os dentes na garganta dela [...]. A América Latina é a região das veias abertas. Desde a descoberta [da América] até nossos dias, tudo foi sempre transmutado em capital europeu, depois norte-americano, e, como

---

98 FRANK, Andre Gunder. *Latin America: Underdevelopment or Revolution*. New York: Monthly Review Press, 1969. p. ix-x.

99 Idem. *Ibidem*.

tal, acumulou-se e acumulou-se nos centros distantes do poder. Tudo: a terra, seus frutos e suas profundezas ricas em minerais, os homens e sua capacidade de trabalho e de consumo, os recursos naturais e recursos humanos. O modo de produção e a estrutura de classes de cada lugar foram sucessivamente determinados, de fora, por sua incorporação ao mecanismo universal do capitalismo[100].

Como bem disse Mario Vargas Llosa, Galeano apresentou *"uma descrição completamente burlesca [...] de um dogmatismo marxista que caricaturiza e falsifica profundamente a realidade da América Latina"*[101]. Tão distorcida foi a visão de Galeano que ele próprio reconheceu não ser capaz de ler novamente seu livro nem tinha a formação para ter escrito isto. Os efeitos desta visão, no entanto, têm sido devastadores na região[102]. Como Hal Brands, da Universidade de Harvard, explicou, a teoria da dependência ofereceu uma desculpa perfeita para os políticos em tempos de Guerra Fria culparem os Estados Unidos por seu próprio fracasso em realizar as reformas necessárias para melhorar a qualidade de vida da população[103]. Mas, além disso – afirma Brands –, essa teoria serviu como uma explicação e uma desculpa psicologicamente sedutora frente a décadas de frustração, produto do subdesenvolvimento da região[104]. Essa obsessão de culpar os outros por seus próprios fracassos está mais viva do que nunca e é uma característica decisiva dos movimentos populistas que levaram os países latino-americanos à ruína.

---

100 GALEANO, Eduardo. *Las venas abiertas de América Latina*. Santiago de Chile: Pehuén Editores, 2005. p. 15.

101 Ver: <http://www.dw.de/vargas-llosa-los-escritores-algo-tienen-que-aportar-a-la--vida-pol%C3%ADtica/a-18383813>. Acessado em 10 de setembro de 2018.

102 Ver: <http://cultura.elpais.com/cultura/2014/05/05/actuali-dad/1399248604_150153.html>. Acessado em 10 de setembro de 2018.

103 BRANDS, Hal. *Latin America's Cold War*. Cambridge: Harvard University Press, 2010. p. 93.

104 Idem. *Ibidem*.

Capítulo 4
A Paranoia "Antineoliberal"

O ex-ministro da economia e ex-candidato à presidência da Argentina Ricardo López Murphy brinca que, quando seus netos se comportam mal e não querem dormir, vai dizer a eles: "Se não se comportarem, chamarei os neoliberais". A história não seria uma história divertida se o pano de fundo não fosse uma parte substancial da tragédia latino-americana e seu vício populista e socialista. Se antes, com a Cepal e a teoria da dependência, a culpa de toda era do imperialismo ianque e do capitalismo internacional que nos condenava ao subdesenvolvimento, hoje, em toda a região, o "neoliberalismo" é o diabo que geralmente responsável por todos os nossos males. Para os populistas e "idiotas" latino-americanos e europeus – seguindo o conceito do citado manual de Apuleyo, Montaner e Vargas Llosa (filho) – o "neoliberalismo" é uma espécie de gênio do mal que ameaça mergulhar nas trevas para sempre.

Em 2002, por exemplo, Chávez diria, com a imoderação que o caracterizou, que *"o neoliberalismo é o caminho para o inferno"*[105]; e, em 2015, Evo Morales sustentava que *"o neoliberalismo é responsável pelos*

---

105 Ver: <http://elpais.com/diario/2002/05/17/internacional/1021586 404_850215. html>. Acessado em 10 de setembro de 2018.

problemas da Bolívia"[106]. No México, por sua vez, o candidato filochavista Manuel López Obrador chegou a afirmar em 2014 que o país estava "podre" como um produto de 30 anos de "neoliberalismo", sistema que, segundo ele, gerou a "escravidão" e, portanto, tinha de ser superado imediatamente[107]. Enquanto isso, em 2013, Rafael Correa alertaria que, no Equador, ele não permitiria *"qualquer tipo de neoliberalismo"*[108]; e, em 2014, no Chile, o senador da coalizão governista da presidente Bachelet, Jaime Quintana, afirmou que o governo iria colocar "uma retroescavadeira" porque ele precisava *"destruir o cimento petrificado do modelo neoliberal da ditadura"*[109]. Cristina Fernández de Kirchner, claro, não perdeu a oportunidade de deixar claro em 2014 que tudo o que seu governo fez foi porque era antineoliberal. Justificando um de seus muitos programas assistencialistas, dessa vez para os estudantes, ela disse: *"Essas crianças são as crianças do neoliberalismo. São os filhos cujos pais não tiveram emprego ou perderam, ou não foram educados na cultura do trabalho, e precisam da presença do Estado para avançar"*[110].

Referências como estas são encontradas por milhares de pessoas todos os dias no discurso político e acadêmico da região. De fato, no famoso Foro de São Paulo, que, com o patrocínio de Cuba, reuniu praticamente todas as organizações e movimentos de esquerda na América

---

106 Ver: <http://www.havanatimes.org/sp/?p=103019>. Acessado em 10 de setembro de 2018.

107 Ver: <http://www.jornada.unam.mx/ultimas/2014/10/15/201cel-regimen--mexicano-esta-podrido201d-diceamlo-en-nueva-york-9527.html>. Acessado em 10 de setembro de 2018>.

108 Ver: <http://www.diariolibre.com/noticias/2013/04/22/i380304_rafael-correa--arremete-contra-fmineoliberalismo.html>. Acessado em 10 de setembro de 2018.

109 Ver: <http://www.emol.com/noticias/nacional/2014/03/25/651676/ nueva-mayoria-advierte-que-pasararetroexcavadora.html>. Acessado em 10 de setembro de 2018.

110 Ver: <http://www.perfil.com/politica/Cristina-lanzo-en-cadena-nacional-becas--para-los-hijos-delneoliberalismo-20140122-0037.html>. Acessado em 10 de setembro de 2018.

Latina após a queda do Muro de Berlim, afirmou-se que a origem de todo mal era e é o neoliberalismo. De acordo com as conclusões contidas na Quarta Reunião do Fórum, realizada em Havana em 1993:

> A América Latina e o Caribe, inseridos em um mundo unipolar moldado por blocos econômicos hegemônicos – que redefinem em função dos parâmetros tecnológicos os termos de troca e a divisão internacional do trabalho – resistem à aplicação do modelo neoliberal [...][111].

Isso porque, para eles, era *"evidente que o presente estado da economia e da política no continente leva a uma persistente violação dos direitos humanos dos nossos povos"*, provocando *"explosões sociais e ações desesperadas, bem como uma ampla mobilização popular de rejeição do neoliberalismo"*[112]. Em outras palavras, ele estava dizendo que todos os nossos males são culpa do neoliberalismo, e nossa salvação só pode ser o socialismo do século XXI.

Correa ratificaria essa visão em um livro escrito especialmente para convencer os equatorianos de que a pior coisa que havia acontecido a seu país e à América Latina era o neoliberalismo. O texto, intitulado *Ecuador de Banana Republic a La no Republica*, é interessante porque condensa a essência do pensamento populista antiliberal latino-americano. No livro, Correa fala sobre uma *"noite longa e triste noite neoliberal"* que sacrificou a classe operária equatoriana ao introduzir flexibilidade trabalhista, abertura comercial, maior espaço para os mercados e baixa inflação[113]. Correa acrescentou que o neoliberalismo *"consegue exacerbar*

---

111 Documento Disponível em: <http://forodesaopaulo.org/wp-content/uploads/2014/07/04-Declaracion-de-La-Habana-1993.pdf>. Acessado em 10 de setembro de 2018.

112 Idem. *Ibidem.*

113 CORREA, Rafael. *Ecuador: De Banana Republic a la no República*. Bogotá: Debolsillo, 2012. p. 53ss.

os instintos egoístas e tentar eliminar os impulsos sociais, fundamentais para a boa vida de todos" e que seria a *"ideia-chave para entender qual é a direção de uma nova construção para a América Latina"*[114].

Para ter uma ideia do quadro teórico ultrapassado que os populistas seguem, é suficiente ver o tratamento que Correa dá à ideia de livre-comércio. Reivindicando a lógica falida da Cepal, Correa afirma que *"a ideia de que o livre-comércio beneficia sempre e a todos é simplesmente uma falácia ou extrema ingenuidade [...] e não resiste a uma profunda análise teórica, empírica e histórica"*[115]. De acordo com o líder equatoriano, o livre-comércio *"só pode ocorrer entre países de desenvolvimento similar"*. Então, *"em economias com grandes diferenças em produtividade e competitividade, significa sérios riscos para os países de menor desenvolvimento relativo, dada a provável destruição de sua base produtiva"*[116]. Ao fim, Correa acrescentou: *"[...] essas ideias não são de todo novas, e datam, de forma explícita pelo menos desde o século XIX à luz do conceito de indústria nascente"*[117]. Tudo isso não faz o menor sentido, principalmente porque a economia clássica jamais disse que o livre-comércio "beneficia a todos sempre", mas à maioria da sociedade, sobre os grupos de interesse que procuram beneficiar-se do protecionismo e dos subsídios estatais. Com esse argumento protecionista, Correa mostra, primeiro, que ele não entendeu o funcionamento do mercado e, em segundo lugar, é um representante de grupos de interesse nacionais que procuram enriquecer-se explorando o resto, conforme aconteceu maciçamente durante décadas sob o modelo de substituição de importações com o qual simpatiza. Como disseram o economista ganhador do Nobel em Economia no ano de 1976, Milton Friedman, e sua esposa, a econo-

---

114 Idem. *Ibidem.*, p. 166.

115 Idem. *Ibidem.*, p. 149.

116 Idem. *Ibidem.*

117 Idem. *Ibidem.*, p. 153.

mista Rose Friedman (1910-2009), *"o argumento para proteger indústrias nascentes é uma cortina de fumaça"*. Os chamados "bebês" que nunca crescem. Uma vez impostas, as taxas raramente são eliminadas. Além disso, o argumento é usado para proteger os *"bebês idosos que podem exercer pressão política"*[118].

Além disso, se fosse verdade o que Correa diz e os populistas sobre o livre-comércio acreditam, que ele só pode ocorrer entre nações de desenvolvimento semelhante, então, o Chile, o qual se abriu unilateralmente ao livre-comércio a partir dos anos 1970 (e hoje é um dos países mais abertos ao mundo), não seria o país mais próspero da América Latina. Assim, o que levanta o argumento protecionista dos populistas é uma falácia completa, porque, se as economias se abrem, os consumidores têm acesso a produtos mais baratos do exterior e, portanto, beneficiam-se. No entanto, pode ser que existam certas indústrias locais que desapareçam devido à concorrência internacional, mas outras surgirão precisamente porque, como os produtos estrangeiros são mais baratos, as pessoas de países em desenvolvimento como o Equador poderão gastar o dinheiro que lhes sobram em coisas que antes não podiam comprar.

Mais delirante ainda se torna o marco teórico populista quanto às reflexões de Correa sobre o banco central e a moeda. Segundo Correa, a independência do banco central frente ao poder político é uma questão puramente ideológica, e o controle da inflação, algo que prejudica os cidadãos. Ele diz que *"não há evidências sólidas ligando maior independência dos bancos centrais com maior crescimento"* e que a inflação abaixo de 40% não prejudica o crescimento da economia[119]. Além disso, Correa reconhece que a inflação é um imposto, mas diz

---

118 FRIEDMAN, Milton & FRIEDMAN, Rose. *Free to Choose*. Orlando: Harvest Books, 1990. p. 49.

119 CORREA, Rafael. *Ecuador: De banana republic a la no republica. Op. cit.*, p. 130.

ser principalmente um imposto sobre aqueles que têm ativos líquidos e capital financeiro, e para o benefício do povo, porque o governo pode reduzir sua dívida por meio da inflação. E isso beneficiaria as pessoas. O neoliberalismo, então, com sua preocupação de manter a inflação baixa – diz Correa – procurou proteger o capital financeiro na América Latina[120]. Este argumento é tão insustentável quanto o anterior, primeiro porque é óbvio que as pessoas comuns, vendo os preços de tudo o que consomem aumentarem, perdem qualidade de vida, transferindo recursos para o governo. Por sua vez, este gasta o dinheiro emitido comprando na economia real. E, segundo, porque os proprietários de ativos financeiros, em geral, encontram maneiras de se proteger da inflação, especialmente cobrando taxas de juros mais altas que os contribuintes pagam ao final. Não existe inflação que beneficie as pessoas. Se fosse esse o caso, a Venezuela e a Argentina teriam uma qualidade de vida semelhante à dos países desenvolvidos.

Mas vamos agora para o cerne da questão e explicar o que é realmente o "neoliberalismo" e de onde vem o termo, tão amaldiçoado por nossos populistas. Vamos começar dizendo que, em um estudo sobre esse conceito, os pesquisadores Taylor C. Boas e Jordan Gans-Morse concluíram que isto havia praticamente perdido todo o significado, porque foi usado para definir quase tudo, tornando-se um *slogan* que, especialmente na América Latina, se utiliza para atacar e desacreditar reformas "pró-mercado"[121]. Mas a origem do termo surpreenderia qualquer latino-americano ou europeu, inclusive aqueles que eles denunciam como a causa de todos os males. Acontece que, foi em 1932, quando o intelectual alemão Alexander Rüstow (1885-1963) cunhou

---

120 Idem. *Ibidem.*, p. 132.

121 BOAS, Taylor C. & GANS-MORSE, Jordan. "Neoliberalism: From a New Liberal Philosophy to Anti-Liberal Slogan". *Studies in Comparative International Development*, Volume 44, Number 2 (June 2009): 137-61.

o conceito[122]. Rüstow foi um socialista que despertou de seu sonho utópico para se aproximar do liberalismo, tentando encontrar um caminho intermediário entre o capitalismo e o socialismo. A propósito, nos tempos de Rüstow, quando o marxismo e fascismo eram as ideologias dominantes, defender algo intermediário como um "neoliberalismo" deixava este alemão como um campeão em liberdade em comparação com a maioria da elite intelectual da época. Assim, o conceito de "neoliberalismo", em sua origem, é mais próximo do mundo socialista do que do mundo propriamente liberal.

Hoje, na Alemanha, o conceito *"neoliberalismus"* refere-se à ideia de "economia social de mercado", concebida por Ludwig Erhard (1897-1977), liberal clássico responsável pelo milagre alemão do pós-guerra. Agora, como dizem Boas y Gans-Morse, na América Latina – e depois no resto do mundo – o termo "neoliberalismo" veio a ser associado às reformas econômicas realizadas no Chile na era Pinochet. A questão é: se o sistema de liberdades econômicas criado pelos Chicago Boys – como os reformadores chilenos foram chamados – fez do Chile o país mais bem-sucedido na América Latina, por que deveriam ser rechaçadas as ideias as e as reformas que estes levaram adiante? Quer muitos acadêmicos, políticos e intelectuais de esquerda como ele gostem ou não, conforme veremos no próximo capítulo, o Chile tornou-se uma referência para o mundo depois das transformações econômicas realizadas pelos Chicago Boys e aprofundadas pelos governos democráticos que os seguiram. Este referente impressionou ainda mais quando o mesmo regime autoritário deu cabo a uma transição democrática, restaurando assim as liberdades econômicas e políticas. Especialistas de todas as correntes políticas e ideológicas do mais alto nível fazem centenas de alusões ao Chile como exemplo.

---

122 Sobre este tema, ver: HARTWICH, Oliver Marc. "Neoliberalism: The Genesis of a Political Swearword". The Centre for Independent Studies (CIS). Oscasional Paper, Number 114, July 2009.

A verdade, então, é que as reformas pró-mercado realizadas no Chile foram um sucesso, mesmo havendo críticas que, precisamente, possam ser feitas pelo contexto autoritário no qual foram realizadas e pelas violações indesculpáveis aos direitos humanos cometidas na luta contra a insurgência marxista. O uso do rótulo "neoliberalismo" é, portanto, uma estratégia política para desacreditar do que realmente foi feito no Chile. E que foi introduzir um sistema de livre iniciativa inspirado pelas ideias liberais clássicas que acreditam na capacidade de as pessoas seguirem em frente. Obviamente, tudo isso representou uma tremenda liberalização em relação ao sistema socialista deixado pelo governo de Salvador Allende. É como se, hoje, na Venezuela, houvesse um governo que, para reverter o desastre criado pelo regime de Chávez, privatizasse as empresas estatais, liberasse os preços, abrisse os mercados de capitais, reduzisse os regulamentos e assim por diante. Liberalizar é, precisamente, o que o populista e o totalitário não querem, porque desejam manter o controle da população em suas mãos. Nada torna as pessoas mais dependentes do poder do que o controle sobre sua renda, seus empregos e suas propriedades.

Afinal, quando Chávez, Kirchner, Maduro, Morales, Iglesias, Correa, López Obrador, Bachelet e outros criticaram o chamado "neoliberalismo", o que eles têm feito é utilizar um "conceito trapaça" para justificar moralmente sua indefensável ambição por poder. Isso consiste em reduzir as liberdades do povo o máximo possível, aumentando o controle que o Estado – ou seja, eles mesmos – tem sobre as pessoas. Se você depende do poder, você não pode desafiá-lo. A fim de buscar o poder total, portanto, é preciso denunciar a liberdade pessoal e colocá-la do lado da imoralidade. Caso contrário, não há como justificar o assalto populista socialista. E o rótulo "neoliberal" serve perfeitamente para esse fim. Além disso, se examinarmos a história de nossa região, veremos que a Cepal e certas teorias, como a da dependência, basicamente, buscavam era arrebatar a possibilidade de independência dos cidadãos.

Quando o famoso teórico da Cepal Celso Furtado (1920-2004) disse que as contribuições de Prebisch sempre haviam implicado uma crítica ao *laissez-faire*, ele estava confirmando essa ideia[123]. Na verdade, Prebisch detestava a liberdade econômica, assim como nossos líderes socialistas e populistas a detestam até hoje.

Segundo o influente intelectual da Cepal, Osvaldo Sunkel, que acreditava firmemente no intervencionismo estatal, na realidade, eles eram um grupo de "intelectuais de centro-esquerda que acreditavam" que o governo era a solução para todos os problemas[124]. Lamentavelmente, para a região, apesar de Galeano e Sunkel terem reconhecido que sua visão estava errada, continuamos sob a mesma armadilha antiliberal e estadista que alimenta os populistas para acumular poder em suas mãos e nas de seus amigos[125]. O curioso, no entanto, é que o fracasso total e retumbante do socialismo e dos regimes populistas não desacredita essas ideias e aqueles que as promovem. É como se as piores ideias fossem blindadas; embora sua resistência seja devido, como explicaremos, a que a defesa das melhores ideias na região é, na melhor das hipóteses, muito fraca e que a hegemonia intelectual está do lado daqueles que buscam poder e controle.

O importante é insistir em que ninguém que queira derrotar o populismo e o socialismo na América Latina deveria usar o conceito de "neoliberalismo" para definir sua posição ou descrever reformas pró-mercado. Tal fato se explica pela simples razão de que este con-

---

123 TOYE, John & TOYE, Richard. "Raúl Prebisch and the Limits of Industrialization". *In*: DOSMAN, Edgar J. (Ed.). *Raúl Prebisch: Power, Principle and the Ethics of Development*. Buenos Aires: Banco Interamericano de Desarollo (BID), 2006. p. 22.

124 Entrevista disponível em: <http://www.pbs.org/wgbh/commandingheights/shared/minitext/int_osvaldosunkel.html#2>. Acessado em 10 de setembro de 2018.

125 Em todo caso, em muitos países latino-americanos as privatizações e os processos de abertura foram bastante corruptos (sendo a Argentina um dos casos maiss evidentes), e isso contribuiu decisivamente para o desprestígio das reformas pró-mercado.

ceito tem um valor e uma carga emocional de imoralidade que tornam impossível defender qualquer coisa associada a esse nome, e também porque é historicamente incorreto fazê-lo. O que devemos falar é sobre o sistema de livre-iniciativa e a dignidade de sustentar-se sobre o próprio suor, pois somente um sistema fundamentado nesses valores permite gerar oportunidades e espaços de liberdade para as pessoas, em diferentes níveis, sentirem o orgulho de prover bem-estar para si e suas famílias. É esse sistema – geralmente chamado capitalismo – que reduziu a pobreza a níveis sem precedentes na história mundial. Xavier Sala-i-Martin, professor da Universidade de Columbia, um dos maiores especialistas do mundo em desenvolvimento econômico, não nos deixa dúvidas sobre como a América Latina deve superar a pobreza de uma vez por todas. Vejamos sua reflexão para terminar com uma série de mitos que repetem continuamente os populistas latino-americanos.

Ao longo da história, as sociedades humanas foram formadas por alguns cidadãos muito ricos e uma esmagadora maioria dos pobres. Dos cidadãos, 99,9% de todas as sociedades da história, dos caçadores e coletores da idade da pedra, até os camponeses fenícios, gregos, etruscos, romanos, godos ou otomanos da antiguidade, passando pelos agricultores na Europa medieval, pela América dos incas, pelos astecas ou pelos maias, pela Ásia das dinastias imperiais ou pela África pré-colonial, viveram situação de extrema pobreza. Todas, absolutamente todas, essas sociedades tinham a maioria da população no limite de subsistência, a tal ponto que, quando o tempo não acompanhava, uma parte significativa delas morria de fome. Tudo isso começou a mudar em 1760, quando um novo sistema econômico nascido na Inglaterra e na Holanda, o capitalismo, causou uma revolução econômica que mudou as coisas para sempre: em pouco mais de 200 anos, o capitalismo fez com que o trabalhador médio em uma economia de mercado média não apenas deixasse de viver no limite da subsistência, mas que inclusive tivesse acesso a prazeres que o homem mais rico na história, o imperador Mansa Musa I (1280-1337), não poderia imaginar [...]. O capitalismo não é um sistema econômico perfeito. Mas, quando se trata de reduzir a pobreza no mundo, é o melhor sistema econômico que o homem já viu[126].

Refletindo este ponto, o grande economista e jornalista norte--americano Henry Hazlitt (1894-1993) abriria seu livro *The Conquest of Poverty* [*A Conquista da Pobreza*] afirmando que *"a história da pobreza é quase a história da humanidade. Os escritores antigos nos deixaram descrições específicas dela. A pobreza era a regra normal"*[127]. *"A fome"* – recorda Hazlitt – *"foi a ordem do dia, mesmo em países como a Inglaterra e a França, onde hoje isso é inconcebível"*. A possibilidade de superar toda essa miséria graças à economia de mercado e à liberdade é o que Angus Deaton, vencedor do Prêmio Nobel de Economia em 2015, chamou de *"a grande fuga"*. De acordo com Deaton, *"os padrões de vida de hoje são muito mais elevados do que há um século, e mais pessoas escapam da morte na infância e vivem o suficiente para experimentar essa prosperidade"*[128].

Em países onde a análise histórica séria é escassa e as populações são vítimas do populismo, raramente se entende que todos os benefícios que o ser humano possui foram produzidos graças à cooperação pacífica e ao intercâmbio voluntário. Os sapatos que calçamos, o

---

126 Ver o *blog* de Xavier Sala-i-Martin: <http://salaimartin.com/randomthoughts/item/693-el-capitalismo-reduce-lapobreza-en-el-mundo.html>. Acessado em 10 de setembro de 2018.

127 HAZLITT, Henry. *The Conquest of Poverty*. Irvington-on-Hudson: Foundation for Economic Education, 1996. p. 13.

128 DEATON, Angus. *El gran escape*. Ciudad de México: Fondo de Cultura Económica, 2015. p. 13.

cimento de nossas casas, o telefone com o qual nos comunicamos, a geladeira ou o veículo que nos transporta, todos são produtos de trocas. Os latino-americanos podem adquirir esses bens por causa de nossa capacidade de produzir outro bem, receber um salário e depois ter poder aquisitivo para comprar o que importa e foi produzido em um esquema de colaboração no qual houve milhões de transações. Isto é o que Leonard Read (1898-1983) refletiu em seu famoso ensaio de 1958, *I, pencil* [*"Eu, lápis"*], no qual ele mostrou que nenhuma pessoa no mundo seria capaz de produzir um simples lápis por conta própria, ou seja, sem fazer uso de conhecimento especializado e mediante a troca com os outros[129]. O pouco apreço pelo engenho humano que nos tirou das cavernas e transportou-nos para um mundo moderno, onde a expectativa e a qualidade de vida são bem superiores às das classes nobres dos antigos, afunda muitos latino-americanos em uma narrativa absurda contra sua própria individualidade, suas capacidades e suas possibilidades de superação[130].

O sistema descrito por Sala-i-Martin é o de liberdades econômicas, que são nada mais do que as liberdades pessoais para empreender, comprar bens e vender, trabalhar, contratar, demitir e ter propriedades sem que isso seja ameaçado, e para viver e trabalhar em livre-concorrência, ausentando-se de privilégios arbitrários entregues a grupos de interesse, com moeda estável, abertura comercial, impostos moderados, governo limitado e responsável e regulamentos razoáveis. Todos esses são elementos da liberdade econômica, e o populista procura destruí-los quando chega ao poder, rotulando-os de "neoliberalismo". Sem

---

129 READ, Leonard. "I, pencil". *The Freeman*, Volume 8 (December 1958). Disponível em:
<http://fee.org/media/1947/1958-12.pdf>. Acessado em 10 de setembro de 2018.

130 Para entender melhor a importância da colaboração, Ver a seguinte apresentação da TED: <https://www.ted.com/talks/thomas_thwaites_how_i_built_a_toaster_from_scratch>. Acessado em 10 de setembro de 2018.

liberdade econômica, não há avanço possível. Tanto é assim que, de acordo com o prestigiado *Índice de Liberdade Econômica* elaborado pelo Fraser Institute, no Canadá, os países com maior liberdade econômica no mundo, como Suíça, Hong Kong e Cingapura, estão crescendo economicamente mais de três vezes mais rápido, em média, do que aqueles com menos liberdade econômica, como Venezuela, Bolívia e Argentina[131]. Isso acontece mesmo quando esses países têm recursos naturais que, especialmente nos últimos anos, tiveram preços altos no mercado de *commodities*. Tal fato mostra que a riqueza não está na terra ou nos campos, mas na engenhosidade das pessoas e nas boas instituições.

Mais importante ainda: em países com maior liberdade econômica, a renda dos mais pobres é, em média, dez vezes maior do que a renda dos pobres em países com menos liberdade econômica (US$ 932 *versus* US$ 10.556). Não é o mesmo ser pobre na Suíça que na Venezuela. A expectativa de vida, por sua vez, é quase 20 anos maior entre os habitantes dos países com maior liberdade econômica no mundo do que naqueles com menos liberdade econômica. E a proteção dos direitos civis e políticos, como a liberdade de expressão, é mais do que duplicada em países onde as liberdades econômicas são respeitadas do que naqueles em que o governo interfere em tudo. Isso é lógico e explica por que uma sociedade com liberdade econômica gera riqueza e espaços de liberdade os quais proporcionam aos cidadãos independência dos governantes, o que lhes permite exigir respeito por seus direitos e desafiar o poder estabelecido se este respeito não for garantido. Por isso, nossos populistas na América Latina buscam destruir a liberdade econômica, porque sabem que é assim que conseguem que segmentos

---

131 *Economic Freedom of the World, Annual Report 2013*. Fraser Institute. Disponível em: <https://www.fraserinstitute.org/sites/default/files/economic-freedom-of-the-world-2013.pdf>. Acessado em 10 de setembro de 2018.

importantes da população dependam do poder político e das vantagens distribuídas por eles, neutralizando a possibilidade de resistência aos seus planos. E até mesmo conseguem massas inteiras de pessoas dispostas a dar suas vidas para defender os populistas do dia para não perder seus benefícios.

Agora, se dermos uma olhada em como a América Latina está no *ranking* da liberdade econômica, o panorama é deprimente. Apenas três dos 152 países, que são o Chile (11ª posição), o Peru (22ª) e o Uruguai (43ª), estão entre os 50 países com maior liberdade econômica do mundo. Curiosamente, esses três países são os que mais avançam ou avançaram na região. Enquanto isso, os países que lideraram o socialismo do século XXI estão entre os últimos da lista: Bolívia, na 108ª posição; Argentina, 137ª; e o Equador, 134ª. Nesse pódio, a Venezuela está localizada em posição mais baixa, o que a torna o país com menos liberdade econômica no planeta (ou, pelo menos, entre os 152 do *ranking*). Por algum motivo, eles têm hiperinflação e, em seus supermercados, você não pode conseguir papel higiênico nem muitas outras coisas, como alimentos, bens em geral e medicamentos básicos para subsistência.

Quanto aos nossos gigantes, México e Brasil, eles estão em 94ª e 102ª, respectivamente, enquanto Guatemala e Honduras estão em 56ª. Em suma, os índices de liberdade econômica em nossa região são miseráveis, sendo o Chile e o Peru os únicos países que estão entre os 20% dos países com maior liberdade econômica do mundo. Isso é o que dizem os fatos. Depois, ficamos surpresos porque não conseguimos progredir, porque temos pobreza, desigualdade, crime desenfreado, desemprego, inflação e toda a miséria que acompanha estados intervenientes e corruptos como os nossos. Mais absurdo ainda é defender que o problema da região é falta Estado como resultado do "neoliberalismo", quando todos os estudos internacionais – e, além deles, a realidade tangível e visível – nos dizem que temos excesso de Estado e que essa é a causa de grande parte dos nossos problemas.

Vejamos agora quais são os países com muita liberdade econômica, isto é, que de acordo com nossos populistas, foram vítimas do maligno "neoliberalismo". Bem, eles são Hong Kong, Cingapura, Nova Zelândia, Suíça, Finlândia, Canadá, Austrália, Estados Unidos, Alemanha, Dinamarca, Estônia, Irlanda, Suécia e Noruega, entre outros. Não é que não haja outros problemas nesses países, especialmente aqueles com gastos sociais demasiados, mas, em geral, eles têm instituições que garantem uma proteção sólida dos direitos de propriedade, baixos níveis de inflação, economias abertas ao mundo, segurança pública e governos respeitosos com as regras do jogo.

CAPÍTULO 5

A Pretensão Democrática

Há várias décadas, Carlos Rangel advertiu que um dos sucessos mais lamentáveis do marxismo na América Latina tinha sido corroer o conceito formal de democracia representativa e os princípios da revolução liberal[132]. Poucas análises podem ser mais relevantes para a compreensão da natureza da mentalidade populista que o uso e o abuso que ela faz com a ideia de democracia, das instituições e dos mecanismos plebiscitários para concentrar o poder no Estado e destruir as instituições republicanas. Não há nenhum caudilho ou líder socialista totalitário da América Latina que não tenha levado a cabo seu programa de demolição institucional sem colocar o rótulo de "democrático" e, inclusive, nos casos mais recentes, como os de Venezuela, Equador, Bolívia e Nicarágua, os projetos de concentração de poder foram justificados sob o pretexto de eles serem "democráticos" porque o povo assim o quer. Mais uma vez, neste aspecto, Venezuela, país convertido em ditadura faz anos – ou em "autocracia eleitoral", para usar o termo empregado pelo Índice de Transformação Bertelsmann

---

132 RANGEL, Carlos. *Del buen salvaje al buen revolucionario. Op. cit.*, p. 121.

Stiftung[133], estabeleceu o ritmo. Chávez chegou ao poder ao vencer as eleições de 1998 e, a partir de então, todo o seu programa se concentrou em manter a fachada democrática para consolidar uma ditadura. Criou uma nova Constituição que também foi submetida a um referendo e serviu de base para liquidar a independência dos poderes do Estado, especialmente do Poder Judiciário, hoje totalmente alinhado com o regime. Da mesma maneira, a Assembleia Nacional tornou-se em uma mera "caixa de ressonância" para Chávez, aprovando todas as suas iniciativas, algo que mais tarde não seria mais necessário, porque foi imposto o governo por decreto, como em qualquer ditadura. Percebendo essa realidade, em 2013, um artigo no *El Espectador*, intitulado "Chávez: Una revolución democrática" afirmava:

> A diferença mais visível que pode ser notada entre Hugo Chávez e seu admirado Simón Bolívar é esta: que Chávez não precisou fazer guerra para ter sucesso. Isso é também o que diferencia Chávez de Fidel Castro e Che Guevara: por trás dessas lendas há uma história de guerras e sangue, e Chávez poderia felizmente assumir o desafio de realizar a transformação da sociedade, tal como reivindicado aos poderosos em todo o continente, utilizando apenas os instrumentos da democracia[134].

Aqui está uma diferença essencial do socialismo do século XXI com o socialismo clássico (diferença em que nos aprofundaremos depois). Assim, enquanto o primeiro pretende executar seu programa autoritário aproveitando dos mecanismos eleitorais para destruir a democracia a

---

133 Disponível em: <http://www.btiproject.org/uploads/tx_itao_download/BTI_2014_Venezuela.pdf>. Acessado em 10 de setembro de 2018.

134 Disponível em: <http://www.elespectador.com/noticias/elmundo/chavez-una-revolucion-democratica-articulo-409274>. Acessado em 10 de setembro de 2018.

partir de dentro, o último defendeu a revolução violenta para derrubar a ordem burguesa estabelecida. Devido a seu aparente caráter democrático, o novo socialismo é muito mais perigoso, especialmente dado o entendimento formalista e vazio da democracia que prevalece na região. Quantas vezes ouvimos em resposta às críticas do falecido Chávez e seus seguidores que isso é o que "o povo quer", e que, portanto, nada pode ser dito, porque no fim o soberano é o povo.

Na América Latina, acredita-se que tudo o que é feito pelas maiorias governantes circunstanciais é sacrossanto e qualquer um que se oponha é um traidor, um golpista ou um antidemocrático. Para essa visão, a democracia não tem limites e, portanto, as esferas de decisão que têm poder são infinitas. A perseguição aos opositores é feita sob o pretexto de que a maioria democrática apoia o regime que a executa; os ataques à liberdade de expressão e de imprensa são justificados na medida em que o governo responde ao povo e não à mídia. Os confiscos de propriedade são apoiados pelo fato de que o governo é apoiado pela maioria que o elegeu... e assim por diante. Talvez não haja lugar no mundo onde o conceito de "democracia" não tem mais significado do que na América Latina, na qual, seguindo a tradição totalitária de Rousseau, que pensou que não deveria haver limites para as decisões da maioria porque o príncipe sempre representava infalivelmente a "vontade geral" do povo, serviu para expandir o poder do Estado de modo ilimitado.

A tradição liberal inglesa e norte-americana, entretanto, não concebia a democracia independentemente dos direitos mais fundamentais dos indivíduos. Pelo contrário, a democracia deve limitar precisamente o poder dos governantes, ou seja, o oposto do que estamos acostumados na América Latina. Como o filósofo Gottfried Dietze (1922-2006) explicou: "[...] *os liberais não podem seguir Rousseau ou Hichborn. Pelo contrário, a democracia era considerada um meio de proteger direitos do indivíduo. É, então, limitado pela obrigação de proteger esses direitos*"[135]. Isso é conhecido como "democracia liberal", o que inspirou os pais fundadores dos Estados Unidos.

Quase nada disso se encontra em nossa região, na qual o discurso que oferece regalias e direitos sociais para todos é o pão de cada dia, mas onde os direitos como liberdade e propriedade são raramente mencionados. Esta é uma realidade que, pessoalmente, poderíamos confirmar em nossas viagens em toda a América Latina, onde a grande crítica dos grupos de oposição que lutam contra o populismo é que seus direitos são simplesmente esmagados por governos com vocação autoritária e populista. Evo Morales expressaria com eloquência o que nossos populistas compreendem por democracia quando a explicou nos seguintes termos:

> Estou convencido de que a democracia não termina apenas na votação; é permanente, é debater com o povo as políticas [...]. É importante as inovações de ideias [*sic*] e é isso que chamamos de "governar a obedecendo ao povo boliviano[136].

A democracia é votar, mas também governar com a "vontade do povo", diz Morales. E se o suposto "povo" quiser destruir os direitos das minorias, seja a vida, a liberdade ou a propriedade? Nada, porque, na definição predominante de acordo com a mentalidade populista, a democracia é um veículo para estender e não limitar o poder do governante que afirma representar o "povo". Tanto que Nicolás Maduro diria que a Venezuela era o país mais democrático da América Latina e que

---

135 DIETZE, Gottfried. "Democracia tal como es y democracia apropiada". *Estudios Públicos*, N. 6, Santiago de Chile, 1982. p. 28.

136 Ver: <http://www.telesurtv.net/news/Evo-Morales-llama-a-votar-para-fortalecer-la-democracia-20150329-0017.html>. Acessado em 10 de setembro de 2018.

apenas prendia quem violava a Constituição ou a lei[137]. Se a democracia é entendida como o que um congresso aprovou, então Maduro está certo. Caso se acredite que tudo aprovado por uma assembleia é bom apenas porque foi aprovado por uma suposta maioria supostamente. Então, por definição, tudo o que é "democrático" é impecável, inclusive a perseguição de oponentes, os ataques à imprensa, a tortura e o confisco de bens. Assim, de acordo com o populista, uma "democracia totalitária" é perfeitamente legítima. Seria Morales novamente quem melhor expressaria a ideia de democracia totalitária quando sustentou que ele, como presidente representando o povo, não tinha que se submeter a nenhuma lei que o limitasse. Isso significava que, de acordo com sua visão, a democracia era incompatível com o Estado de Direito. Vamos ver o que o caudilho boliviano disse nesse sentido:

> Acima do legal, é o político. Eu quero que saibam que, quando algum jurista me disser: "Evo, você está legalmente errado, o que você está fazendo é ilegal", bem, eu o "farei", mesmo que seja ilegal. Então, eu digo aos advogados: "Se é ilegal, tornem vocês legal. Para que vocês estudaram?"[138]

O que Morales está dizendo, em outras palavras, é que, para ele, democracia e ditadura são a mesma coisa. Com efeito, se ele personifica o povo e tudo o que o povo deseja ser feito, então convém fazer tudo o que ele quer. E isso exige que não haja limite para seu poder, porque limitar seu poder limita o poder do povo, que, segundo Morales, é antidemocrático. É assim que uma farsa democrática se constrói em torno

---

137 Ver: <http://www.elmundo.es/internacional/2014/03/21/532c8f13ca4741de27 8b4589.html>. Acessado em 10 de setembro de 2018.

138 PEÑA, Alfredo Rodríguez *Evadas: el libro sin fin*. Santa Cruz de la Sierra: Producción independiente, 2014. p. 90.

da vontade de um líder carismático, supostamente portador de uma vontade popular que acaba esmagando a liberdade, transformando-o em um tirano. Como já dissemos, isso é o oposto ao que o conceito de "democracia" significava originalmente e o que significa há séculos nos países avançados. Nestes últimos, o *rule of law*, ou Estado de Direito, é mais importante do que o poder que as maiorias têm para decidir o que é feito. O Estado de Direito é a garantia de que os direitos das minorias serão respeitados e que o poder do líder será estritamente limitado. Como disse o filósofo inglês John Locke (1632-1704), pai do liberalismo clássico:

> A liberdade é ser livre de restrições e violência dos outros, o que não pode acontecer onde não há lei; mas a liberdade não consiste, como nos é dito, em "uma liberdade para todos os homens fazerem o que querem"[...]. A liberdade é dispor e ordenar como bem entendem sua pessoa, suas ações e posses e todas as suas propriedades no âmbito daquelas leis sob as quais ele se sente não mais sujeito à vontade arbitrária de outro, podendo seguir livremente a própria vontade[139].

A liberdade consiste, então, em que cada pessoa possa dispor de sua pessoa, suas ações e suas posses sem ser submetida à vontade arbitrária de outra. É isso que as leis e constituições devem nos garantir, de acordo com Locke. Isso implica necessariamente limitar o poder do governante para que não devamos obedecer à sua vontade. Para garantir essa liberdade, Locke argumentou que deveria haver um conjunto de leis e normas conhecidas antecipadamente pelos cidadãos. De acordo com Locke, *"quem tem o poder legislativo ou supremo de qualquer comunidade, está obrigado a governar por leis permanentes instituídas, promulgadas e*

---

139 LOCKE, John. *Second Treatise of Government*. Indianapolis: Hackett Publishing Co., 1980. p. 46.

conhecidas pelo povo, e não por decretos extemporâneos; por juízes indiferentes e verticais"[140]. Isto é o oposto do que Morales diz – e o que todos de seu gênero fazem: que querem agir primeiro e então legalizar sua reivindicação ao poder absoluto sob o disfarce democrático.

A ideia assembleísta e totalitária de democracia de nossos populistas é útil em seu projeto de redistribuição de riqueza. Segundo eles, um "país democrático" é aquele em que não apenas o que a maioria decide é sempre bom, mas também onde se dá ao "povo" favores e todo tipo de assistência. Cristina Fernández de Kirchner expressou isso em sua definição de democracia afirmando que esta consistia em votar, mas também que o governo daria às pessoas bens materiais às pessoas para que pudessem fazer o que quisessem. Desprezando a ideia de que a democracia exige separação dos poderes do Estado (para limitar o poder do governante) e rigorosa proteção da propriedade privada, Cristina Fernández de Kirchner diria que a democracia, entendida como separação de poderes, é a *"democracia ficção científica, sem as pessoas"*, porque lhe falta o *"conceito de igualdade, que é um conceito que enche as coisas de sentido e permite que as pessoas possam decidir"* e *"ter os elementos que lhe permitem decidir que vida e o que você quer ser, porque senão esta liberdade é uma liberdade vazia"*[141].

Esta última ideia é mais sofisticada, mas também o resultado da essência populista coletivista. Consiste em pensar que o Estado é responsável por dar sentido à vida das pessoas, fornecendo-lhes todos os meios de que necessitam para perseguir seus objetivos. De acordo com essa mentalidade, propriamente socialista, a liberdade é o resultado da redistribuição estatal. Hayek advertiu sobre essa confusão entre liberdade, poder e riqueza, tão característica do mundo socialista,

---

140 Idem. *Ibidem.*, p. 47.

141 Ver: <http://www.cfkargentina.com/discurso-de-cristina-kirchner-en-el-festejo-de-31-anos-de-democraciaen-argentina/>. Acessado em 10 de setembro de 2018.

alertando que, na realidade, a promessa de maior liberdade por meio da equalização material prometida pelo socialismo era "*o caminho da escravidão*"[142]. Segundo Hayek, o socialismo totalitário prometeu "*a liberdade frente à indigência, à supressão da urgência das circunstâncias, que inevitavelmente nos limita a todos no campo da escolha, embora para alguns muito mais do que para outros*"[143]. Assim, para o socialista, antes de ser livre "*era necessário abolir os obstáculos do sistema econômico*"[144].

Essa é exatamente a filosofia postulada por Cristina Fernández de Kirchner; e é o mesmo que, em um artigo de sua autoria publicado no *The Boston Globe*, em 2014, apoiou o presidente Rafael Correa afirmando que seu governo havia alcançado não apenas "*democracia formal*", mas "*democracia real que dá acesso a direitos, igualdade de oportunidades e uma qualidade de vida digna*"[145]. De acordo com Correa, a democracia consistia em equalizar as condições materiais de vida das pessoas. Pablo Iglesias, líder do movimento populista espanhol Podemos, apoiaria essa mesma tese mostrando suas origens históricas e sua natureza totalitária. De acordo com Iglesias, a ideia de democracia real é aquela que propôs o carrasco Maximilian Robespierre (1758-1794) na época da Revolução Francesa, que dizia que "*a democracia consiste em um estado em que o povo soberano é guiado por leis que são seus atos de trabalho por si só sempre que possível, e por seus delegados quando não pode atuar por conta própria*"[146]. Para Iglesias, "*a democracia é o movimento para tomar o*

---

142 HAYEK, F. A. *Camino de servidumbre. Op. cit.*, p. 54.

143 Idem. *Ibidem.*, p. 53.

144 Idem. *Ibidem*.

145 CORREA, Rafael. "Real Freedom Requires Justice". *The Boston Globe*, 9 de abril de 2014. Disponível em: <http://www.bostonglobe.com/opinion/2014/04/09/real-freedom-requiresjustice/m5aUIBXL3JsQobAQCAtrsO/story.html>. Acessado em 10 de setembro de 2018.

146 IGLESIAS, Pablo. *Disputar la democracia: Política para tiempos de crisis*. Prol. Alexis Tsipras. Madri: Tres Cantos, 2014. p. 13.

poder daqueles que acumulam (o monarca ou as elites) para distribuí-lo entre as pessoas, que é a chamada para exercer por si ou por seus delegados"[147].

É interessante notar que Iglesias, provavelmente o mais lido e replicado entre os atuais populistas, reconhece que a ideia de democracia do socialismo do século XXI remonta à tradição dos jacobinos na Revolução Francesa. Foram eles os primeiros a ver na democracia um instrumento de poder para equalizar, não antes da lei, mas para igualar as condições materiais do povo. Para os jacobinos, a democracia real tinha a ver com igualdade material. Quando Robespierre, fundador do "Regime do Terror", declarou que *"tudo o que é necessário para manter a vida deve ser propriedade comum, e apenas o excedente pode ser reconhecido como propriedade privada"*, estava refletindo o ideal socialista intrínseco da Revolução Francesa[148]. Essa era a mesma ideia que Che Guevara expressaria, quando disse que deveria resgatar a função social da propriedade privada e que apenas os excedentes poderiam ser mantidos pelos donos. De acordo com a filósofa alemã Hannah Arendt (1906-1975), era precisamente o foco nas necessidades materiais que levou a Revolução Francesa a terminar em uma ditadura sangrenta, enquanto a Revolução Norte-americana, com seu foco na liberdade individual, foi um sucesso[149]. Para Arendt, a mudança do foco revolucionário dos abstratos "direitos do homem" para os direitos materiais – hoje conhecidos como direitos sociais – desencadeou o Regime do Terror na Revolução Francesa, levando-a ao fracasso. E seria essa mesma ênfase nos direitos materiais – diz Arendt – que levaria a todas as revoluções que continuaram a fracassar em sua tentativa de alcançar a liberdade.

Marx, segundo Arendt, é o melhor exemplo desse problema, já que sua conclusão sobre a Revolução Francesa foi que a liberdade só

---

147 Idem. *Ibidem.*

148 ARENDT, Hannah. *On Revolution.* New York: Penguin, 2006. p. 50.

149 Idem. *Ibidem.*

poderia ser alcançada eliminando a questão social, ou seja, a pobreza. Como consequência, em Marx, "riqueza" e "liberdade" passaram a ser o mesmo; e o fim da revolução não era mais a liberdade do homem com respeito à opressão dos outros, mas, sim, a abundância material[150]. Esta é a mesma ideia que apoia Iglesias quando diz que *a luta pela democracia sempre foi a luta pela socialização do poder*", uma luta em que, derrubando a elite, o povo poderia *"remover as bases materiais da desigualdade"*[151]. Assim, o projeto revolucionário do socialismo do século XXI é marxista ou jacobino, como também foi o Nacional Socialismo, que procurou aliviar a situação precária material das massas através de uma redistribuição maciça. Iglesias nota corretamente que esta tradição "socialista" da Revolução Francesa era o oposto dos fundadores dos Estados Unidos, que, segundo ele, eram uma república antidemocrática estabelecida, a fim de proteger os privilégios e propriedade de poucos[152].

Como sabemos, Rousseau e sua ideia de que a propriedade privada deve estar submetida a necessidades sociais – isto é, a critério dos que controlam o Estado – foram a inspiração central do pensamento de Robespierre[153]. O pai do Terror revolucionário adotaria de Rousseau a ideia de que o homem nasceu bom – o bom selvagem – e essa sociedade o corrompeu por leis e instituições injustas baseadas na propriedade privada. A sociedade, em sua visão, baseou-se em um contrato no qual cada indivíduo se submete à "vontade geral", que seria uma abstração semelhante à que os populistas hoje chamam de "a vontade do povo". Para tal doutrina, a rendição ao poder da autoridade que supostamente encarna e interpreta a "vontade geral" deve ser completa.

---

150 Idem. *Ibidem*., p. 54.

151 IGLESIAS, Pablo. *Disputar la democracia. Op. cit.*, p. 14.

152 Idem. *Ibidem*., p. 15.

153 McLETCHIE, Scott. "Maximilien Robespierre, Master of the Terror". Artigo disponível em: <http://www.loyno.edu/~history/journal/1983-4/mcletchie.htm>. Acessado em 10 de setembro de 2018.

Rousseau diz, em sua famosa obra *Do Contrato Social*, que as cláusulas do contrato *"podem ser reduzidas a uma: a alienação total de cada associado, junto com todos os seus direitos, para toda a comunidade, porque, em primeiro lugar, na medida em que cada um se entrega absolutamente, as condições serão iguais para todos, e isso significa que ninguém terá interesse em se tornar um fardo para os outros"*[154]. O próprio Rousseau pensava que quem não obedecesse à autoridade deveria ser punido com a morte, porque ela era a vontade do povo[155]. Além disso, de acordo com Rousseau, todo o espírito da nação poderia *"residir em uma minoria esclarecida que deve agir para sua vantagem política"*[156]. Seguindo essas ideias, Robespierre sentiu que estava legitimado a matar milhares, porque se via como o portador iluminado da voz do povo[157]. O famoso jurista alemão Georg Jellinek (1851-1911) alertou sobre as consequências dessa doutrina totalitária com grande clareza. Diz Jellinek:

> O contrato social contém uma cláusula única, ou seja, a transferência completa para a comunidade de todos os direitos do indivíduo. O indivíduo não retém um pequeno pedaço de seus direitos a partir do momento em que entra ao Estado. Tudo o que ele recebe em relação à lei é obtido por vontade geral, que é o único juiz de seus próprios limites e não pode nem deve ser restringido pela lei de qualquer poder. Até a propriedade pertence ao indivíduo apenas em virtude de uma concessão estatal. O contrato social faz do Estado o senhor das propriedades de seus

---

154 ROUSSEAU, Jean-Jacques. *The Social Contract and Discourses by Jean-Jacques Rousseau*. Londres: J. M. Dent and Sons, 1923. p. 43.

155 McLETCHIE, Scott. "Maximilien Robespierre, Master of the Terror". *Op. cit.*

156 Idem. *Ibidem.*

157 Idem. *Ibidem.*

membros, que mantêm a posse apenas como fideicomissária da propriedade pública[158].

De acordo com um dos filósofos mais importantes do século passado, Isaiah Berlin (1909-1997), professor da Universidade de Oxford, a doutrina na qual a liberdade das pessoas se consuma no Estado foi esta da "servidão absoluta". Ela transforma Rousseau em um dos *"inimigos mais sinistros e formidáveis da liberdade em toda a história do pensamento moderno"*[159]. Pois bem, essa é a referência de Pablo Iglesias e dos socialistas do século XXI.

A tradição liberal inglesa, que detesta os nazistas e os socialistas, como nós dissemos, propunha o contrário. John Adams (1735-1826), segundo presidente dos Estados Unidos e um dos fundadores daquele país, chegaria a dizer que a Revolução Francesa não tinha sequer um princípio em comum com a norte-americana[160]. O próprio Adams faria uma defesa radical da propriedade privada e da liberdade individual afirmando que o governo deve existir *"para a preservação da paz interna, da virtude e da boa ordem, bem como para a defesa da vida, das liberdades e propriedades"*[161]. Ele acrescentou que a propriedade "deve ser garantida, ou a liberdade não pode existir", porque, *"no momento em que é admitida*

---

158 JELLINEK, Georg. *The Declaration of the Rights of Man and of Citizens*. New York: Henry Holt and Co., 1901. p. 9.

159 BERLIN, Isaiah. *Freedom and its Betrayal*. Londres: Pimlico, 2003. p. 49.

160 ACTON, John Emerich Edward Dalberg Acton, First Baron. *Lectures on the French Revolution*. Ed. John Neville Figgis & Reginald Vere Laurence. London: Macmillan and Co., 1910. p. 29. Disponível em: <http://oll.libertyfund.org/title/210>. Acessado em 10 de setembro de 2018.

161 ADAMS, John. "The Life of the Author". *In: The Works of John Adams, Second President of the United States: With a Life of the Author, Notes and Illustrations, by His Grandson Charles Francis Adams*. Boston: Little, Brown and Co., 1856. 10v. Vol. I, p. 148. Disponível em: <http://oll.libertyfund.org/title/2099>. Acessado em 10 de setembro de 2018.

na sociedade a ideia de que a propriedade não é tão sagrada como as leis de Deus [...], *a anarquia e a tirania começam*"[162]. Essa foi a ordem que os norte-americanos criaram e fez deles o país mais próspero e livre que a humanidade conhecera até então. Em outras palavras, o que fez os Estados Unidos uma exceção em seu tempo foi criar o primeiro sistema em que o indivíduo teria garantido três direitos fundamentais, independentemente da classe social ou política a que pertencessem: o direito à vida, o direito à liberdade e o direito de buscar sua própria felicidade. Embora seja verdade que ainda havia a escravidão e as mulheres não contavam como agentes políticos por bastante tempo, também é verdade que estas formas de discriminação arbitrárias acabaram desaparecendo precisamente por serem incompatíveis com os princípios que os fundadores tinham defendido[163].

Em seu ataque à visão liberal anglo-saxônica, Iglesias diz que, *"para os liberais puros, a liberdade é aquela que permite aos ricos exercer seu poder coercitivo sobre o resto sem qualquer controle"*[164]. E ele acrescenta: "[...] *para haver democracia, é necessário que a 'maioria' tenha o poder, e desapareçam os privilégios de 'minoria'. É por isso que quem ataca os direitos civis e os direitos sociais ataca a democracia"*[165]. Para essa visão, então, a democracia é igual ao socialismo, ou seja, a redistribuição igualitária da riqueza. Agora, está claro que esta redistribuição deve ser feita por uma nova elite que afirma incorporar o "povo", e que, para isso, deve concentrar

---

162 ADAMS, John "Discourses on Davila". *In: The Works of John Adams, Second President of the United States: With a Life of the Author, Notes and Illustrations, by His Grandson Charles Francis Adams. Op. cit.*, Vol. VI. p. 188. Disponível em: <http://oll. libertyfund.org/titles/adams-the-works-of-johnadams-vol-6>. Acessado em 10 de setembro de 2018.

163 WOOD, Gordon S. *The American Revolution: A History.* New York: Modern Library, 2002. p. 56-57.

164 IGLESIAS, Pablo. *Disputar la democracia. Op. cit.*, p. 16.

165 Idem. *Ibidem.*

ainda mais poder do que a elite anterior, pois deve fazê-lo pela força. Mas, além disso, conforme observado em todos os países socialistas, a nova ordem supostamente democrática igualitária levará à criação de um sistema orwelliano, no qual alguns são mais iguais que outros. A nova elite revolucionária, por certo, não irá desistir dos privilégios de dominar, nem pode fazê-lo se quiser ficar no poder. Consequentemente, o custo para pagar por esta promessa de bem-estar material não é apenas maior miséria, mas a destruição total da liberdade, pois esta visão exige que o governo esmague os direitos individuais, como a liberdade de expressão e o direito de propriedade para levar a cabo seu projeto de "democracia real".

O pensador italiano Giovanni Sartori (1924-2017) denunciaria os perigos de tal aproximação socialista com a democracia. Referindo-se a que ideia de democracia havia vencido com o colapso do comunismo, Sartori afirmou que *"o vencedor é a democracia liberal"*[166], precisamente a que igrejas e outros populistas querem destruir, e aquela que defenderam os pais fundadores dos Estados Unidos. Sartori continuou:

> Durante meio século, foi dito que havia duas democracias: a formal e a real; a capitalista e a comunista. Essa alternativa inexistente teve de explodir em nossas mãos para reconhecer sua inexistência [...]. A democracia ganhou, e a democracia que ganhou é a única democracia real que já foi feita na terra: a democracia liberal[167].

Na América Latina, infelizmente, a democracia liberal não triunfou mais do que por um breve período na melhor das hipóteses. Na região da América Latina e na Espanha, a democracia como conceito é usada

---

166 SARTORI, Giovanni. *La democracia después del comunismo*. Madri: Alianza Editorial, 1993. p. 16.

167 Idem. *Ibidem*.

hoje como um disfarce, uma verdadeira farsa para avançar projetos populistas que buscam a aparência de legitimidade popular. Em nenhum lugar existe uma séria preocupação com os limites do poder do Estado, pelo Estado de Direito, com a proteção dos direitos pessoais e individuais, com a existência de uma imprensa verdadeiramente livre e uma sociedade civil capaz de articular para enfrentar os abusos de poder. Esse é o impacto que o ideal marxista de democracia denunciado por Rangel teve em nossos países.

Capítulo 6
A Obsessão Igualitária

A análise anterior sobre a democracia entendida como a concentração de poder nas mãos de uma minoria para alcançar o socialismo nos leva a outro desvio clássico da mentalidade populista: a obsessão pela igualdade material. Em maio de 2015, a presidente Cristina Fernández de Kirchner, lembrando-se dos falecidos Hugo Chávez e Néstor Kirchner, declarou que eles *"vieram acender o fogo, não apagá-lo"*. Mas, para *"acender os bons fogos, os fogos da igualdade, o fogo do povo, não o fogo que acenderam os outros, da repressão [...]. Estes são os fogos que devemos continuar queimando, com a administração, com a militância, com o governo do povo e para o povo"*[168].

Na América Latina, dada a esmagadora influência marxista, o discurso populista dela derivado sempre enfatizou a ideia de igualdade material. Se a teoria da dependência e do estruturalismo promovida pela Cepal era baseada na ideia de que havia uma enorme desigualdade entre os países desenvolvidos e os latino-americanos, que os primei-

---

168 Ver: <http://www.casarosada.gob.ar/slider-principal/28647-kirchner-y-chavez--vinieron-a-encender-losfuegos-de-la-igualdad-afirmo-la-presidenta>. Acessado em 10 de setembro de 2018.

ros exploravam em seu benefício e havia oligarquias que, em conluio com o capitalismo internacional, exploravam os povos da região, o argumento populista de hoje não é muito diferente. É sempre alegado que há um grupo que tem muito, e outro, muito pouco, e, portanto, deve-se confiscar quem tem mais para distribuir, sem distinguir se essa riqueza foi oriunda de trabalho honesto ou dos privilégios arbitrários concedidos pelo Estado.

Não há dúvida, claro, de que em nossos países existem elites empresariais e sindicatos corruptos que procuraram enriquecer-se através de seus contatos com o poder político e usando os privilégios que assim podem obter. Mas há ainda menos dúvidas de que cada vez que o populista chega ao poder para se tornar "mais igual" a todos, o que ele faz é concentrar o poder em suas mãos, aumentando a desigualdade e condenando a população a uma miséria material maior. O mesmo se aplica a qualquer tentativa revolucionária que tenhamos conhecido, sendo Cuba o exemplo mais patológico. Basta considerar que Fidel Castro, o profeta da igualdade por excelência em nossa região, era, segundo a revista *Forbes*, um dos políticos mais ricos do mundo, com um patrimônio estimado em 900 milhões de dólares[169].

Confirmando a estimativa da *Forbes*, em 2014, um ex-guarda-costas de Castro publicou um livro sobre a vida secreta do tirano, no qual ele argumentou que, *"ao contrário do que sempre foi dito, Fidel nunca renunciou aos confortos capitalistas ou escolheu viver em austeridade. Pelo contrário, seu modo de vida é o de um capitalista sem nenhum tipo de limite"*[170]. E acrescentou que o ditador *"nunca considerou que ele era forçado por seu discurso a levar uma vida austera de um bom revolucionário"*[171].

---

169 Ver: <http://www.cbsnews.com/news/castro-i-am-not-rich/>. Acessado em 10 de setembro de 2018.>. Acessado em 10 de setembro de 2018.

170 "Fidel Castro Lived Like a King in Cuba". *Book Claims, The Guardian*, 21 de maio de 2014. Disponível em: <http://www.theguardian.com/world/2014/may/21/fidel--castro-lived-like-king-cuba>. Acessado em 10 de setembro de 2018.

171 Idem. *Ibidem*.

O mesmo aconteceu com Chávez, e hoje passa com seu regime liderado por Maduro, assim como os Kirchners, a maculada Dilma Rousseff ou a família Bachelet, hoje envolvida em grandes escândalos de corrupção. Eles e tantos outros governantes latino-americanos que se tornaram milionários enquanto pontificavam a igualdade. Obviamente, isso se aplica às esquerdas e às direitas – a corrupção de Menem na Argentina e Fujimori no Peru, por exemplo –, mas o caso específico da esquerda é que, como Fidel, fazem da igualdade a grande bandeira de luta enquanto enchem seus bolsos. Como isso pode acontecer? A resposta seria dada, mais uma vez, por George Orwell (1903-1950) em sua famosa *A Revolução dos Bichos*. No fim, diz Orwell, os pregadores da igualdade que lideram a revolução, na realidade, o que querem não é abolir os privilégios, mas transferi-los para si mesmos e assegurá-los para sempre. Assim, o regime que eles vão introduzir é muito mais radical e rigoroso do que o anterior, porque agora devem garantir que não aconteça a mesma coisa daqueles que destronaram.

Isso é algo que nós, latino-americanos, devemos entender de uma só vez: sempre uma elite substitui a outra e, em geral, a nova elite é muito pior do que a anterior. Ninguém que fez uma revolução na história chegou ao poder para depois deixá-lo. E nenhum revolucionário legou à sua sociedade uma situação melhor do que a que ele destruiu. Com tudo o que pode ser criticado pelo regime e pela ordem institucional venezuelana anterior a Chávez, não há dúvida de que era preferível ao atual (regime chavista). Além disso, a Cuba de Fulgencio Batista (1901-1973), embora mereça ser condenada por várias razões, era em vários aspectos preferível ao regime dos irmãos Castro. Em ambos os regimes, assim como no de Salvador Allende, no Chile; no de Velasco Alvarado (1910-1977), no Peru; no dos sandinistas, na Nicarágua; na da revolução filofascista de Perón, na Argentina; na de Morales, na Bolívia; e na de Correa, no Equador, entre tantos outros, o que havia e há por trás nada mais é do que a "igualdade" orwelliana. Ou seja, é a antiga lei de que todos somos iguais, mas "alguns de nós são mais iguais que os outros". O populismo, sem dúvida, torna alguns mais iguais que outros. Assim, em 2014, quando o presidente do Partido Socialista argentino Hermes Binner disse para as Juventudes Socialistas que queria *"uma alternativa progressista real para a Argentina, que mudasse o populismo que não resolve os problemas de base, por uma maior democracia e más igualdade"*[172], não estava entendendo o problema. Se você quer uma alternativa real para a Argentina – e o mesmo se aplica ao resto da região – o que se necessita é mais liberdade, a qual se segue a igualdade perante a lei, e não mais igualdade material, que é o que se busca através da lei que leva os governantes a estenderem seu poder ilimitadamente.

É evidente que, usando essa desculpa igualitária, os populistas acabam revelando o câncer da corrupção. Em 2010, um editorial do *The Economist* dedicado a Kirchner, intitulado *"Socialism for foes, capitalism for friends"*, ele explicou como, na Argentina, Néstor Kirchner e Cristina Fernández de Kirchner tinham sido envolvidos em escândalos de corrupção e eles haviam concedido todos os tipos de benefícios e privilégios a seus amigos, permitindo que se tornassem ricos à custa dos argentinos. A prestigiada revista britânica concluiu apontando que *"os Kirchner deixaram seu país com instituições mais fracas, uma economia na qual o Estado tem um papel muito mais importante e em que os contatos políticos muitas vezes fazem a diferença entre o sucesso e o fracasso"*[173].

A Venezuela é, certamente, um caso ainda mais delirante em termos dos resultados do socialismo do século XXI e das políticas populistas. A verdade é que a corrupção está completamente desavergonhada na

---

172 Ver: <http://www.elciudadanoweb.com/hay-que-cambiar-populismo-por--democracia-e-igualdad/>. Acessado em 10 de setembro de 2018.

173 "Socialism for Foes, Capitalism for Friends". *The Economist*, 25 de fevereiro de 2010.

Venezuela. Tanto é assim que, em 2014, no famoso *ranking* da Transparência Internacional, que mede o nível de corrupção em 174 países, a Venezuela foi classificada na 161ª posição, abaixo do Zimbábue e do nível de países como Haiti, Angola, Afeganistão e Coreia do Norte. Enquanto isso, a Argentina, alcançou a 107ª posição; Equador, 110ª; Guatemala, 115ª; Bolívia e México, 103ª; Brasil, 69ª; e Peru, 85ª[174]. Os únicos países destacados na América Latina foram o Chile e o Uruguai, 21ª, justamente os dois dos países com maior liberdade econômica.

A corrupção é um problema regional e não é novo; mas, nos países do socialismo do século XXI, a corrupção alcança níveis extremos, devido à intervenção estatal em todas as áreas. Vamos voltar ao caso da Venezuela para perceber em toda a sua magnitude o desastre legado pelo populismo socialista. Digamos, primeiro, que não há dúvida de que a região é extremamente dependente de matérias-primas e que todos os indicadores econômicos e sociais são afetados pela variação de seus preços. Isso significa que, por um tempo, mesmo com um governo populista e de políticas econômicas desastrosas, o país pode ver alguns de seus números aumentarem devido às altas receitas obtidas com as vendas de *commodities*. Mas, em termos gerais, uma vez isolados os efeitos positivos da elevação dos preços das matérias-primas, o que o populismo consegue é aumentar a desigualdade e a corrupção, bem como destruir a economia e a segurança pública. *The Globe and Mail* publicou há alguns anos um editorial que refletia perfeitamente essa questão sob o título "Chávez's Socialist Populism Perpetuates Inequality". Nele, o jornal argumentou que o regime de Chavez não apenas aumentara a desigualdade, mas também fracassara completamente em criar riqueza de maneira sustentável, causando, assim, uma

---

174 *Corruption Perceptions Index 2014, Transparency International.* Disponível em: <http://www.transparency.org/cpi2014/results>. Acessado em 10 de setembro de 2018.

explosão de crime no país[175]. Mais recentemente, *The Economist* relatou eloquentemente a miséria a que as políticas socialistas condenaram a população venezuelana:

> Dezesseis anos depois de Hugo Chávez tomar posse na Venezuela e dois anos após sua morte, sua "Revolução Bolivariana" enfrenta as mais sérias ameaças para sua sobrevivência. O regime está ficando sem dinheiro para importar necessidades e pagar suas dívidas. Há uma escassez de mercadorias básicas, de leite e farinha a xampu e fraldas descartáveis. Filas, muitas vezes centenas de pessoas, são formadas todos os dias à porta dos supermercados. Dez pacientes do Hospital Universitário de Caracas morreram durante o período natalino devido à falta de *stents* cardíacas[176].

No máximo, pode-se dizer que o populismo socialista alcançou certa igualdade, mas uma igualdade na miséria. O importante no caso venezuelano é extrair a óbvia lição para o resto da América Latina: que corrupção e miséria são a consequência inevitável de ter políticos e governos com muito poder sobre a economia. Pois é evidente que, se o governante controla tudo e decide quem recebe tal coisa, irá se ajeitar com seus amigos, como os Kirchner faziam. Um sistema assim não pode gerar riqueza em médio prazo, porque os incentivos são expostos para que alguns saqueiem o resto da população, e não para inovar ou criar valor. É por isso que os países com mais liberdade econômica no mundo têm maior qualidade de vida em todos os indicadores, e também

---

175 "Chavez's Socialist Populism Perpetuates Inequality". *The Globe and Mail*, 23 de Agosto de 2010. Disponível em: <http://www.theglobeandmail.com/globe-debate/editorials/chavezs-socialist-populism-perpetuatesinequality/article4324887/>. Acessado em 10 de setembro de 2018.

176 "The Revolution at Bay". *The Economist*, 14 de fevereiro de 2015.

menos corrupção. De fato, no índice da Transparência Internacional, os primeiros países quase coincidem com as primeiras posições do referido índice de liberdade econômica.

A solução para um sistema mercantilista e corrupto de privilégios não pode ser gerar mais Estado, pois é o próprio Estado que cria este sistema ao diminuir a concorrência, por meio de regulamentos, impostos, burocracia, subsídios, cotas de exportação e importação, nacionalizações etc. Não é, então, o "liberalismo", mas seu oposto – socialismo, estatismo e populismo – o que corrompe os países e os condena à miséria.

Aliás, a corrupção também foi generalizada nos países comunistas e na Alemanha nazista, onde os Estados – isto é, o poder dos governantes – não tinham limites. Os professores Randall Holcombe e Andrea Castillo explicaram isto em um trabalho interessante. Segundo tais acadêmicos, na China, depois da revolução comunista, a terra foi coletivizada em "comunas populares" que tinham três níveis: grupos de produção local, de cerca de 25 famílias; brigadas de produção, de aproximadamente 200 famílias; e comunidades completas de 2.600 famílias[177]. O poder supremo sobre toda a estrutura era ocupado por um líder comunitário que observava absolutamente todos os aspectos da vida cotidiana. Esses líderes enriqueceram à custa da comunidade usando o poder que tinham para fixar preços e alocar subsídios e cupons de racionamento, que muitas vezes roubavam e arrematavam ao maior lance. Embora arruinadas pela coletivização e saqueadas por seus líderes, as comunas chinesas representavam o máximo do ideal comunista até que Deng Xiaoping (1904-1997) começou a liberalizar o sistema em 1978.

---

177 HOLCOMBE, Randall G. & CASTILLO, Andrea M. *Liberalism and Cronyism: Two Rival Political and Economic Systems*. Arlington: Mercatus Center / George Mason University, 2013. p. 32.

Com as reformas pró-mercado, Deng Xiaoping permitiu que as comunas atribuíssem direitos de propriedade, restaurando a relação entre renda e desempenho pessoal, antes destruída pela coletivização. Como resultado, a produção explodiu e a corrupção diminuiu radicalmente. Holcombe e Castillo dizem que as "reformas [liberais] diminuíram drasticamente a capacidade de os líderes e membros do partido enriquecerem à custa de seus representados", porque os retornos sobre a atividade privada foram superiores aos obtidos através da corrupção funcionários do governo[178]. A Alemanha nazista e a Itália fascista também foram outros casos de corrupção desencadeada como resultado do controle total exercido pelo Estado sobre a economia. Mesmo um filósofo e psicanalista como Erich Fromm (1900-1980) reconheceria isso quando argumentou que a política econômica dos nazistas arruinou todas as classes sociais, mas serviu aos interesses dos mais poderosos grupos industriais[179]. Quando os nazistas chegaram ao poder, fixaram preços, proibiram atividades econômicas, estabeleceram cotas, licenças e várias regulamentações, conseguindo controlar toda a economia. Holcombe e Castillo explicam o resultado:

> O maior papel do Estado na economia foi criar incentivos para que os empresários, com seus interesses especiais, cultivassem relações com os membros mais poderosos do partido, os quais poderiam duplicar ou reescrever as regras em benefício desses grupos. O favoritismo econômico e político no Terceiro Reich foi institucionalizado por meio de legislação direta e informal. Como resultado, a corrupção foi amplamente prevalente na Alemanha fascista[180].

---

178 Idem. *Ibidem.*, p. 34.

179 FROMM, Erich. *El miedo a la libertad*. Barcelona: Paidós, 2012. p. 121.

180 HOLCOMBE, Randall G. & CASTILLO, Andrea M. *Liberalism and Cronyism. Op. cit.*, p. 40.

Os mesmos autores explicam que foi somente após a guerra, com a liberalização levada a cabo na Alemanha Ocidental, que a corrupção do sistema estatista dos nazistas diminuiu radicalmente. Tal fato possibilitou que as empresas focalizassem novamente na satisfação das necessidades dos consumidores, em vez de seduzir os políticos com influência[181].

Poucos foram mais claros em expor a essência do problema de que vínhamos tratando do que Luigi Zingales, professor da Universidade de Chicago. Analisando como a expansão do Estado tem corrompido o sistema político e econômico nos Estados Unidos, Zingales diz:

> [...] quando o governo é pequeno e relativamente fraco, a maneira mais eficiente de ganhar dinheiro é iniciar um negócio de sucesso no setor privado. Mas, quanto mais se amplia a esfera de gastos do governo, mais fácil ganhar dinheiro desviando recursos públicos[182].

Por essa razão, um sistema de ampla liberdade econômica é menos propenso à corrupção, enquanto um intervencionista promove isso. Os primeiros pensadores liberais estavam perfeitamente conscientes de que os grupos de interesse político e econômico sempre iriam conspirar para se beneficiar à custa de todo o resto. Tanto é assim que Adam Smith escreveu todo o seu livro *The Wealth of Nations* [*A Riqueza das Nações*] basicamente com o objetivo de atacar o corrupto sistema mercantilista que existia em seu tempo, e que até hoje predomina na América Latina. Vejamos o que Smith diz sobre a corrupção que engendra a aproximação entre interesses políticos e econômicos:

---

181 Idem. *Ibidem.*, p. 44.

182 ZINGALES, Luigi. *A Capitalism for the People: Recapturing the Lost Genius of American Prosperity.* New York: Basic Books, 2012. p. 6.

O interesse dos revendedores em qualquer ramo de comércio ou manufatura é sempre diferente e até oposto ao do público. Expandir os mercados e fechar a concorrência é sempre o interesse do empresário [...]. A proposta de qualquer regulação que venha desse grupo de homens [...] vem de um grupo de homens cujos interesses nunca são exatamente os mesmos que os do público, e, geralmente, eles têm o interesse de enganar e oprimir o público[183].

Como se vê, apenas alguém que não conhece o liberalismo pode argumentar que ele visa a beneficiar certos interesses em particular. A verdade é que, desde o tempo de Smith, o que todo programa liberal buscava era reduzir o poder dos grandes grupos forçando-os a competir em igualdade de condições com os outros. Para isso, o que deve ser feito é limitar o Estado e reduzi-lo às suas funções fundamentais, de modo os incentivos para comprar políticos e burocratas serem menores do que os de se engajar em atividades produtivas...

---

183 SMITH, Adam. *The Wealth of Nations*. New York: Barnes & Noble Books, 2004. p. 181.

Parte II

Os Descaminhos do Populismo

O que aconteceu na América Latina é uma apropriação social da democracia, como o espaço propício à hegemonia, a hegemonia entendida no sentido "gramsciano" de liderança intelectual, de liderança cultural, de liderança ideológica, de liderança política.

Álvaro García Linera

CAPÍTULO 7

A Hegemonia Cultural como Fundamento do Populismo

Na discussão cotidiana do fenômeno populista, o papel da cultura e das ideias não é tratado em profundidade. As explicações econômicas tendem a prevalecer, enfocando fatores materiais como a abundância de matérias-primas que estimulam o discurso redistributivo, a existência de amplos setores da população em condições de pobreza e a fraqueza institucional, entre outros.

Todos esses fatores são relevantes, sem dúvida, mas não têm necessariamente maior impacto que as crenças que predominam em uma sociedade. No caso da América Latina e da Espanha, o papel dos intelectuais, da cultura e de certas instituições como a Igreja Católica tem sido determinante na prevalência de discursos e ideologias que levaram a políticas nacionais ruinosas e até contribuíram decisivamente para que países como Argentina e Chile destruíssem as bases de seu sucesso.

Vamos explicar como essas lógicas de hegemonia operaram, e o escopo que tiveram no caso particular do chamado "socialismo do século XXI".

CAPÍTULO 8

O Papel dos Intelectuais e a Manipulação da Linguagem no Avanço do Populismo

Para entender o fenômeno populista, especialmente em sua variante totalitária, é fundamental saber que ele usa toda uma linguagem e um aparato intelectual criados sobretudo para destruir a liberdade e justificar as aspirações de poder do líder. Já vimos que o termo "neoliberalismo" é um deles e, no fim, usado para expandir o tamanho do Estado e arruinar as economias de nossos países. Mas existem muitos outros. Como veremos mais adiante, na Venezuela, o socialismo do século XXI desenvolveu um programa completo para criar o que George Orwell chamou de "novilíngua" (*newspeak*) para corromper o pensamento e fazer aceitável seu projeto de controle total de poder. Mas, antes de entrar para analisar em particular a construção da hegemonia cultural por parte da esquerda, vejamos em termos gerais a importância da linguagem na luta pelo poder. Poucos exporiam a relevância tática deste assunto mais diretamente do que o intelectual marxista Louis Althusser (1918-1990). Em uma entrevista publicada como livro sob o título *Filosofia como uma arma revolucionária*, Althusser propôs:

Por que a filosofia luta com as palavras? As realidades da luta de classes são "representadas" por meio de ideias "representadas" por meio de palavras. Na luta política, ideológica e filosófica, as palavras são também armas, explosivos, calmantes e venenos[184].

Simples assim. As realidades que você e eu representamos em nossa mente são representadas por meio da linguagem, e isso não é neutro: tem cargas de valor e emocionais que levam as pessoas a rejeitarem ou aceitarem certas ideias, instituições e até sistemas econômicos e sociais completos. Como vimos, qualquer coisa rotulada "neoliberal", mesmo que produza resultados extraordinários, será rejeitada, porque a rejeição do conceito é visceral e não racional.

Em seu famoso ensaio sobre a língua inglesa e política, "Politics and the English Language", Orwell, um socialista reformista antitotalitário que se tornaria um dos críticos mais demolidores do comunismo, explicou que a linguagem, especialmente a política, era a ferramenta mais eficaz para manipular as mentes das massas[185]. Os piores crimes, de acordo com Orwell, podem ser defendidos simplesmente mudando as palavras com as quais eles são descritos para torná-los digeríveis e até atraentes. Assim, por exemplo, a destruição de vilarejos indefesos e a matança de inocentes é chamada de "pacificação", e o roubo maciço de terras dos camponeses expulsos delas denomina-se *transferência de população*"[186].

Em seu romance *1984*, uma alegoria do totalitarismo soviético, Orwell insistiria nessa ideia. No trabalho, o regime totalitário cha-

---

184 ALTHUSSER, Louis. "La filosofía como arma de la revolución". *Cuadernos de Pasado y Presente*, N. 4. Córdoba: Ediciones de Pasado y Presente, 3ª ed., 1971. p. 19-20.

185 ORWELL, George. *Politics and the English Language: An Essay*. New York: Typophiles, 1947. Disponível em: <https://www.mtholyoke.edu/acad/intrel/orwell46.htm>. Acessado em 10 de setembro de 2018.

186 Idem. *Ibidem*.

mou de "ministério da paz" o ministério da guerra; de "ministério da verdade" o ministério que faz a propaganda oficial do governo; de "ministério da abundância" o ministério encarregado de racionar os alimentos e controlar a população por meio da fome; e de "ministério de amor" o órgão encarregado de perseguir, torturar e aniquilar opositores ao regime.

Para Orwell, então, uma das armas essenciais do totalitarismo, particularmente do comunista, é a manipulação da linguagem. O motivo, de acordo com o escritor britânico, é que, se a linguagem for corrompida, o pensamento se corrompe, e, assim, acaba por destruir a democracia e a liberdade, pois ambos se baseiam em verdades que já não se refletem na linguagem. Em uma notável reflexão que certamente permanece válida até hoje, Orwell disse: "[...] *a linguagem política é projetada para fazer mentiras soarem verdadeiras, e o assassinato, respeitável – e até mesmo para dar uma aparência de solidez ao mero vento*"[187]. Conhecedor da esquerda política e intelectual como poucos, Orwell entendeu perfeitamente sua estratégia totalitária alertando que certos conceitos podem ser, nas palavras de Althusser, verdadeiros *"explosivos ou veneno"* ao corromperem o pensamento. Por esta razão, o socialismo atribui uma importância central à criação e à distorção de palavras. Althusser diz:

> Essa batalha filosófica pelas palavras é uma parte do combate político. A filosofia marxista-leninista não pode executar seu trabalho teórico, abstrato, rigoroso, sistemático, mas com a condição de também lutar por palavras muito sábias (conceito, teoria, dialética, alienação etc.) e trabalhar palavras bem simples (homens, massas, povo, luta de classes)[188].

---

187 Idem. *Ibidem.*

188 ALTHUSSER, Louis "La filosofía como arma de la revolución". *Op. cit.*, p. 20.

Atribui-se ao próprio Orwell ter dito alguma vez que existem ideias tão absurdas que apenas um intelectual seria capaz de acreditar. Quando analisamos a história de nossa região latino-americana, mas também a Europa, e vemos como ideologias tão claramente falsas e grotescas como o marxismo e o nacional-socialismo foram tão bem-sucedidas entre pessoas educadas, só podemos concluir que os intelectuais, em geral, longe de serem uma garantia para o nosso progresso, são os principais inimigos dele. Tanto é assim que Joseph Schumpeter (1883-1950) chegou a prever que, no mundo capitalista, seriam os intelectuais aqueles que destruiriam o sistema de mercado dinamitando sua legitimidade. Segundo Schumpeter, as massas não desenvolvem suas próprias ideias, porém seguem aquelas que se tornaram moda pelos intelectuais, e estes, em geral, são hostis ao capitalismo porque é de seu interesse organizar-se para ativar o ressentimento contra ele[189].

A história da América Latina dá razão a Schumpeter. Como vimos no capítulo anterior, toda a teoria da dependência que arruinou a América Latina durante décadas foi promovida e desenvolvida por intelectuais altamente preparados e inteligentes que buscavam posições de poder e influência. Hoje, vemos que milhares de acadêmicos e intelectuais apoiam nossos líderes populistas de vocação totalitária. Mais adiante, entraremos em detalhes sobre os fundamentos intelectuais do populismo. Por enquanto, o que devemos deixar claro é que a influência dos intelectuais e das ideias é decisivo. Como disse Thomas Sowell, um afro-americano e ex-comunista, que se tornou parte do prestigiado Instituto Hoover na Universidade de Stanford:

---

189 SCHUMPETER, Joseph. *Capitalism, Socialism and Democracy*. New York: Harper Perennial Modern Thought, 2008. p. 145.

> Quando aqueles que geram ideias, os intelectuais, estão cercados por uma ampla penumbra daqueles que disseminam ideias – sejam jornalistas, professores, funcionários, legisladores, padres e juízes –, sua influência no curso da evolução social pode ser considerável e até determinante[190].

A razão de, em geral, os intelectuais preferirem o socialismo é, em parte, porque a maioria deles não se importa com a verdade, mas, sim, impor sua visão do mundo, seja qual for o custo que os outros devam pagar. Revel explicaria esse fenômeno criticando os intelectuais de esquerda que apoiavam o regime soviético conhecendo sua natureza genocida. De acordo com Revel, "[...] *o que, na verdade, faz a superioridade do intelectual sobre o resto da espécie* Homo sapiens, *é que ele tende não só a ignorar, por preguiça, o conhecimento disponível, mas, sim, deliberadamente aboli-lo quando se opõem à tese que ele quer acreditar*"[191]. Então, simplesmente, a realidade não interessa aos intelectuais socialistas que querem ver seu projeto totalitário ou estadista consolidado a todo custo.

Na mesma linha, Douglass C. North (1920-2015) – ganhador do Prêmio Nobel de Economia em 1993 – explicou que "*as ideologias são questões de fé antes do que de razão, e subsistem, apesar da esmagadora evidência do contrário*"[192]. Em nenhum lugar, isso pode ser mais verdadeiro do que na América Latina, onde as ideologias proliferam nas mãos de intelectuais que procuram vez ou outra realizar seus projetos socialistas fracassados, condenando populações inteiras à opressão e à miséria. Um exemplo que ilustra perfeitamente o caráter socialista e

---

190 SOWELL, Thomas. *Intellectuals and Society*. New York: Basic Books, 2009. p. v.

191 REVEL, Jean-François. *El conocimiento inútil*. Barcelona: Planeta, 3ª ed. 1989. p. 215.

192 NORTH, Douglass C. "¿Qué queremos decir cuando hablamos de racionalidad?". *Estudios Públicos*, N. 53, Santiago de Chile, 1994. p. 3.

ideológico da tradição intelectual latino-americana é quando você digita *"Latin American philosophy"* no buscador do dicionário de filosofia *on-line* da prestigiada Universidade de Stanford, nos Estados Unidos. Além de dizer que não temos uma tradição filosófica relevante do ponto de vista global, o dicionário aponta que o interesse central dos filósofos latino-americanos sempre se concentrou nas questões sociais, ao contrário dos Estados Unidos, onde isso não é tão relevante[193]. Ainda mais interessante é o que a enciclopédia da Universidade de Stanford diz depois. Vale a pena reproduzir o texto para entender o quão decisivo é o mundo intelectual na definição de nosso destino populista-socialista:

> A América Latina teve uma longa e notável história de receptividade ao pensamento socialista. Sua introdução remonta ao século XIX [...]. Na América Latina, o marxismo tem sido diversificado em suas particularidades filosóficas e encontra-se sujeito a um trabalho permanente. As formas do marxismo latino-americano são dedicadas ao seguinte:
> 1) O fim do imperialismo, do neocolonialismo e da opressão de classe através da mudança socialista democrática ou revolucionária;
> 2) Uma forma de socialismo humanista fundamentado em a) acabar com o sistema capitalista de exploração do homem pelo homem e b) sustentar um modelo de dignidade fundamentado na igualdade econômica e social;
> 3) Uma concepção de filosofia com o compromisso de compreender o mundo em todos os seus aspectos dinâmicos e inter-relacionados, de teorizar o significado do capitalismo e do socialismo e agir esclarecidamente em consequência. A consciência de classe dos trabalhadores,

---

193 Ver: <http://plato.stanford.edu/entries/latin-american-philosophy/#LatAmePhilde>. Acessado em 10 de setembro de 2018.

do proletariado ou do povo é considerada tipicamente um importante motor da mudança social.

Finalmente, vale a pena notar que o modelo influente de Antonio Gramsci (1891-1937) de "intelectuais orgânicos" – que apoiam a revolução social com importantes perspectivas – encontrou ressonância em uma ampla gama de intelectuais de esquerda que emprestaram seu apoio aos movimentos revolucionários marxistas em Cuba, na Nicarágua e em outros lugares[194].

E, finalmente, a citada obra de Stanford confirma que a hegemonia intelectual na América Latina é exercida pela esquerda de origem marxista:

> A popularidade da perspectiva marxista possibilitou sua institucionalização crescente e seu amplo impacto em praticamente todas as perspectivas filosóficas ativas na América Latina [...]. Não é exagero dizer que, em termos gerais, os temas marxistas estão amplamente presentes na filosofia latino-americana, embora os filósofos que seguem um programa de pesquisa filosófica exclusivamente marxista permaneçam uma minoria[195].

De acordo com uma fonte puramente acadêmica e neutra, como a Universidade de Stanford, todo o pensamento filosófico latino-americano é imerso em marxismo, que teve um impacto institucional considerável. Isso, devemos insistir, é da máxima relevância. Hayek, em seu artigo "Los intelectuales y el socialismo", explicou que o socialismo nunca foi o produto da classe trabalhadora, mas, sim, das elites intelectuais que gastaram muito tempo teorizando e espalhando as ideias

---

194 Idem. *Ibidem.*

195 Idem. *Ibidem.*

até elas serem cada vez mais aceitas pela classe trabalhadora[196]. Para ele, foi fundamental o papel do que Hayek chama de *"distribuidores de segunda mão"*, como jornalistas, artistas, escritores e outros que definem a opinião geral ao serem a fonte de informação das maiorias. Particularmente importante na criação de um clima de opinião favorável ao socialismo, segundo Hayek, é o papel dos filósofos; e é precisamente isso que está perdido na América Latina e, sem dúvida, também na Espanha. De acordo com Hayek, as ideias da sociedade livre foram derrotadas nesse nível na Europa, que acabou dominada por movimentos populistas e totalitários como o fascismo e o socialismo:

> O fato de os gostos dos intelectuais se mostrarem melhor satisfeitos pelas especulações dos socialistas foi fatal para a influência da tradição liberal. Uma vez as exigências básicas dos programas liberais parecendo satisfeitas, os pensadores liberais voltaram-se para detalhes de problemas e eles tendiam a negligenciar o desenvolvimento da filosofia geral do liberalismo, que, consequentemente, deixava de ser um assunto de amplitude, oferecendo uma visão para reflexão geral[197].

Então, as coisas, as ideias e crenças surgidas nas esferas intelectuais, especialmente aquelas dos filósofos, e depois distribuídas nos meios de comunicação, universidades e cultura em geral, são um motor de mudança social e institucional insubstituível. Um estudo mais recente de Wayne Leighton e Edward López, publicado pela Universidade de Stanford, confirma a tese de Hayek. Segundo os autores, as ideias

---

196 HAYEK, F. A. "Los intelectuales y el socialismo". Disponível em: <https://studentsforliberty.org/wpcontent/uploads/2012/05/Hayek-Los-Intelectuales-y--el-Socialismo11.pdf>. Acessado em 10 de setembro de 2018. O artigo original foi publicado pela *University of Chicago Law Review*, na primavera de 1949.

197 Idem. *Ibidem.*, p. 11.

levam a certas instituições que criam incentivos dando origem a determinados resultados. Nas palavras de López e Leighton, *"assim como uma sociedade pobre em capital produz pouco valor para o consumo, uma sociedade pobre em ideias e instituições terá incentivos ruins e, portanto, poucos dos resultados que as pessoas querem"*[198].

Para os autores, embora existam outras circunstâncias que afetem o clima de opinião e das ideias, o papel dos intelectuais é fundamental como motor da mudança política e institucional. Na reflexão final de seu livro, eles concluem que o surgimento de ideias boas e ruins pode mudar as instituições com *"impacto duradouro na condição humana"*, levando à tirania ou à liberdade, à pobreza ou à riqueza, à guerra ou à paz[199].

Após esta análise, poderíamos nos perguntar sobre como seria a América Latina se, em vez de marxismo, mercantilismo e socialismo em suas diversas variantes, as ideias que predominassem na discussão acadêmica e política fossem as da sociedade livre: respeito aos direitos de propriedade, livre-concorrência, estabilidade monetária, proteção dos investimentos nacionais e estrangeiros, respeito à liberdade de expressão, às liberdades políticas, à liberdade para empreender, a democracia liberal, a ausência de privilégios do Estado, a abertura comercial, o governo limitado e o Estado de Direito.

---

198 LEIGHTON Wayne A. & LÓPEZ, Edward J. *Madmen, Intellectuals, and Academic Scribblers: The Economic Engine of Political Change*. Stanford: Stanford Economics and Finance / Stanford University Press, 2013. p. 119.

199 Idem. *Ibidem.*, p. 190.

CAPÍTULO 9

Gramsci, Pablo Iglesias e o projeto populista na Espanha

Não é um fato menor que a *Enciclopédia de Filosofia de Stanford*, analisando a influência intelectual marxista na América Latina, tenha notado a figura do teórico italiano Antonio Gramsci e seu conceito de intelectuais orgânicos. Não seria um exagero dizer que Gramsci é um dos intelectuais mais influentes que produziram o marxismo. Vale a pena, então, dedicar algumas linhas a seu pensamento, porque é fundamental entender a natureza do fenômeno populista socialista que hoje afeta a América Latina com particular virulência e até ameaça países como a Espanha e a Grécia.

Gramsci foi presidente e fundador do Partido Comunista Italiano e escreveu sobre vários temas. O mais conhecido de seu trabalho é a ideia de hegemonia cultural e o papel que os intelectuais devem cumprir em sua construção. De acordo com Gramsci, a melhor maneira de construir uma ordem socialista não era pela via revolucionária violenta promovida pelos marxistas-leninistas, mas por meio da transformação gradual e persistente de várias instituições, ideias e valores que predominavam em uma sociedade. Como Thomas Bates explicou, a premissa central do pensamento de Gramsci é que os seres humanos não são governados apenas pela força, mas também por ideias[200].

Segundo o pensador italiano, todas as classes dominantes baseiam seu poder, no fim de contas, na legitimidade que as instituições que lhes permitem ter esse poder a um nível popular. Assim, por exemplo, em sua análise da formação de intelectuais, Gramsci afirma que os vários grupos sociais que surgem ligados às atividades econômicas são acompanhados por "intelectuais orgânicos" que lhes dão homogeneidade e permite-lhes operar. O empresário capitalista, de acordo com Gramsci, é o caso mais claro, porque isso requer uma série de especialistas e técnicos que tornam possível sua função, mas também requer intelectuais que operam como organizadores capazes de promover em todos os níveis, incluindo o estatal, as instituições que possibilitam a expansão de sua classe[201].

Os intelectuais são responsáveis por construir o que Gramsci chama "hegemonia". Isto implica que aqueles que governam ou lideram um país devem ter credibilidade e legitimidade diante daqueles que são liderados. Caso contrário, o sistema deve basear-se exclusivamente no uso da força, e isso não é sustentável no longo prazo. A hegemonia consiste em convencer aqueles que são governados da validade do sistema estabelecido e protegido pelo poder estatal, e isso é um trabalho que deve ser feito no campo das ideias e da cultura. Dessa maneira, ao contrário de Marx – que pensava que as ideologias dominantes em uma sociedade não eram mais que o reflexo da infraestrutura econômica vigente, e que, portanto, deveria mudar-se violentamente para mudar

---

200 BATES, Thomas R. "Gramsci and the Theory of Hegemony". University of Pennsylvania Press, *Journal of the History of Ideas*, Volume 36, Number 2 (April-June 1975): 351.

201 GRAMSCI, Antonio. *La formación de los intelectuales*. Ciudad de México: Grijalbo, 1967. p. 22.

a ideologia –, Gramsci acreditava que a lógica era ao contrário. Caso se mudassem as ideias e a cultura dominantes em uma sociedade, elas acabariam transformando as instituições em que se baseava o capitalismo, dando legitimidade a uma nova classe dirigente e um novo sistema. Enquanto para Marx a batalha era de tipo armado revolucionário, para Gramsci era, acima de tudo, intelectual e cultural.

De acordo com Gramsci, os seres humanos são acima de tudo espírito, e nossa consciência evolui gradualmente até que as categorias de representação da realidade tenham mudado o suficiente para transformar a ordem institucional e social sob a qual vivemos. A revolução socialista é, portanto, antes de tudo, uma conquista cultural que muda nossa maneira de ver o mundo porque a cultura é *"organização, disciplina do eu interior, apropriação da própria personalidade, conquista de uma consciência superior pela qual você passa a entender o valor história que se tem, sua função na vida, seus direitos e deveres"*[202]. Por isso, Gramsci diz:

> [...] toda revolução foi precedida por um intenso trabalho de críticas, de penetração cultural, de infiltração de ideias por meio de aglomerados humanos a princípio resistentes e só atentos para resolver dia a dia, hora a hora e para eles mesmos seus problemas econômicos e políticos, sem laços de solidariedade com os outros que estavam nas mesmas condições[203].

Para Gramsci, a maneira de derrubar o capitalismo e o individualismo é transformando a cultura para mudar a consciência. Portanto, de acordo com o italiano, *"socialismo é organização, e não apenas organização política e econômica, mas também e, especialmente, de conhecimento*

---

202 GRAMSCI, Antonio. "Socialism and Culture". *In:* FORGASC, David (Ed.). *The Gramsci Reader: Selected Writings, 1916-1935*. Prol. Eric Hobsbawm. New York: New York University Press, 2000. p. 57.

203 Idem. *Ibidem.*, p. 58.

e vontade, alcançados por meio da atividade cultural[204]. Para alcançar o que foi dito, Gramsci achou essencial organizar a escola de acordo com os princípios comunistas, bem como infiltrar todos as instituições da sociedade civil possíveis, incluindo a Igreja e as universidades, de modo que se construísse a hegemonia cultural que permitiria o advento da ordem socialista. Pois, segundo Gramsci, existiam duas esferas básicas de hegemonia: a "sociedade civil", composta por clubes, associações voluntárias, igrejas e todos os tipos de organizações privadas; e a "sociedade política", composta pelas instituições Estado, como tribunais, repartições públicas e tudo o que constitui o Estado.

A sociedade civil é aquela que define o tipo de consciência que predominaria em uma sociedade dando forma à sociedade política, ou seja, o Estado e suas leis. É no espaço do mercado das ideias onde visões diferentes competem pela hegemonia. Os intelectuais exercem a função de "vender" ideias nesta esfera para construir a hegemonia em favor da classe que domina ou quer dominar. Dessa maneira, os intelectuais asseguram o consentimento das massas governadas no que diz respeito às leis e à ordem que lideram os governantes[205]. Quem melhor entendeu este ponto foi Pablo Iglesias.

De acordo com Iglesias,

> Gramsci entendeu que o poder das classes dominantes não só é exercido através de instrumentos coercitivos ou relações econômicas derivadas do processo produtivo, mas também através do controle do sistema educacional, da religião e dos meios de comunicação, e que, portanto, a cultura é o terreno crucial para a luta política[206].

---

204 GRAMSCI, Antonio. "Primero libres". *In: Il Grido del Popolo*, N. 736, 31 de Agosto de 1918. Disponível em: <https://app.box.com/s/2u4epxwryaspcehk9caq>. Acessado em 10 de setembro de 2018.

205 BATES, Thomas R. "Gramsci and the Theory of Hegemony". *Op. cit.*, p. 353.

206 IGLESIAS, Pablo. *Disputar la democracia. Op. cit.*, p. 47.

Para Gramsci, diz Iglesias, *"a hegemonia é o poder cultural desfrutado pela classe dominante para conduzir a sociedade em uma direção que não só serve a seus interesses, mas é assumido pelo resto dos grupos como se fossem os seus"*[207]. Portanto, de acordo com Iglesias, a tarefa política fundamental consiste na crítica da cultura e das ideologias dominante. Deixando claríssima a estratégia do populismo socialista, Iglesias afirma que, *"para qualquer ator político que careça dos fuzis de Mao, o terreno gramsciano é o único possível"*[208]. Pela mesma razão, Iglesias insiste que é necessário *"entrar no jogo da cultura e de suas instituições"*. O que deve ser alcançado, diz ele, é *"determinar o que as pessoas pensam"*, com ênfase no controle da televisão e *internet*[209]. Iglesias desenvolve essa reflexão em seu *blog*:

> O poder nas sociedades avançadas não é apenas expresso através de mecanismos coercitivos, mas predominantemente por meio de consentimento e consenso. A hegemonia é a capacidade orgânica de os setores dominantes convencerem as maiorias sociais das narrativas que justificam e explicam a ordem política. Os dispositivos de convencimento são basicamente culturais (a escola e a Igreja consistem em exemplos clássicos, e os meios de comunicação, o dos nossos tempos) e servem para firmar as chaves das narrativas hegemônicas. Ganhar na política hegemônica é basicamente convencer-se da própria narrativa[210].

---

207 Idem. *Ibidem.*

208 Idem. *Ibidem.*, p. 48.

209 Idem. *Ibidem.*

210 IGLESIAS, Pablo. "Guerra de trincheras y estrategia electoral". *In: Otra vuelta de tuerka en línea, Público,* 3 de maio de 2015. Disponível em: <http://blogs.publico.es/pablo-iglesias/1025/guerra-de-trincheras-y-estrategiaelectoral/>. Acessado em 10 de setembro de 2018.

Em seu projeto hegemônico, Iglesias retoma as lições de Althusser e afirma que é fundamental mudar a linguagem predominante para realizar este trabalho de penetração cultural e criação de uma nova consciência: *"Você nunca deve assumir a linguagem do adversário político, mas, sim, disputá-la"*. Segundo Iglesias, assim se contesta o senso comum instalado para alterá-lo. Ele diz também que sua formação política, a do Podemos, tentou justamente oferecer esse combate ideológico em seus programas "La Tuerka" e "Fort Apache", bem como nos meios de comunicação de massa com suas intervenções.

Iglesias é tão transparente a respeito de sua estratégia que ele até dá um exemplo sobre como o Podemos usa a linguagem para promover sua causa populista:

> [...] a imposição na linguagem política espanhola da palavra "casta" para indicar as elites políticas e econômicas é um bom exemplo da política hegemônica do Podemos; a política por uma nova narrativa da crise e pela forma de superá-la[211].

A conclusão geral de Iglesias é reveladora no sentido de confirmar que o centro da luta pelo poder político são as ideias:

> [...] a nossa tratou de ser uma estratégia de combate político na batalha das ideias, sendo travada nos meios cujo peso é fundamental na hora de determinar como pensa a maioria das pessoas[212].

Iglesias diz, então, que o campo de disputa de todo o projeto *"fascipopulista"* que levam adiante é a cultura e o terreno das ideias.

---

211 Idem. *Ibidem.*

212 IGLESIAS, Pablo. *Disputar la democracia. Op. cit.*, p. 49.

Assim, sua luta é primeiramente do tipo intelectual, e, como carecem "dos fuzis de Mao", não podem fazer a revolução armada para chegar ao poder. O que eles deveriam fazer então seria mudar a hegemonia usando estruturas democráticas para chegar a controlar o poder do Estado. Uma vez instalado, procedem rumo ao socialismo. O que deve ser levado adiante, de acordo com Iglesias, é o que Gramsci chamou de "guerra de posições". Ou seja, é gradualmente ganhar terreno no campo da hegemonia cultural para preparar o caminho para a vitória final. Gramsci explicou nos seguintes termos:

> Acontece na arte política o que acontece na arte militar: a guerra de movimento torna-se cada vez mais guerra de posições. E ouso dizer que um Estado ganha uma guerra caso se prepare completa e tecnicamente em tempos de paz. A estrutura maciça das democracias modernas e as organizações estatais, tanto quanto o complexo de associações na vida civil, são para a arte política o que são as "trincheiras" e as fortificações permanentes do *front* na guerra de posições: eles só fazem "parcial", o elemento do movimento que antes era "toda" a guerra, e assim por diante[213].

A "guerra de movimento" é um confronto direto – por exemplo, a revolução violenta. Enquanto isso, a "guerra de posições" é como as trincheiras e tem a ver com a conquista da hegemonia entre a sociedade civil; é o trabalho de penetração cultural paciente e sistemática que desenvolve um grupo social nas mãos dos intelectuais para, a partir daí, mudar a estrutura do Estado. Referindo-se às eleições de 2015, Iglesias disse:

---

213 GRAMSCI, Antonio. *Cuadernos de cárcel*. Ciudad de México: Ediciones Era, 1985. Tomo 5, p. 22.

Em tempos de crise orgânica, as campanhas eleitorais são uma guerra de trincheira simplificada. As campanhas representam o momento de glória ou o fracasso dos estrategistas políticos que lutam para impor sua narrativa com base em consensos variantes, no dificílimo ambiente dos meios de comunicação, que são em si mesmos operadores políticos não neutros [...]. Esta campanha que começa agora é uma guerra de trincheiras pela imposição de uma narrativa política. Como irá se impor um ou outro, isso dependerá, em boa medida, dos resultados finais, pois quase metade dos eleitores ainda não decidiu seu voto[214].

Mais do que ganhar eleições no curto prazo, o que importa para Iglesias é mudar a narrativa política, ou seja, consolidar posições que façam avançar a hegemonia cultural de seu projeto populista. O cálculo não é de curto prazo, mas, sim, de longo prazo: *"O que devemos dizer nesta campanha então? Em primeiro lugar, o 'Podemos' nasceu para ganhar a eleição geral e qualquer batalha anterior, por mais importante que seja, não vai se distrair do principal"*[215] , escreveu Igrejas em maio de 2015. O mesmo pode ser dito, sem dúvida, de outros movimentos populistas, como o fascismo, na Itália, e o nacional socialismo na Alemanha, que foram o produto de longo e paciente trabalho de inúmeros intelectuais antes de se tornar hegemonia política e cultural. E, na Espanha, apesar de o Podemos ter enfraquecido, o socialismo populista corre com vantagem.

Hermann Tertsch, em seu livro *Days of Rage*, explica que a hegemonia da esquerda na cultura popular espanhola é uma realidade há décadas. Principalmente após a morte de Francisco Franco (1892-1975), a dominação que a esquerda exerce nas universidades da Espanha é

---

214 IGLESIAS, Pablo. "Guerra de trincheras y estrategia electoral". *Op. cit.*

215 Idem. *Ibidem.*

esmagadora. Tertsch diz que, depois de uma ditadura como a franquista, esperava-se que a presença da esquerda se intensificasse no *campus* e entre os professores. O que não faz sentido, diz ele, *"é que, 40 anos mais tarde, essas universidades sejam firmemente sequestradas por um pensamento radical, anticapitalista, antiocidental e cada vez mais extremista em suas posições"*[216]. De acordo com Tertsch, ao contrário das outras universidades europeias que conseguiram se livrar do radicalismo comunista e das utopias redentoras, na Espanha, as universidades aderiram "a um processo muito comum na América Latina, onde o indigenismo, o marxismo e o terceiro-mundismo mantiveram, com uma ideologia anticapitalista e em grande parte comunista, um nível de agitação máxima e controle total"[217]. Dessa maneira, as universidades espanholas, influenciadas pelo Foro de São Paulo, estudam hoje, segundo Tertsch, como combater a globalização e o capitalismo[218].

---

216 TERTSCH, Hermann. *Días de ira: Una reflexión que clama a las conciencias ante una España en alarma*. Madri: La Esfera de los Libros, 2015. p. 90.

217 Idem. *Ibidem.*

218 Idem. *Ibidem.*

CAPÍTULO 10

Os Pais Intelectuais do Socialismo do Século XXI

O que foi dito até agora nos permite entrar no caso mais extremo e influente de populismo socialista visto no Ocidente nos últimos 30 anos: o socialismo de século XXI. Embora Hugo Chávez provavelmente tenha começado sua incursão política sem uma ideologia definida, não há dúvida de que, finalmente, seu projeto teve um componente ideológico que, embora não inteiramente coerente, foi determinante.

Em 2013, o jornal venezuelano *El Universal* publicou uma lista dos principais conselheiros intelectuais de Chávez[219]. Entre eles, mencionou o argentino Norberto Ceresole (1943-2003); Ignacio Ramonet, diretor do jornal francês *Le Monde Diplomatique* e propagandista do regime; Heinz Dieterich, alemão que cunhou o termo "socialismo do século XXI"; o filósofo e linguista norte-americano Noam Chomsky, que, embora não tenha assessorado diretamente Chávez, inspirou seu discurso anti-imperialista; ao filósofo marxista de origem húngara

---

219 "Los asesores de Chávez", *El Universal*, 24 mar 2013. Disponível em: <http://www.eluniversal.com/nacional-y-politica/130324/los-asesores-de--chavez>. Acessado em 10 de setembro de 2018.

István Mészáros (1930-2017); ao espanhol Juan Carlos Monedero, conselheiro do Podemos; e o britânico Alan Woods, que deu a Chávez a justificativa para nacionalizar o sistema bancário inteiro. A eles, podem ser adicionados a intelectual chilena marxista, próxima a Fidel Castro, Marta Harnecker que, instalada em Caracas, aconselhou Chávez e contribuiu para o desenvolvimento do socialismo do século XXI.

Vamos rever alguns desses nomes para entender o DNA ideológico e o espírito gramsciano do populismo que se espalhou por toda a América Latina e que já chegou até na Espanha. Comecemos com Dieterich. Em seu livro intitulado *El socialismo del siglo XXI*, Dieterich, que aconselhou diretamente Chávez, disse que as piores misérias da humanidade, como a guerra, a pobreza e a dominação, são culpa das instituições capitalistas. Este deveria ser superado para criar o famoso socialismo do século XXI, caracterizado pela "democracia participativa, pela economia democraticamente planejada, pelo Estado não classista, e, portanto, por um cidadão racional-ético-estético"[220]. O "Novo Projeto Histórico" de Dieterich teve, segundo este, elaboração e inspiração no legado de Karl Marx e Friedrich Engels (1820-1985). Diz o autor: "*o Novo Projeto Histórico (NPH) é um projeto dos cidadãos do mundo para substituir a sociedade capitalista pela democracia participativa*"[221]. O autor continuou repetindo a mesma mitologia dos anos 1960 tão conhecida na América Latina: "A destruição econômica e social de meio século de recolonização neoliberal na América Latina transformou suas economias em sistemas inviáveis para a tarefa que deveriam cumprir: satisfazer as necessidades básicas da população"[222]. Dieterich repete

---

220 STEFFAN, Heinz Dieterich. *El socialismo del siglo XXI*. p. 3. Disponível em: <http://www.rebelion.org/docs/121968.pdf>. Acessado em 10 de setembro de 2018.Versão em livro: STEFFAN, Heinz Dieterich. *El socialismo del siglo XXI: la democracia participativa*. Bilbao: Baigorri, 2002.

221 Idem. *Ibidem.*, p. 74.

222 Idem. *Ibidem.*

assim, novamente, a velha história de que somos vítimas dos outros. Depois de analisar três opções para que a região supere a miséria supostamente imposta pelo neoliberalismo, conclui que a única opção viável é o socialismo bolivariano, já que está focado na promoção de um desenvolvimento industrial fundamentado no protecionismo:

> A quarta opção consiste no projeto bolivariano cuja essência reside em um bloco de regional de poder (Pátria Grande) [...]. De todas essas opções, a única viável é a quarta. Porque hoje, como no século XIX, a superação do subdesenvolvimento em termos de uma economia global neocolonial só é possível com a estratégia de desenvolvimento protecionista[223].

O socialismo do século XXI, como se pode ver, não é mais do que a mesma mitologia anti-imperialista, antiliberal, protecionista e marxista que levou a América Latina à miséria e ao conflito durante boa parte do século XX. O fato de que não há nada de novo no socialismo do século XXI é confirmado quando se estuda outra das conselheiras intelectuais do regime venezuelano que trabalhou diretamente com Chávez: Marta Harnecker. De acordo com Harnecker, o colapso da União Soviética tinha deixado estupefata a esquerda mundial que condenava sua falta de democracia, seu totalitarismo e sua burocracia estatal[224]. Isso é difícil de acreditar, já que Harnecker e seu grupo apoiam abertamente o regime totalitário em Cuba e promoveram a chegada da "ditadura" venezuelana. Mas vamos ao cerne da questão... Harnecker afirmou – e isso é relevante – que a esquerda marxista tinha encontrado sua esperança na América Latina:

---

223 Idem. *Ibidem.*, p. 66.

224 HARNECKER, Marta. "Cinco reflexiones sobre el socialismo del siglo XXI". 26 de março de 2012, p. 3. Disponível em: <http://www.rebelion.org/docs/147047.pdf>. Acessado em 10 de setembro de 2018.

Mas, ao mesmo tempo em que desaparecia o socialismo soviético na América Latina, começavam a surgir práticas democráticas e participativas nos governos locais que antecipavam o tipo de sociedade alternativa ao capitalismo que queríamos construir. E isso não só prenunciava a nova sociedade, mas, sim, demonstrava na prática que era possível governar-se de maneira transparente, não corrupta, democrática e participativa, preparando as condições políticas para que, em muitos de nossos países, a esquerda aspirasse ao governo por meio de eleições [...]. Foi o presidente Chávez quem teve a coragem de chamar de socialista essa sociedade alternativa ao capitalismo. Ele a chamou de "socialismo do século XXI", reivindicando com a palavra "socialismo" os valores sempre prevalecentes de "amor, solidariedade e igualdade entre homens, mulheres, entre todos" e adicionando o adjetivo "século XXI" para diferenciar o novo socialismo de erros e desvios do modelo implementado durante o século XX na União Soviética e nos países do Leste Europeu[225].

Assim, a América Latina foi, segundo Harnecker, a esperança do socialismo, pois o comunismo entrou em colapso com a queda do Muro de Berlim. De acordo com ela, os regimes de Chávez, Morales, Correa e seus similares seriam algo diferente do totalitarismo soviético, pois eles estariam livres da corrupção e cheios de "amor, solidariedade e igualdade" e também porque seriam profundamente "democráticos". Aqui, novamente, vemos o conceito de democracia totalitária discutido no primeiro capítulo deste livro, ideia segundo a qual tudo o que se faz por meio de eleições, mesmo isso significando destruir as liberdades do povo, é justificável. Essa estratégia, no entanto, também não é tão nova na região da América Latina.

---

225 Idem. *Ibidem.*

Harnecker lembra corretamente que Salvador Allende foi o precursor do socialismo do século XXI. Ele foi o primeiro a tentar alcançar o socialismo marxista pelo caminho democrático[226]. A Venezuela, segundo Harnecker, teria alcançado o que o golpe militar do general Augusto Pinochet (1915-2006) impediu que ele fosse alcançado no Chile, isto é, a revolução socialista "pacífica". Agora, no caso venezuelano, a "via pacífica" para o socialismo não só destruiu completamente a economia em sua ânsia de refundar a ordem econômica e social – o que também aconteceu com Allende no Chile –, como instilou ódio e terror como instrumentos para conservar o poder, aniquilando a liberdade e a democracia em si. Em tudo isso, o papel dos intelectuais, da manipulação da linguagem e do desenvolvimento de aparatos de propaganda foi fundamental.

Um recente e extraordinário estudo realizado pelos venezuelanos Antonio Canova, Carlos Leáñez, Giuseppe Graterol, Luis Herrera (1925-2007) e Marjuli Matheus Hidalgo, intitulado *"La neolengua del poder em Venezuela"*, apresenta um cenário tão cru quanto esclarecedor do ponto que estamos tratando[227]. Na obra, os autores explicam que o regime chavista tem usado de modo planejado a construção de toda uma linguagem intencionada a promover o ódio, a fim de justificar a concentração de poder total, para convencer a população de mentiras flagrantes, enganá-la e confundi-la. Rosa Rodriguez diz, na introdução do livro, o que Karl Kraus (1874-1936) disse sobre o nazismo se aplica plenamente à Venezuela no sentido de que é nas palavras, em vez de ações, onde se encontra o espectro da época. E ela continua descrevendo a estratégia "neolinguística" do regime de Chávez:

---

226 Idem. *Ibidem.*

227 CANOVA, Antonio ; LEÁÑEZ, Carlos ; GRATEROL, Guiseppe ; HERRERA, Luis & HIDALGO, Marjuli Matheus. *La neolengua del poder en Venezuela.* Caracas: Editorial Galipán, 2015.

Em que consiste essa estratégia? "Encher" a linguagem de propaganda oficial, cadeias de rádio e televisão, textos escolares, mídia estatal, programas e porta-vozes de meios de comunicação estatal e repetição em coro, que servem ao poder, de palavras distorcidas no sentido comum, de palavras inventadas pelo poder, de eufemismos, narrativas infantis e falsas e, acima de tudo, insultos, obscenidades e falácias "*ad hominem*", para que o mundo interior das pessoas seja reduzido a cada dia mais a apenas uma leitura possível do que acontece e o rodeia.[228]

Segundo Antonio Canova, toda essa manipulação de linguagem visa a "dividir a sociedade venezuelana", torná-la submissa e polarizá-la para que possa alcançar, diz Luis Herrera, a consolidação do projeto totalitário. Marta Harnecker não deixa dúvidas de que o socialismo do século XXI só pode ter sucesso a longo prazo se ele consegue construir a hegemonia intelectual: "Meu ponto de partida, diz Harnecker – é que as ideias e os valores que prevalecem em uma determinada sociedade racionalizam e justificam a ordem existente"[229]. Em seguida, acrescenta, seguindo Gramsci e coincidindo com Iglesias, que "uma classe se torna hegemônica quando consegue que seus valores, suas propostas, seu projeto social são aceitos, vistos com simpatia e assumidos como próprios por amplos setores sociais. A hegemonia é o oposto da imposição pela força[230].

Para construir sua alternativa ao capitalismo, segundo Harnecker, a esquerda deve ter claro que precisa ganhar "a cabeça e o coração da

---

228 Idem. *Ibidem.*, p. 14.

229 HARNECKER, Marta. "A la conquista de una nueva hegemonía". 29 de outubro de 2012. p. 20. Disponível em: <http://www.rebelion.org/docs/158421.pdf>. Acessado em 10 de setembro de 2018.

230 Idem. *Ibidem.*

maioria das pessoas". E continua: "Não podemos impor nosso projeto; devemos convencê-las de que esse é o melhor projeto para elas e torná-las participantes na construção da nova sociedade"[231]. Isto é o que Harnecker viu no projeto revolucionário de Chávez e no socialismo do século XXI, que sem dúvida tiveram o apoio de grande parte da população venezuelana, dado seu caráter "democrático", e hoje colapsa principalmente por causa de seu fracasso econômico.

Menos preocupado com a aparência democrática, mas igualmente influente na ideia do socialismo do século XXI foi o argentino Norberto Ceresole. Este confirma como poucos a identidade ideológica entre o fascismo e o socialismo, pois não foi apenas um férreo defensor de Perón na Argentina, mas colaborou com Velasco Alvarado, no Peru, apoiou Salvador Allende no Chile e, mais tarde, Hugo Chávez na Venezuela. Ceresole, um fascista conhecido por sua negação do Holocausto, foi o responsável, no começo, em conceituar e consolidar o poder de Chávez e da relação entre o caudilho, as Forças Armadas e o povo. Chávez conheceu o argentino em uma viagem que ele fez a Buenos Aires em 1994, depois de ter sido concedido a liberdade após passar algum tempo na prisão por liderar o fracassado golpe de Estado de 1992. Segundo o jornalista Alberto Garrido (1949-2007), especialista na relação entre o chavismo e as ideias de Ceresole,

> [...] quando Ceresole aparece em cena, Chávez encontra [nele] uma pessoa com uma cabeça organizada e com uma posição que pode ou não compartilhar, mas a posição está aí: pegar ou largar. E Chávez aceita e mescla com o que foi chamado de projeto original[232].

---

231 Idem. *Ibidem.*, p. 24.

232 GARRIDO, Alberto. *Mi amigo Chávez: Conversaciones con Norberto Ceresole.* Caracas: Ediciones del Autor, 2001. p. 61.

O que buscava o argentino era a superação da democracia e sua substituição por uma ditadura militar caudilhista e unipessoal. Para o teórico fascista, "as democracias acabaram de esgotar nossos povos [...]. Tanto que as pessoas não acreditam em democracia. Isso foi visto nas últimas estatísticas. Não apenas não acreditam na democracia, mas a democracia é de alguma forma o inimigo"[233]. A influência desse importante sociólogo foi melhor expressa no projeto de constituição de 1999 criado por Chávez[234]. Nela, Chávez tentou alcançar algo semelhante ao que Hitler alcançaria na Alemanha: a identificação do povo com o caudilho e este com as Forças Armadas. Para conseguir isso, Chávez procurou desenvolver uma nova ideia de segurança nacional diretamente derivada do pensamento de Ceresole. Segundo ela, as Forças Armadas deixaram de ser apenas garantia da ordem, mas deveriam participar ativamente da promoção do bem-estar, da solidariedade e da satisfação das necessidades coletivas dos venezuelanos. A isso se acrescenta um novo conceito, o da "aliança cívico-militar" – fundamental para consolidar o poder de Chávez sobre as Forças Armadas, a fim de tornar a revolução irreversível.

Tão direta é a relação cívico-militar que muitas das famosas "missões" idealizadas por Chávez para criar redes assistencialistas entre a população da Venezuela foram executadas pelas Forças Armadas de tal país. Nesta mesma lógica, vários órgãos públicos foram ocupados pelos militares, tanto os ativos quanto os aposentados, confirmando a fusão entre o Executivo e as Forças Armadas. A ideia final do programa Ceresole, a superação da democracia para concentrar o poder nas mãos de um caudilho militar, foi finalmente cumprida no caso venezuelano.

---

233 Idem. *Ibidem.*, p. 35.

234 CARRASQUERO, Guillermo Boscán. "Ceresole y la revolución de Hugo Chávez: la relación caudillo, ejército y pueblo". Departamento de Ciencias Sociales, Universidad Arturo Prat, *Revista Ciencias Sociales*, N. 25, segundo semestre, Iquique, 2010. p. 67.

Agora vamos analisar o papel desempenhado por Juan Carlos Monedero na Revolução Chavista. Isso é importante porque, como sabemos, Monedero, que trabalhou como assessor de Chávez, é um dos principais ideólogos do Podemos na Espanha. Em 2007, este cientista político disse que Chávez "deu esperança aos pobres" com seu sistema socialista do século XXI[235]; e hoje, a propósito, com o país imerso no caos e miséria generalizada, não reconhece que a culpa foi do programa populista e socialista que ele próprio ajudou a desenvolver. Mas vamos ver quais foram as ideias de Monedero para entender por que tinha de fracassar o projeto chavista.

O principal trabalho do espanhol que devemos analisar para entender o espírito econômico totalitário do populismo de Chávez, do Podemos e de seus associados é um livro intitulado *Empresas de produção social: instrumento para o socialismo do século XXI*, escrito por Monedero e Haiman El Troudi, engenheiro e político venezuelano. Depois da típica diatribe contra o capitalismo e o neoliberalismo, que são responsáveis por todos os males concebíveis, os autores explicam *que "o socialismo precisa ser pensado inicialmente – embora não só – desde as relações trabalhistas, porque são elas que criam valor"*[236]. Consequentemente, um sistema capitalista em que as pessoas trabalham para obter um salário com o qual comprar bens deve ser superado por outro sistema em que priorizem as "necessidades sociais" de acordo a como elas são definidas em um diálogo livre e aberto da comunidade[237]. Aqui, a essência cole-

---

235 Ver: <http://www.lasexta.com/programas/mas-vale-tarde/noticias/asi-defendia--monedero-chavez-2007-venezuela-esperanza-pobres_20150216004 25.html>. Acessado em 10 de setembro de 2018.

236 MONEDERO, Juan Carlos & DOUWARA, Haiman El Troudi. *Empresas de producción social: Instrumento para el socialismo del siglo XXI*. Caracas: Centro Internacional Miranda, 2006. p. 19. Disponível em: <http://archivo.juventudes.org/textos/Miscelanea/Empresas%20de%20Produccion%20Social.pdf>. Acessado em 10 de setembro de 2018.

237 Idem. *Ibidem*., p. 20.

tivista dos resultados do projeto mostra-se óbvia, porque o indivíduo é anulado e suas necessidades e preferências são ignoradas em função das supostas "necessidades sociais" que a autoridade deve interpretar.

É interessante ver a coincidência deste programa com o que Hitler levantou quando ele disse que "as necessidades da sociedade estão antes das necessidades do indivíduo". Monedero nos diz que a superação do capitalismo – objetivo que compartilha com Hitler, Stalin, Lênin, Castro e outros – passa a criar as "Companhias de Produção Social (EPS)", que seria *uma aposta que nasce na Venezuela bolivariana e revolucionária para conduzir o caminho para o socialismo do século*[238]. Na realidade, essas empresas que supostamente criariam riqueza para a sociedade, e não para o indivíduo, nada mais são do que as empresas estatais clássicas e falidas controlada pelo regime autoritário ou totalitário da vez, como era na Alemanha nazista ou na União Soviética, e como é realmente o caso hoje na Venezuela.

Mas o projeto vai além de algo puramente econômico. Seguindo o clássico espírito construtivista totalitário que inspirou os jacobinos durante a Revolução Francesa, do qual Monedero se declara herdeiro[239], o livro afirma que "a cultura, os sistemas normativos, a política e a economia devem ser reinventados". Já analisamos o caso da Revolução Francesa como um experimento totalitário, e vimos também que Pablo Iglesias se declara um seguidor dessa tradição, enquanto rejeita a Revolução Americana, inspirada no liberalismo anglo-saxão[240]. Monedero confirma a inspiração totalitária declarando-se o herdeiro da tradição do regime do Terror de Robespierre. De acordo com o livro mencionado, *"graças à Revolução Francesa, o impulso socialista alcançaria todos os continentes e iniciaria uma viagem de ida e volta profundamente*

---

238 Idem. *Ibidem.*, p. 27.

239 Idem. *Ibidem.*, p. 45.

240 Idem. *Ibidem.*, p. 27.

enriquecedora"[241]; e, mais ainda: "[...] *o triunfo da Revolução Soviética em 1917 deu ao mundo uma referência para o socialismo, com suas vantagens e desvantagens"*[242]. A Revolução Russa que levou ao assassinato de dezenas de milhões de pessoas foi, segundo Monedero e El Troudi, um experimento libertador. Sobre a estratégia aplicável, os autores fazem eco a Harnecker e Iglesias e sustentam que *"a noção de intelectual orgânico de Gramsci"* tem um significado enorme para *"trincheiras socialistas, associando teoria e prática"*[243]. O trabalho gramsciano ao qual se referem Monedero e El Troudi seria desenvolvido com um fanatismo quase inigualável por Ignacio Ramonet, diretor do *Le Monde Diplomatique*. Mesmo com a catástrofe humanitária causada pelo socialismo do século XXI no auge, Ramonet justificou o regime venezuelano acusando a imprensa espanhola de mentir sobre o que estava acontecendo no país. Esta foi a explicação delirante dada pelo propagandista sobre o que estava acontecendo na Venezuela, onde literalmente as pessoas estavam começando a morrer de fome:

> Enquanto o presidente Maduro estava em turnê nos países da Opep, a oposição lançou uma operação para esvaziar os supermercados e criou, com grande apoio financeiro, a penúria de um desabastecimento extremamente importante. Financiaram-se milhares de pessoas para esvaziar as prateleiras dos supermercados todos os dias, para que essa escassez desse a impressão de que um dos países mais ricos da América Latina não teria, curiosamente, nem sequer papel higiênico. Foi uma manobra para humilhar o país. Essa foi a primeira fase, tentando criar um mal-estar na população, especialmente no eleitorado chavista. A segunda fase consistiu em uma

---

241 Idem. *Ibidem.*, p. 47.

242 Idem. *Ibidem.*

243 Idem. *Ibidem.*, p. 28.

campanha de mídia internacional que insistia na ideia de que, na Venezuela, um país tão rico, não havia nada, nada é encontrado, que a vida cotidiana se tornou um inferno. Isso é exatamente o que eles fizeram com Allende[244].

Não muito longe do fanatismo totalitário de Ramonet, encontra-se outro dos ex-conselheiros diretos de Chávez, o britânico Alan Woods. Notório teórico político marxista, Woods fez um trabalho sistemático de divulgação e justificação da Revolução Bolivariana fora da América Latina para espalhá-lo pelo mundo. Como os intelectuais marxistas anteriores, o fanatismo do britânico leva-o a um desdém dogmático da realidade. Segundo ele, se Fidel Castro não conseguiu levantar o nível de vida das massas do povo cubano, foi por causa do *"imperialismo e dos grandes monopólios norte-americanos que controlavam a economia cubana"*[245].

Woods reclamou que Chávez não era marxista o suficiente e chegou a aconselhá-lo, em 2002, a armar a classe trabalhadora e realizar *"a desapropriação propriedade imediata dos imperialistas e da burguesia venezuelana"*[246]. Em 2004, afirmou que Chávez deveria liquidar a ordem da propriedade burguesa colocando fim ao capitalismo se ele não quisesse arriscar o fracasso da revolução. Esta foi a receita que o intelectual recomendou para a revolução: nacionalizar o sistema bancário e o setor financeiro, estatizar empresas como a Petróleos de Venezuela (PDVSA) e todas as grandes empresas, fixar os preços e controlar a distribuição de alimentos e outros produtos, nacionalizar a

---

244 Ver: <http://www.attac.es/2015/03/20/ignacio-ramonet-la-gran-prensa-espanola--miente-sobre-todo-lo-queocurre-en-venezuela/>. Acessado em 10 de setembro de 2018.

245 WOODS, Alan. *La revolución bolivariana: Un análisis marxista*. Centro de Estudios Socialistas, s. d., p. 22. Disponível em: <http://centromarx.org/images/stories/PDF/aw_venezuela_centro_marx.pdf>. Acessado em 10 de setembro de 2018.

246 Idem. *Ibidem.*, p. 24.

terra, transportar e consolidar um monopólio estatal sobre o comércio, entre outras medidas[247]. Como sabemos, grande parte dessa prescrição econômica totalitária foi aplicada por Chávez com efeitos desastrosos. A explicação de Woods para este completo fracasso seria na mesma linha que a de Ramonet. Em 2014, Woods escreveu:

> Uma coisa é clara para todos: 16 anos após seu início, a Revolução Bolivariana está em perigo. Forças contrar-revolucionárias estão nas ruas, causando inquietação e semeando o caos, como fizeram em 2002. Por trás das hordas de pequenos burgueses enfurecidos, os *sifrinos* (jovens de classe média e alta) e a ralé do "lumpempro-letariado", a oligarquia está puxando as cordas. E, por atrás da oligarquia, encontra-se Washington. Através da ação direta de matadores armados e gangues fascistas nas ruas, a burguesia está tentando derrubar o governo democraticamente eleito. Esse é uma das pontas de lança da ofensiva capitalista. A burguesia está tentando derru-bar o governo eleito. Por outro lado, tenta paralisar a vida econômica do país por meio de sabotagem, minando a economia através de uma greve de capital. Eles realizam um saque por meio da especulação e usura, causando escassez através do açambarcamento[248].

O esforço de Ramonet e Woods para justificar o desastre econômico e social venezuelano certamente não é novo. Com Salvador Allende, o qual teve mais de 3 mil preços fixados, estatizou-se grande parte da capacidade produtiva agrícola e industrial chilena, nacionalizou-

---

247 Idem. *Ibidem.*, p. 130-31.

248 WOODS, Alan. "¡Hay que cumplir con el legado de Hugo Chávez!". *Lucha de Clases en línea*, 5 de março de 2014. Disponível em: <http://luchade clases.org/internacional/america-latina/venezuela/1692-cumplir-el-legadode-chavez.html>. Acessado em 10 de setembro de 2018.

-se a mineração e acumulou-se uma inflação de 1.000% ao ano (em 1973), que levou o Chile à falência por causa dos gastos galopantes do governo, a mesma história foi inventada. Os intelectuais de esquerda saíram para dizer que a comida tinha sido escondida pela oposição para desestabilizar o regime e que todos os problemas econômicos não tinham nada a ver com o modelo socialista de Allende, mas, sim, por uma conspiração da CIA e da oposição chilena que queria dar um golpe de Estado[249]. É curioso que aos intelectuais socialistas não tenha ocorrido pensar que as mesmas políticas que arruinaram o Chile de Allende acabaram com a Venezuela e também a Rússia, os países da Europa Oriental, China, Cuba, o Vietnã, a Alemanha Oriental e qualquer país onde foram aplicadas.

Nunca houve um país onde o socialismo não tenha levado à ditadura e à miséria. E, no entanto, os intelectuais socialistas insistem que, somente se eles tivessem permissão para tentar mais uma vez, agora sua utopia funcionaria. Seu fracasso nunca é de suas ideias. É sempre culpa das forças de oposição, mesmo em regimes em que a oposição é totalmente esmagada pelos mesmos ditadores socialistas que eles apoiaram. O socialismo nunca é reconhecido como responsável pela miséria e pelos crimes cometidos em seu nome. Se apenas fosse bem feito, pelas pessoas certas, isso seria um sucesso, pensa o idealista. Sem dúvida, Revel estava certo quando disse que o socialismo era *"uma invenção sombria do lado negro de nossa inteligência"*[250], lembrando que esta tinha sido uma ideologia criminosa por sua natureza. Portanto, cada vez que se tentou, onde quer que tenha tentado e quem tentou, o resultado seria o mesmo: o derramamento de sangue e miséria generalizada.

---

249 Sem dúvida, houve sabotagens organizadas contra o governo de Allende, porém suas políticas socialistas radicais foram a causa principal do colapso da economia chilena, como reconhece uma ampla literatura sobre o assunto.

250 REVEL, Jean-François. *La gran mascarada. Op. cit.*, p. 61.

Finalmente, vamos para o intelectual mais reconhecido entre aqueles que apoiaram Chávez, István Mészáros – pensador marxista de origem húngara e professor da Universidade de Sussex. Em 2008, Hugo Chávez entregou pessoalmente o prêmio Libertador ao Pensamento Crítico por seu livro O *desafio e o fardo do tempo histórico: o socialismo no siglo XXI*, que o autor dedicou à memória, entre outros, de Antonio Gramsci e Che Guevara. Mészáros descreveu o prêmio como *"a maior honra de sua vida"*, enquanto Chávez o elogia como *"um dos mais brilhantes dos séculos XX e XXI"*, afirmando que suas ideias já eram aplicadas na Venezuela[251]. Certamente, não podemos saber se Chávez leu Mészáros profundamente, mas é claro que, como pensador marxista celebrado pelo regime e constantemente citado por Chávez, foi influenciado pelo menos em sua rejeição do capitalismo e sua reivindicação do chamado socialismo do século XXI. Tanto é assim que, na página oficial de Hugo Chávez, estão alguns dos seus livros traduzidos para o espanhol e disponíveis para *download* gratuito. O livro premiado por Chávez em particular tem várias páginas de louvor a Che Guevara, que havia, de acordo com o húngaro, sacrificado *"heroicamente"* sua vida na *"luta contra o imperialismo"*[252]. Para Mészáros, *"a influência de Che Guevara está viva hoje não só em Cuba, mas em toda a América Latina"*[253].

Quanto ao profundo ideal econômico e social proposto por Mészáros, isso não contém nada original, limitando-se à superação do capital como um sistema de organização econômica para alcançar a "igualdade substantiva". O problema, segundo o intelectual húngaro, vai além do capitalismo. É o capital que deve ser superado, e, para isso, é ne-

---

251 Ver: <http://www.noticias24.com/actualidad/noticia/86279/hugo-chavez-comienza-una-transmisionespecial-para-premiar-a-istvan-meszaros/>. Acessado em 10 de setembro de 2018.

252 MÉSZÁROS, István. *El desafío y la carga del tiempo histórico: El socialismo del siglo XXI*. Caracas: Fundación Editorial el Perro y la Rana, 2009. Vol. 1, p. 16.

253 *Ibidem*, p. 31.

cessário eliminar tanto a divisão do trabalho que este gera quanto o Estado que o protege. Isso foi, diz Mészáros, o erro da União Soviética, que não conseguiu ultrapassar a capital ao passá-lo para o Estado, perpetuando, assim, as hierarquias opressivas do capitalismo. *"Dada a inseparabilidade das três dimensões do sistema do capital articulado – o capital, o trabalho e o Estado –, é inconcebível emancipar o trabalho, sem também, simultaneamente, suprimir o capital e o Estado igualmente"*, escreve Mészáros[254]. Segundo o autor, o sucesso do novo socialismo *"dependerá da constituição de uma cultura de igualdade substantiva, com a participação ativa de todos, e de estar conscientes de nossa própria parcela de responsabilidade implícita em operar dessa maneira – não contraditória – de tomar decisões"*[255]. Em outras palavras, trata-se de superar o capital e a desigualdade de um ser humano e uma cultura que não existem para organizar as forças produtivas em comunidade. Isso é economicamente inviável. De acordo com Mészáros, são exemplos em que sua teoria era colocada em prática o Movimento dos Sem Terra, no Brasil, e o chavismo, na Venezuela. Este último foi louvável pela *"esmagadora vitória eleitoral do presidente Chávez e pelo sucesso mais esmagador ainda do referendo constitucional no ano seguinte"*[256]. Para Mészáros, em ambos os casos, "o povo" tratava de *"empreender a tarefa imensamente difícil de unificar a esfera reprodutiva material e a esfera política"*[257]. No caso venezuelano, o "povo" estaria *"usando a alavanca política da presidência e da Assembleia Constituinte"*, para *"introduzir mudanças muito necessárias no campo da reprodução material,*

---

254 MÉSZÁROS, István. *Más allá del capital*. La Paz: Pasado y Presente XXI, 2010. p. 694.

255 MÉSZÁROS, István. *El desafío y la carga del tiempo histórico*. *Op. cit.*, p. 292.

256 MÉSZÁROS, István. *Más allá del capital*. *Op. cit.*, p. xli.

257 Idem. *Ibidem*.

como parte necessária da alternativa concebida"[258]. Em 2012, mais de uma década depois de Mészáros escrever essas palavras, e quando o desastre econômico e social já era evidente na Venezuela, o próprio Chávez confirmaria a influência do pensador húngaro:

> Aqui eu tenho o livro de István Mészáros, o capítulo XIX, que é chamado *O sistema comunal e a lei do valor*. Há uma frase que faz tempo sublinhei, vou ler, ilustres ministros, ministras, vice-presidente, falando sobre a economia, o desenvolvimento econômico, falando do impulso social da revolução: "O padrão de medição" – diz Mészáros – "de realizações socialistas é: até em que grau as medidas e políticas adotadas contribuem ativamente para a constituição e a consolidação bem estabelecidas de uma forma substancialmente democrática, de controle social e de autogestão geral?" Então, chegamos com o tema da democracia, do socialismo e de sua essência absolutamente democrática, enquanto o capitalismo tem em sua essência o antidemocrático, o excludente, a imposição do capital e das elites capitalistas. O socialismo não, o socialismo liberta; o socialismo é democracia, e democracia é socialismo na política, no social e no econômico[259].

É interessante notar que, depois de ter promovido o socialismo e a destruição da ordem democrática e econômica que havia na Venezuela conduzindo o país ao caos e à ditadura, muitos dos intelectuais que mencionamos se afastaram do regime, considerando que este se desviou do caminho original. Tal argumento também foi feito em relação aos regimes socialistas após a queda do Muro de Berlim. Muitos

---

258 Idem. *Ibidem*.

259 CHÁVEZ, Hugo. *Golpe de timón*. Caracas: Ediciones Correo del Orinoco, colección Claves, 2012. Disponível em: <http://www.vicepresidencia.gob.ve/images/documentos/Tripa-GOLPE-DE-TIMON-web.pdf>. Acessado em 10 de setembro de 2018.

na esquerda diziam que, de fato, o socialismo não tinha sido tentado. Também diziam que a União Soviética e as ditaduras criminosas em todo o mundo surgidas no socialismo não foram o que Marx, Engels e Lênin tinham planejado. Tais argumentos não resistem a maiores análises. Igualmente absurdo é dizer que, se Chávez e a liderança venezuelana não tivessem se desviado do caminho traçado pelos teóricos do socialismo do século XXI, isso teria funcionado.

O socialismo consiste em uma doutrina cuja interpretação da realidade econômica é equivocada. Portanto, nunca pode produzir outros resultados que não a opressão cultural e a miséria. Da mesma maneira, sua visão do homem é falsa, o que invariavelmente levará a que seu projeto de construir uma sociedade ideal termine em banhos de sangue e ditaduras atrozes. Os intelectuais que apoiaram Chávez e outros movimentos socialistas e populistas na América Latina são, assim, responsáveis pelo desastre humanitário, democrático e econômico em que se encontram esses países. Para eles, aplica-se, sem dúvida, o significativo reconhecimento do filósofo das ciências mais importantes do século XX, Karl Popper, quando ele disse: "[...] *Nós, intelectuais, causamos os danos mais terríveis por milhares de anos. Assassinatos em massa em nome de uma ideia, uma doutrina, uma teoria ou uma a religião foi nosso trabalho, nossa invenção, dos intelectuais"*[260].

---

260 POPPER, Karl. *En busca de un mundo mejor*. Barcelona: Paidós, 1994. p. 242.

Capítulo 11

Chile e Argentina: Lições na Luta pela Hegemonia Cultural

A luta pela hegemonia cultural, como dissemos, é da maior importância para entender por que a América Latina – e em parte a Europa – está na lamentável situação atual. Não podemos, sem nos estender muito, fazer uma análise de como esta batalha ocorreu em cada país latino-americano e, além disso, não é necessário provar tal ponto. Pela mesma razão, vamos nos referir a dois casos emblemáticos que merecem ser analisados devido à sua relevância histórica e simbólica: Chile e Argentina.

Estas nações vizinhas conseguiram converter-se, em diferentes épocas e como nenhum outro país na região, em modelos para o mundo. Ambos "dão aula" para toda a América Latina e também além de suas fronteiras. O Chile é exemplar porque passou de estar em ruínas na década de 1970, e um país medíocre nas décadas anteriores, para se transformar em um país *ad portas* do desenvolvimento e uma referência mundial quanto a políticas públicas e econômicas. Isso aconteceu para, por um curto período de tempo, voltar a cair nas receitas populistas com o segundo governo de Bachelet. No caso argentino, a mesma lógica foi usada, mas, como veremos, em uma época anterior: por ser um país pobre, passou a ser um dos mais ricos do mundo e, depois, voltar ao subdesenvolvimento. Estes são, sem dúvida, dois dos exemplos mais claros do impacto criador e devastador das ideias no desempenho do país. Vamos começar pela Argentina.

Um excelente artigo de *The Economist*, intitulado "*La tragédia de Argentina: un siglo de decadência*", apresenta um panorama tão interessante quanto deprimente sobre o país transandino[261]. O semanário britânico começa lembrando que, por quase 50 anos antes da Primeira Guerra Mundial, a Argentina cresceu, em média, a taxas de 6% ao ano, as mais altas já registradas na história do mundo naquela época. O famoso Teatro Colón, entre muitos outros edifícios que permanecem, foi construído em 1908, atestando a idade de ouro do país. Milhões de europeus deixaram seus países para alcançar a terra prometida da Argentina, a tal ponto que, em 1914, metade dos habitantes de Buenos Aires havia nascido no estrangeiro.

Nos *rankings* de riqueza, a Argentina estava entre os dez países mais ricos do mundo superando a França, a Alemanha e a Itália, enquanto sua renda *per capita* alcançava 92% da média dos 16 países mais ricos do mundo. A população do Brasil, para fazer uma comparação, tinha uma renda *per capita* de um quarto do argentino. E isso não aconteceu apenas por causa das exportações de bens primários. Entre 1900 e 1914, a produção industrial da Argentina triplicou, alcançando um nível de crescimento industrial semelhante ao da Alemanha e do Japão. No período de 1895-1914, duplicou o número de empresas industriais, multiplicou-se em três vezes o trabalho nesse setor e o

---

261 "The tragedy of Argentina: A century of decline", *The Economist*, 13 fev 2014. Disponível em: <http://www.economist.com/news/briefing/21596582-one-hundred-years-ago-argentina-was-future-what-wentwrong-century-decline>. Acessado em 10 de setembro de 2018.

investimento nele foi quintuplicado[262]. Tudo isso foi acompanhado por um progresso social sem precedentes no país: se, em 1869, entre 12% e 15% da população economicamente ativa pertencia aos setores intermediários, em 1914 o valor chegava a 40%. No mesmo período, o nível de analfabetismo reduziu-se para menos da metade[263].

No entanto, cem anos depois, em 2015, o presidente Mauricio Macri chegou ao governo de uma Argentina transformada em desastre econômico, com uma das mais altas inflações do mundo ocidental, níveis recordes de corrupção, uma renda *per capita* que mal chega a 43% da média dos 16 países mais ricos, uma insegurança galopante, uma pobreza de 30% e uma enorme instabilidade política. Além de tudo isso, a Argentina foi expulsa dos mercados de capitais internacionais. Uma informação é suficiente para dimensionar a magnitude do declínio da Argentina: se, em 1850 o país tinha um nível de riqueza equivalente a 30% da Austrália, que possuía condições naturais similares, em 1914, seu nível de riqueza já alcançava 70% daquele país. Em pleno século XXI, a Argentina novamente tem apenas um terço do nível de riqueza da Austrália, isto é, retrocedeu a mais de um século em termos relativos[264]. Não é com ironia que *The Economist* fala de *"um século de decadência argentina"*.

Felizmente, há esperança com o novo governo liderado por Macri, que pôs fim a mais de dez anos de degeneração institucional kirchnerista e deve enfrentar a colossal tarefa de reconstruir um país cujas fundações foram minadas por décadas de peronismo. Mas, antes de entrar na questão formulada pelo próprio *The Economist* sobre por que

---

262 GALLO, Ezequiel. "Liberalismo y crecimiento económico y social: Argentina (1880-1910)". *Revista de Instituciones, Ideas y Mercados*, N. 49, outubro de 2008, p. 237. Disponível em: <http://www.eseade.edu.ar/files/riim/RIIM_49/49_9_gallo.pdf. Acessado em 10 de setembro de 2018.

263 Idem. *Ibidem.*, p. 238.

264 Idem. *Ibidem.*, p. 235.

a Argentina se arruinou, cabe perguntar quais ideias e instituições estavam por trás do seu sucesso anterior; e estas não eram outras senão o liberalismo clássico – agora mal chamado de neoliberalismo – que os populistas tanto detestam.

Após a independência da Espanha, em 1810, o país caiu no caos que levou à ditadura de Juan Manuel de Rosas (1793-1877), derrubada em 1852. Após sua saída, uma nova Constituição foi criada por uma das figuras mais importantes e esquecidas da história política argentina: Juan Bautista Alberdi (1810-1884). O gênio argentino era um admirador dos fundadores dos Estados Unidos, especialmente Thomas Jefferson (1743-1826). E baseou-se na Constituição daquele país para elaborar a Constituição da Argentina. Como resultado, em termos gerais, o país tinha uma ordem institucional liberal, isto é, com um Estado limitado[265]. A era liberal foi a de maior prosperidade econômica na história daquele país e é a referida pelo *The Economist* quando se recorda do glorioso passado argentino.

Alberdi, para quem a chave para o sucesso de uma nação era a liberdade e o governo limitado, escreveu: "[...] *assim como antes nós instituímos a independência, a liberdade, o culto, hoje devemos incentivar a imigração livre, a liberdade de comércio, as estradas de ferro, a indústria desimpedida, não no lugar desses grandes princípios, mas, sim, como meio essencial para levá-los a deixar de ser palavras e se transformar-se em realidade"*[266]. Mas o liberalismo de Alberdi foi ainda mais longe. Em uma palestra proferida em 1880 sob o título "A onipotência do Estado é a negação da liberdade individual" e cujo conteúdo vale a pena olhar com cuidado, pela atualidade surpreendente que tem em nossos dias, o gênio argentino explicou que a tradição francesa seguidora do

---

265 Idem. *Ibidem.*, p. 239.

266 ALBERDI, Juan Bautista. "Bases y puntos de partida para la organización política de la República de Argentina". p. 67. Disponível em: <http://www.hacer.org/pdf/Bases.pdf>. Acessado em 10 de setembro de 2018.

velho ideal greco-romano de "pátria" como uma entidade metafísica que reúne todas as pessoas no Estado, tinha sido a fonte das várias tiranias da América do Sul[267].

Segundo Alberdi, a ideia de pátria como uma fusão dos interesses e almas dos indivíduos suprimia a liberdade das pessoas, porque se entendia que estas eram totalmente submetidas aos interesses do coletivo representados em um Estado onipotente. Para Alberdi, Rousseau foi o melhor exemplo desta doutrina tirânica, pois propunha um suposto contrato social em que todos os membros da sociedade fossem incorporados por aqueles que detinham o poder. Como vimos, essa ideia de que o líder encarna o povo sempre foi a justificativa de projetos populistas e totalitários na América Latina. Mas, ainda mais interessante, é o contraste que faz Alberdi entre a filosofia que inspirou os Estados Unidos e a ideologia que seguimos na América Latina. Assim, por exemplo, ele observou que *os povos do Norte não têm sua opulência e sua grandeza por causa do poder de seus governos, mas, sim, pelo poder de seus indivíduos*" e que "*as sociedades que aguardam sua felicidade nas mãos de seus governos esperam uma coisa que é contrária à natureza*"[268].

Segundo Alberdi, "*pela natureza das coisas, cada homem tem a ordem providencial de seu próprio bem-estar e progresso*", e "*os Estados são ricos pelo trabalho de seus indivíduos, e seu trabalho é frutífero porque o homem é livre, ou seja, proprietário e senhor de sua pessoa, de sua propriedade, de sua vida, de sua casa*"[269]. A diferença entre os povos latinos e anglo-saxões em tudo isso não poderia ser maior aos olhos de Alberdi. Enquanto os anglo-saxões, quando precisavam de "*alguma obra ou melhoria do inte-*

---

267 ALBERDI, Juan Bautista. "La omnipotencia del Estado es la negación de la libertad individual". Ensaio de 1880. Washington D. C.: Cato Institute, 2003. Disponível em: <http://www.elcato.org/publicaciones/ensayos/ens-2003-01-31.pdf>. Acessado em 10 de setembro de 2018.

268 Idem. *Ibidem.*

269 Idem. *Ibidem.*

resse público [...], *buscam, se reúnem, discutem, colocam de acordo as suas vontades e agem por si mesmos"*, nos povos latinos Alberdi observou que as pessoas *"levantam os olhos para o governo, imploram, esperam tudo de sua intervenção, e eles são deixados sem água, sem luz, sem comércio, sem pontes, sem cais, se o governo não lhes derem tudo"*[270]. Aqui, você vê como o germe do populismo já estava presente na época de Alberdi, produto de uma filosofia que desconfiava da responsabilidade e da liberdade individual, deificando o Estado. Alberdi disse, quase profeticamente, qual seria o destino da Argentina e da América Latina caso se deixasse enganar pela religião estatal:

> A onipotência da pátria, convertida fatalmente na onipotência do governo na qual se personaliza, não é apenas a negação da liberdade, mas também a negação do progresso social, pois ela abole a iniciativa privada na obra desse progresso. O Estado assimila toda a atividade dos indivíduos, quando tem absorvidos todos os seus meios e trabalhos de melhoramento. Para realizar a contento a absorção, o Estado envolve nas fileiras de seus funcionários os indivíduos que seriam mais capazes entregues a si mesmo. Em tudo o Estado intervém e tudo é feito por sua iniciativa na gestão de seus interesses públicos. O Estado torna-se fabricante, construtor, empresário, banqueiro, comerciante, editor, e assim se desvia de seu mandato essencial e único, que é proteger os indivíduos que o compõe contra todas as agressões internas e externas. Em todas as funções que não são da essência do governo, atua como um ignorante e como um concorrente daninho dos particulares, piorando o serviço do país, longe de servir melhor[271].

---

270 Idem. *Ibidem.*

271 Idem. *Ibidem.*

Foi exatamente o que aconteceu com a Argentina: abandonou as instituições liberais que a caracterizaram em seu tempo de glória para abraçar instituições populistas, socialistas e estatistas, as quais acabaram por arruiná-la, e não apenas economicamente, mas também moralmente. Especialmente após a Grande Depressão dos anos 1930, e seguindo uma tendência global, a Argentina fechou sua economia e aumentou drasticamente a intervenção do Estado. Isso foi precedido por uma mudança nas ideias dominantes. Como explicou Aldo Ferrer (1927-2016) em seu livro clássico sobre a história econômica da Argentina, a crise dos anos 1930 levou a uma mudança das ideias econômicas dominantes do paradigma liberal em direção a um sistema estatista inspirado nas receitas do economista John Maynard Keynes[272].

A eleição do general Juan Domingo Perón, um fascista, acabaria por enterrar definitivamente uma projeção que poderia ter sido gloriosa. Com Perón, o comércio foi ainda mais restringido, a despesa pública aumentou drasticamente levando a um aumento explosivo da dívida; e o Estado começou a distribuir privilégios e benefícios de todos os tipos para grupos de interesses e intensificar políticas de industrialização internas. Várias nacionalizações foram realizadas, sendo a mais famosa a das ferrovias, que terminou em completo desastre. O crescimento econômico declinou e a inflação disparou de 3,6% em 1947 para 15,3% em 1948 e 23,2% em 1949, deteriorando severamente o poder de compra das classes trabalhadoras[273]. As exportações em percentagem do produto interno bruto (PIB) continuaram a cair, devido ao ataque do governo aos produtores nacionais. Em suma, Perón introduziu

---

272 FERRER, Aldo. *La economía argentina: Desde sus orígenes hasta principios del siglo XXI*. Buenos Aires: Fondo de Cultura Económica, 4ª ed., 2008. p. 219.

273 PAHOWKA, Gareth. "A Railroad Debacle and Failed Economic Policies: Peron's Argentina". *The Gettysburg Historical Journal*, Vol. 4, artigo 6, 2005. p. 97. Disponível em: <http://cupola.gettysburg.edu/ghj/vol4/iss1/6>. Acessado em 10 de setembro de 2018.>. Acessado em 10 de setembro de 2018.

um câncer populista de que a Argentina nunca mais se recuperaria. O famoso e aclamado livro *The commanding heights*, que representa quase um século de lutas pela economia mundial, resumiria assim a destruição que Perón faria da institucionalidade argentina:

> Aproveitando a popularidade pré-guerra das ideias fascistas, Perón converteu a Argentina em um país corporativista, com poderosos interesses organizados – grandes empresas, sindicatos, militares, agricultores – que negociaram com o Estado e com os demais para uma posição e recursos. Ele incitou paixões nacionalistas, estimulou pretensões de grandeza e perseguiu estridentemente políticas antiamericanas. Nacionalizou grande parte da economia e colocou barreiras comerciais para defendê-la. Ele cortou ligações da Argentina com a economia mundial, que tinha sido uma de suas grandes fontes de riqueza, incorporou a inflação na sociedade e destruiu as bases de um sólido crescimento econômico. Também foi muito popular até a morte de Evita Perón (1919-1952) em 1952. Depois disso, no entanto, a economia tornou-se tão caótica que ele prudentemente se exilou[274].

Nada mudou na Argentina fundamentalmente a partir de então até a era dos Kirchner. Estes eram, de fato, herdeiros fiéis da tradição fascista de Perón em um país onde o liberalismo foi marginalizado como uma força de liderança na discussão pública. É fundamental notar que o kirchnerismo, que fez retroceder fortemente a Argentina, contou com um programa hegemônico apoiado pela classe intelectual daquele país.

---

274 YERGIN, Daniel & STANISLAW, Joseph. *The Commanding Heights: The Battle for the World Economy*. New York: Simon & Schuster, 2002. p. 240. Disponível em: <http://wwwtc.
pbs.org/wgbh/commandingheights/shared/pdf/ess_argentinaparadox.pdf>. Acessado em 10 de setembro de 2018.

Em um estudo interessante publicado sob o título "Intelectuales, kirchnerismo y política. Una aproximación a los colectivos de intelectuales en Argentina", o autor Martín Retamozo explicou que *"a configuração do kirchnerismo"* exigia *"preencher posições-chave ligadas à política e a gestão cultural"*[275]. De acordo com Retamozo, a gestão político-cultural e os novos projetos promovidos pelo governo dos Kirchner exigiram *"a participação de intelectuais em cargos operacionais na televisão pública, o canal* Encuentro, *a Biblioteca Nacional e diferentes institutos ligada à cultura, à ciência e às artes"*[276].

Consequentemente, diz o autor, *"a relação entre intelectuais, Estado e poder político transtornou significativamente em grande parte do campo intelectual"*[277]. O papel dos intelectuais foi especialmente relevante para o projeto kirchnerista quando eclodiu o conflito entre o governo e o campo, como resultado de retenções tributárias arbitrárias impostas às exportações de soja em 2008, uma prática que Perón também implementou sob argumentos idênticos aos de Cristina Fernández de Kirchner. Naquela ocasião, todo um aparato de defesa foi criado em defesa do governo por parte dos intelectuais, com a intenção de dar uma verdadeira batalha cultural a favor do kirchnerismo[278]. Este grupo de intelectuais pró-Kirchner autointitulava-se "Espacio Carta Aberta", em alusão a uma carta aberta que, em tempos da ditadura militar argentina, tinha sido enviada por um jornalista para os líderes do regime

---

275 RETAMOZO, Martín. "Intelectuales, kirchnerismo y política: Una aproximación a los colectivos de intelectuales en Argentina". *Nuevo Mundo Mundos Nuevos*, Cuestiones del tiempo presente, 23 de outubro 2012. Disponível em: <http://nuevomundo.revues. org/64250>. Acessado em 10 de setembro de 2018.

276 Idem. *Ibidem.*

277 Idem. *Ibidem.*

278 PAVÓN, Héctor. "Argentina: El regreso de los intelectuales públicos". *Nueva Sociedad*, N. 245, maio-junho 2013. p. 150ss. Disponível em: <http://nuso.org/articulo/argentina-el-regreso-de-los-intelectuales-publicos/>. Acessado em 10 de setembro de 2018.

denunciando os crimes cometidos por este. Enquanto muitos duvidam da eficácia e do impacto do grupo que apoiou o governo, é interessante notar que, na primeira carta aberta, assinada por 750 intelectuais e lançada na livraria Gandhi de Buenos Aires, na presença de Néstor Kirchner, os signatários deixaram claramente estabelecida a relevância da luta pela hegemonia cultural para consolidar o projeto populista.

O texto denuncia que a mídia criou um clima "destituidor" e golpista, e que os ditos meios de comunicação privatizavam *"as consciências com um senso comum cego, analfabeto, impressionista, imediatista, parcial"* e alimentavam *"uma opinião pública com um perfil antipolítico, desacreditando um Estado democraticamente interventor na luta por interesses sociais"*[279]. Para contrapor isso, os autores sugeriram seguir a lógica gramsciana:

> Neste novo cenário político, é essencial estar ciente não apenas da preponderância adquirida pela dimensão comunicacional e jornalística em sua ação diária, mas também da importância de liberar, no sentido plenamente político em sua amplitude, uma batalha cultural a respeito. Tomar consciência de nosso lugar nesta disputa desde as ciências, a política, a arte, a informação, a literatura, a ação social, os direitos humanos, as questões de gênero, opondo-se aos poderes da dominação, à pluralidade de um espaço político intelectual lúcido em seus argumentos democráticos [...]. É preciso criar novas linguagens, abrir espaços de ação e interpelação indispensáveis, discutir e participar da lenta constituição de um novo e complexo sujeito político popular, a partir de concretas rupturas com o modelo neoliberal de país[280].

---

279 "Carta Aberta/1". *Página 12*, 15 de maio de 2008. Disponível em: <http://www.pagina12.com.ar/diario/elpais/1-104188-2008-05-15.html>. Acessado em 10 de setembro de 2018.

280 Idem. *Ibidem*.

Então, a carta argumentava que, dado o caráter da sociedade moderna, com seus meios de comunicação de massa e a crescente autonomia dos produtores do universo simbólico, o qual redefine os vários aspectos da vida social, era necessária uma *"decisiva intervenção intelectual, comunicacional, informativa e estética no plano dos imaginários sociais"* como modo de defender os projetos democráticos populares[281]. Sobre este ponto, Héctor Pavón disse que, entre 2008 e 2011, travou-se uma batalha cultural que teve como plataforma central "cada cenário fornecido pela cultura", incluindo mídia, estádios de futebol, teatro, música, televisão e outros fóruns nos quais a maioria das posições era kirchnerista[282]. E tudo isso liderado por intelectuais de diferentes idades e círculos.

Um livro interessante revelando a estratégia gramsciana da esquerda na Argentina tem o título de nada menos que *Gramsci en la Argentina* e foi escrito por Mario Della Rocca, membro do Foro de São Paulo e parte do coletivo Carta Aberta. O prólogo foi escrito pelo conhecido escritor, professor universitário, jornalista e ativista kirchnerista Eduardo Jozami. Este argumenta que, ao contrário de outros autores marxistas, o pensamento de Gramsci não perdeu sua influência na Argentina[283]. Além disso, diz Jozami, a estratégia do governo Kirchner era abertamente gramsciana e democrática. De acordo com o intelectual, que escreveu isso em 2013, sob o kirchnerismo, a Argentina participava *"da construção de uma nova hegemonia"*, que exigia *"mobilização social e um debate cultural profundo"*[284]. Aqueles que criticavam o governo, acrescentou Jozami, defendiam a velha hegemonia *"instalada por anos de dominação social"* e

---

281 Idem. *Ibidem.*

282 PAVÓN, Héctor. "Argentina: El regreso de los intelectuales públicos". *Op. cit.*, p. 448.

283 ROCCA, Mario Della. *Gramsci en la Argentina: Los desafíos del kirchnerismo*. Buenos Aires: Dunken, 2. ed., 2014. p. 11.

284 Idem. *Ibidem.*, p. 12.

que havia sido *"naturalizada"*[285]. Agora, no entanto, *"de mãos dada com Gramsci, setores importantes da esquerda Argentina"* foram *"subindo"* e *"marchando com as grandes maiorias na tarefa de transformar o país"*[286].

De acordo com Della Rocca, Néstor Kirchner, mesmo que não estivesse claro o quanto ele sabia sobre as obras de Gramsci, agiu de acordo com suas ideias, aproximando-se de um grupo de intelectuais que o ajudaram a dar a batalha cultural. Um exemplo disso seriam as reuniões mantidas por ele com o filósofo José Pablo Feinmann, o qual se tornou uma espécie de conselheiro de Néstor Kirchner em questões táticas e estratégicas para obter apoio no que se refere à consciência cidadã[287]. Della Rocca seguia afirmando que o grande desafio kirchnerista era *"dar a batalha cultural"* para dar legitimidade ao governo, um papel no qual os "intelectuais orgânicos" de que falava Gramsci eram essenciais. Segundo o autor, apesar do declínio dos partidos tradicionais de esquerda, o kirchnerismo ocupava *"o espaço real da esquerda e da centro-esquerda no espaço político argentino"* no contexto de *"uma cultura e [alguns] valores da esquerda com influência na sociedade e também no sistema político"*, cuja origem estava nos numerosos grupos muitas vezes fragmentados que promoviam essas ideologias[288].

A questão não é tanto avaliar quanto de razão ou verdade existe no que dizem Jozami e Della Rocca, mas, sim, observar que, para a esquerda argentina, a batalha é essencialmente do tipo gramsciana, e que continuará assim mesmo após o colapso do projeto kirchnerista. Como explicou o proeminente intelectual argentino Agustín Etchebarne, com o socialismo do século XXI, a dura esquerda latino-americana procurou uma nova maneira de alcançar o socialismo marxista dei-

---

285 Idem. *Ibidem*.

286 Idem. *Ibidem*., p. 18.

287 Idem. *Ibidem*., p. 141.

288 Idem. *Ibidem*., p. 166.

xando de lado a luta armada e baseando-se nas ideias de Gramsci de dominar a cultura, em primeiro lugar, e em Carl Schmidt (1888-1985) sobre dividir a sociedade em amigos e inimigos, nas ideias de Paulo Freire (1921-1997) sobre sua *Pedagogia do Oprimido* – que toma os conceitos os de Jacques Lacan (1901-1981) e Sigmund Freud (1856-1939), a filosofia da linguagem de Ludwig Wittgenstein (1889-1951) e a pedagogia da Jean Piaget (1896-1980) para manipular e doutrinar gerações de latino-americanos – e nas de Ernesto Laclau (1935-2014), que justifica e descreve como passar por cima das instituições republicanas manipulando as demandas sociais[289].

Não é, então, como alguns acreditam, que ao populismo argentino esteja faltando fundamentos ideológicos, nos quais consistem apenas em estratégias de poder. O fenômeno é, antes, enquadrado nas estratégias de hegemonia cultural que o socialismo do século XXI propôs. Isso é algo que deveria estar plenamente consciente àqueles que pretendem derrotar definitivamente o peronismo, porque, em caso contrário, o governo de Macri poderia acabar sendo nada mais do que uma ponte para o retorno de um peronismo ainda mais agressivo. Pois a verdade – e esta é a linha de fundo – é que as ideologias têm um impacto decisivo nas instituições formais e informais que um país possui. Perón claramente estava sob a influência de ideias fascistas, e não é exagero dizer que os Kirchner tiveram, não obstante, seu desejo de usar o poder para fazer uso dele, o que, aliás, fizeram todos os líderes populistas e totalitários – de Hitler e Lênin até Castro. Cristina Fernández de Kirchner, seguindo uma lógica totalmente orwelliana-gramsciana, criou o Instituto Nacional de Revisionismo Histórico Argentino e ibero-

---

289 ETCHEBARNE, Agustín. "Nuevo fracaso del socialismo en América", en *Una mirada liberal: ¿a dónde nos llevó el populismo?*. Relial / Friedrich Nauman Stiftung für die Freiheit, 2015. p. 3. Disponível em: <http://relial.org/index.php/biblioteca/item/501-una-mirada-liberal-¿a-dónde-nos-llevó-el-populismo?>. Acessado em 10 de setembro de 2018.

-americano Manuel Dorrego (1787-1828), entre suas muitas outras estratégias para manipular a informação e a opinião pública (embora não tenha maior credibilidade), algo que aponta o projeto cultural da classe radical peronista argentina.

O mencionado instituto declara, em seu *site*, seu objetivo claro de falsificar a verdade, endossando uma nomeação do historiador revisionista José María Rosa (1906-1991). Este reivindicou que *"há duas histórias, como há duas Argentinas: por um lado, a minoritária e alienante; do outro lado, a popular e nacionalista"*[290]. A história do povo é a história contada por Cristina Fernández de Kirchner. E tudo o que contradissesse era conspiratório e inimigo do povo, bem como a história contada pelo jornal do governo cubano *Granma*, é a história de Fidel e do Partido Comunista de Cuba, supostamente representante do povo. Claramente, isso responde a uma estratégia de poder, mas fundada na ideologia.

As perguntas que devem ser feitas são: por que algo assim acontece na Argentina, em Cuba e na Venezuela e não, pelo menos no mesmo grau, na Inglaterra, na Austrália ou no Chile? Por que as instituições relativamente liberais predominam em alguns países e desvios populistas e totalitários nos outros? Por que o populismo radical cria raízes na Argentina e brota tão facilmente na América Latina e não nos Estados Unidos ou na Suécia, mesmo que não estejam a salvo?

Certamente, as respostas para essas perguntas são variadas e complexas. Mas parece claro que o populismo não pode ser concebido como uma mera estratégia de poder sem substrato ideológico, pela simples razão de que instituições populistas econômicas e políticas não resistiriam à pressão popular se não houvesse, pelo menos, um grau suficiente de aceitação dessas instituições por setores importantes da

---

290 Ver: <http://institutonacionalmanueldorrego.com/>. Acessado em 10 de setembro de 2018.

população, tanto em sua operação quanto em sua legitimidade. E, em grande parte, tal aceitação tem a ver com a hegemonia exercida por certas ideias em relação à consciência cidadã. Hoje, os suecos ou canadenses não aceitariam o confisco de empresas estrangeiras, um gasto público totalmente fora de controle, uma taxa de câmbio fixa e assim por diante. Até mesmo os chilenos não aceitariam algo assim hoje. E eles não fariam isso porque, pelo menos por enquanto, tais propostas não são populares como ideias gerais para a sociedade. A melhor prova disso é que a popularidade das reformas socialistas de Bachelet entrou em colapso dentro de poucos meses de sua implementação. E a rejeição começou no mundo intelectual.

É verdade que você pode comprar apoios, mas dinheiro puro não é suficiente para manter um regime à tona, e menos ainda explica que, quando um regime entra em colapso por falta de dinheiro, o que vem é mais do mesmo, conforme aconteceu na Argentina por décadas. A ideologia não pode explicar tudo, é claro, mas seria um erro pensar que isso não tem um papel relevante para explicar a tragédia argentina com o kirchnerismo e o peronismo em geral. Se bem que o intelectual marxista argentino Ernesto Laclau poderia ter tido razão ao apontar que as demandas de bem-estar não satisfeitas feitas pela população contribuem para configurar o chamado "povo" como um elemento do populismo, o qual vai se divorciando cada vez mais do poder político[291]. Isso não é de todo óbvio a ponto de dever existir demandas por maior intervenção estatal para a satisfação ilimitada das necessidades da população. É aqui que ideologias, crenças e ideias desempenham um papel essencial, conforme alertou Alberdi. De outro modo, seria impossível explicar a diferença que o próprio Alberdi descreveu entre a mentalidade anglo-saxã e a latina, na medida em

---

291 LACLAU, Ernesto. *La razón populista*. Buenos Aires: Fondo de Cultura Económica, 2005. p. 99.

que os primeiros procuram se sustentar sozinhos, e os segundos depender do governo.

Quanto ao resto, o próprio Perón tinha absolutamente claro sobre o papel da hegemonia cultural e as ideologias como base de seu projeto político populista. Tanto é assim que a Escola Superior Peronista, que abriu em 1951, tinha como objetivo difundir e inculcar a doutrina peronista sobre as massas, a fim de tornar, sustentável o corrupto modelo institucional do general. As aulas que o próprio Perón ditou naquela escola não deixam dúvidas sobre a relevância que ele dava ao mundo das ideias e da cultura. De acordo com o general, para que o peronismo se projetasse no tempo, seria necessário *"implementar não apenas a ideia, para que ela seja difundida, mas a força motriz necessária para que a ideia seja realizada"*[292]. A missão fundamental da escola era, portanto, *"desenvolver e manter a doutrina"* e *"inculcá-la e unificá-la na massa"* para depois capacitar os quadros dirigentes[293]. Perón continuava com reflexões que valem a pena repetir, devido à sua extraordinária harmonia com a proposta gramsciana:

> Desenvolver a doutrina será uma função da Escola, será uma função dos professores e será uma função dos alunos [...]. As doutrinas não são eternas senão em seus princípios gerais, mas é necessário ir adaptando ao tempo, ao progresso e às novas necessidades [...]. A segunda função que eu assinalo para a escola é unificar e incutir nossa doutrina na massa [...], o importante nas doutrinas é inculcá-las, ou seja não é suficiente conhecer a doutrina:

---

292 PERÓN, Juan Domingo. *Conducción Política*. Buenos Aires: Instituto Nacional "Juan Domingo Perón" de Estudios e Investigaciones Históricas, Sociales y Políticas, 2006. p. 6. Disponível em: <http://www.jdperon.gov.ar/institucional/cuadernos/Cuadernillo11.pdf>. Acessado em 10 de setembro de 2018.

293 Idem. *Ibidem*.

> o principal é senti-la, e mais importante ainda amá-la [...], é necessário ter uma certa mística, que é a verdadeira força motriz que impulsiona à realização e ao sacrifício para essa realização [...]. A função desta escola não é apenas de erudição, [...] mas, sim, de formar apóstolos da nossa doutrina. Por essa razão, eu não digo ensinar a doutrina: digo inculcar a doutrina [...]. É função da escola a unificação da doutrina [...]. Em outras palavras, ensinar a perceber fenômenos de um modo semelhante para todos, apreciá-los da mesma maneira, resolvê-los da mesma maneiro e prosseguir na execução com uma técnica similar[294].

Dificilmente pode haver um reconhecimento mais claro do que aquele que fez o mesmo Perón ao mundo das ideologias e das ideias como fundamento do populismo. Vamos agora voltar ao caso do Chile, cujo desvio populista é provavelmente a maior novidade da última década na América Latina. Um país que parecia ter alcançado escapar da lógica populista latino-americana, de repente, estava imerso no mesmo tipo de política ruinoso e discursos ideológicos de sua vizinha Argentina. O Chile de hoje, como a Argentina do passado, tornou-se o país mais rico e avançado da América Latina, de acordo com todos os indicadores disponíveis nas últimas décadas. E, como a Argentina, o país teve um período de bonança desde meados do século XIX até a década de 1930, quando a Grande Depressão causou problemas econômicos e ideológicos, o que contribui para derrubar a tradição liberal que o país seguiu por meio século. Esta tradição foi iniciada pela influência do grande economista liberal francês Jean-Gustave Courcelle-Seneuil (1813-1892), que foi contratado em 1855 pelo governo do então presidente Manuel Montt (1809-1880) para assessorar o ministério da

---

294 Idem. *Ibidem.*, p. 6-9.

Fazenda e fundou a disciplina de economia política na emblemática Universidade do Chile.

O historiador econômico Charles Gide (1847-1932) descreveu Courcelle-Seneuil com algo de sarcasmo, dizendo que ele era *"o mais alto pontífice da escola clássica; as sagradas doutrinas foram confiadas a ele e foi sua vocação exterminar os hereges"*[295]. Esta função de guardião máximo do liberalismo se cumpriu na França de Courcelle-Seneuil, de acordo com Gides, mediante o prestigioso *Journal des économistes*, o qual *"não aceitava o menor desvio da escola liberal"*[296]. Citado por Karl Marx em sua obra máxima *O Capital* e elogiado por Joseph Schumpeter, a influência da Courcelle-Seneuil e seus discípulos no Chile foi esmagadora. Como foi explicada pelo professor Juan Pablo Couyoumdjian, o trabalho de Courcelle-Seneuil *"criou uma tradição liberal única na academia chilena"*, levando a *"um período liberal dominante nas políticas públicas"*[297].

Sob a influência deste economista, o Chile privatizou minas, abriu-se ainda ao comércio internacional e criou um sistema de banco livre dos mais radicais que o mundo já conheceu. De acordo com Jere Behrman, a *banca libre* era um símbolo de aceitação da doutrina do *laissez-faire* pela classe política chilena[298]. Para se ter uma ideia do tipo de doutrina proposta por Courcelle-Seneuil e sua semelhança com o liberalismo de Alberdi, basta reproduzir a seguinte reflexão de

---

295 Citado em: HIRSCHMAN, Albert O. *Rival Views of Market Society and Other Recent Essays*. Cambridge: Harvard University Press, 1992. p. 184.

296 Idem. *Ibidem*.

297 COUYOUMDJIAN, Juan Pablo. "Hiring a foreign expert". *In:* PEART, Sandra J. & LEVY, David M. (Eds.). *The Street Porter and the Philosopher: Conversations on Analytical Egalitarianism*. Ann Arbor: University of Michigan Press, 2008. p. 294.

298 BEHRMAN, Jere H. *Foreign Trade Regimes and Economic Development: Chile*. New York: National Bureau of Economic Research, 1976. p. 8. Disponível em: <http://www.nber.org/chapters/c4023>. Acessado em 10 de setembro de 2018.

Zorobabel Rodríguez (1849-1901), um dos discípulos mais famosos do francês no Chile:

> Felizmente, o *laissez-faire* não significa [...] impunidade para os malvados, nem a liberdade de atentar contra a vida ou a propriedade dos outros. Significa algo que, em muitos aspectos, é o oposto disso: governos contratados exclusivamente para garantir que ninguém viole os direitos dos outros, para manter a paz, a segurança e a ordem no interior e nas fronteiras, para administrar os bens da nação e coletar os impostos que o desempenho dessas tarefas importantes exige. Significa deixar fazer homens proprietários podendo fazer o seu negócio, seu gosto ou seu capricho à vontade, sem outro obstáculo que separe seu direito dos direitos dos outros [...]. Enquanto não haja violência ou fraude, o melhor que os governos podem fazer, o que eles devem fazer para ficar em sua própria área é: ir até a varanda e deixar passar[299].

Sob um sistema inspirado por essas ideias, o Chile teve um período de formidável prosperidade: até o início do século XX, o país experimentou um processo de convergência com a renda dos Estados Unidos, tornando-se o 16º país do mundo em termos de renda *per capita*[300]. Tudo chegaria ao fim, como na Argentina, após a Grande Depressão dos anos 1930, o que permitiu a doutrinas socialistas, coletivistas e nacionalistas que já vinham crescendo tomarem força e substituíram o liberalismo como uma corrente dominante de ideias. Isso levou à

---

299 CORREA, Sofía. "Zorobabel Rodríguez, católico liberal". *Estudios Públicos*, N. 66, Santiago de Chile, 1997. p. 409.

300 LÜDERS, Rolf. "La misión Klein-Saks, los Chicago Boys y la política económica". *In:* COUYOUMDJIAN, Juan Pablo (Ed.). *Reformas económicas e instituciones políticas: La experiencia de la misión Klein-Saks en Chile.* Santiago de Chile: Universidad del Desarrollo, 2011. p. 209.

consequente substituição de instituições liberais por outras estatistas e populistas. Entre elas, destacaram-se aquelas promovidas pela Cepal, cuja sede, como vimos no capítulo anterior, encontrava-se em Santiago do Chile.

O resultado desse novo modelo econômico foi, como na Argentina, um fracasso completo. Nas palavras do professor Felipe Morandé, *"um contexto de regulamentações estendidas e intervenção nos mercados, combinado com instabilidade macroeconômica endêmica, terminou em um crescimento decepcionante para boa parte do século XX"*[301]. Mas, ao contrário da Argentina, que nunca conseguiu se recuperar, Chile fez uma revolução nos anos 1970, 1980 e 1990, em que ele voltou às suas origens liberais, tornando-se no país mais rico, próspero e com a democracia mais forte da América Latina. De acordo com Gary Becker (1930-2014), Prêmio Nobel de Economia de 1992, o Chile tornou-se um *"modelo para todo o mundo em desenvolvimento"*. De acordo com Becker, tal desempenho foi ainda mais notável considerando que o regime militar de Pinochet deu lugar a uma democracia[302].

Da esquerda, outro ganhador do Prêmio Nobel de Economia, Paul Krugman, chegaria afirmar que as reformas liberais chilenas provaram ser *"altamente bem-sucedidas e preservadas intactas quando a democracia foi reintroduzida em 1989"*[303]. Na mesma linha, em 2007, *The Econo-*

---

301 MORANDÉ, Felipe G. "A Decade of Inflation Targeting in Chile: Main Developments and Lessons". Presentación en la conferencia "Monetary Policy and Inflation Targeting in Emerging Economies", organizada por el Bank Indonesia y el Fondo Monetario Internacional, Jakarta, 13 e 14 de julho de 2000. Disponível em: <http://citeseerx.ist.psu.edu/viewdoc/download?doi=10.1.1.579.6483&rep= rep1&type=pdf>. Acessado em 10 de setembro de 2018.

302 BECKER, Gary S. "What Latin America Owes to the 'Chicago Boys'". *Hoover Digest*, 30 de outubro de 1997. Disponível em: <http://www.hoover.org/research/what-latin--america-owes-chicago-boys>. Acessado em 10 de setembro de 2018.

303 KRUGMAN, Paul. *The Return of Depression Economics and the Crisis of 2008*. London: Penguin, 2008. p. 31.

mist confirmou o *status* de referência mundial do Chile em matéria econômica, explicando que a pobreza no país tinha caído *"mais rápido e em maior grau do que em qualquer lugar na América Latina"* por causa da *"criação de empregos desde meados da década de 1980"*[304]. Tudo isso foi o que ficou conhecido como o *"milagre chileno"*, e sua base foi um consenso alcançado no país pela classe política, que entendeu que a economia livre era essencial para avançar o país e garantir a sobrevivência da democracia. Como disse Alejandro Foxley, ministro da Fazenda do ex-presidente Patricio Aylwin (1918-2016):

> Fui ministro da Fazenda de 1990 a 1994. Sempre dissemos que o que tínhamos que fazer era alcançar um equilíbrio entre mudança e continuidade. Países maduros são aqueles que nem sempre começam do zero. Tivemos de reconhecer que, no governo anterior, haviam sido criados os fundamentos de uma economia de mercado mais moderno, e a partir daí começamos a restabelecer o equilíbrio entre desenvolvimento econômico e desenvolvimento social[305].

Em 2006, a existência desse consenso levaria Mario Vargas Llosa a escrever, por ocasião da eleição presidencial entre Michelle Bachelet e Sebastián Piñera, nada menos que o seguinte:

> O paradigma de uma eleição terceiro-mundista é que nela tudo parece estar a ser perdido e podendo voltar à estaca zero, a partir da própria natureza das instituições até a política econômica e as relações entre poder e sociedade.

---

304 *The Economist*. "Destitute no more: A country that pioneered reform comes close to abolishing poverty", 16 de agosto de 2007.

305 Ver: http://www.pbs.org/wgbh/commandingheights/shared/minitextlo/int_alejandrofoxley.html#4>. Acessado em 10 de setembro de 2018.

> Tudo pode ser revertido de acordo com os resultados das eleições e, consequentemente, o país retroceder em uma tacada, perdendo da noite para o dia tudo o que ganhou ao longo dos anos ou seguir perseverando infinitamente no erro [...]. Embora ainda não seja um país de primeiro mundo e falte bastante para ser, Chile não é mais um país subdesenvolvido [...]. Seu progresso tem sido concomitante nas esferas política, social, econômica e cultural. Tudo isso emergiu imaculado nessas eleições. No debate entre Michelle Bachelet e Sebastián Piñera, que ocorreu alguns dias antes do fim do segundo turno, havia de ser vidente ou profeta para encontrar os pontos nos quais os candidatos da esquerda e direita discordavam de maneira contundente [...]. Quando uma sociedade aberta alcança esses níveis de consenso, ela está bem no caminho da civilização. Em comparação com seus vizinhos, o civilizado Chile de nossos dias é um país muito chato[306].

O que aconteceu para que o Chile deixasse de ser chato? Em 2015, o mesmo Vargas Llosa advertiu Bachelet a não cair nas *"tentações chavistas"*[307]. A resposta tem a ver, mais uma vez, com a hegemonia cultural e intelectual que a esquerda chilena conseguiu construir pacientemente durante décadas com o propósito de destruir a credibilidade e a legitimidade do sistema de livre iniciativa. Já no ano 2000, quando Ricardo Lagos tornou-se presidente do país, um relatório do ministério do Planejamento do Chile, preparado em conjunto com a Universidade do Chile, advertiu que o roteiro dos governos da esquerda que viriam deveria consistir em terminar com o que eles chamavam de "sistema

---

306 VARGAS LLOSA, Mario. "Bostezos chilenos". *El País*, 29 de janeiro de 2006. Disponível em: <http://elpais.com/diario/2006/01/29/opinion/113848 9207_850215.html>. Acessado em 10 de setembro de 2018.

307 Ver: <http://www.t13.cl/noticia/politica/mario-vargas-llosa-dice-que-bachelet--no-debiera-caer-ententaciones-chavistas>. Acessado em 10 de setembro de 2018.

neoliberal". Segundo o relatório, a superação da desigualdade – que vinha caindo dramaticamente – era um imperativo moral que exigia intervenção permanente e ação redistributiva do Estado. O informe, elaborado por intelectuais de esquerda, argumentou que os chilenos *"não assumem a ideologia de mercado, mas, sim, veem, no modelo que consagra uma das principais fontes de desigualdade, a desestruturação das relações e do tecido social que o mesmo modelo traz consigo"*[308]. Para este relatório, seriam adicionados muitos esforços para minar a credibilidade do sistema, com base em igualitarismos sem fundamentos que analisamos no primeiro capítulo e que terminaram sendo o núcleo do programa econômico revolucionário de Bachelet em seu segundo governo[309].

Tal foi o sucesso da esquerda chilena na construção de uma nova hegemonia – e o fracasso de seus adversários em preservar a credibilidade do sistema liberal – que um grupo de assessores da presidente Bachelet, em livro publicado em 2013 com o título *El otro modelo*, que ofereceu o referencial teórico para acabar com o que os autores chamavam "regime neoliberal", afirmou diretamente que *"hoje se abriu um novo espaço na sociedade chilena e uma oportunidade para que uma nova hegemonia se afirme"*[310]. A hegemonia proposta pelo livro era de corte socialista e seria melhor descrita pela própria Bachelet em outro livro intitulado *Ideas para o Chile: aportes de la cientroizquierda*. Este trabalho reuniu um conjunto de ensaios de um grupo ainda maior de intelec-

---

308 *Percepciones culturales de la desigualdad.* Estudio realizado por el Departamento de Sociología de la Universidad de Chile y la Unidad de Estudios Prospectivos de Mideplan en el período 1999-2000. Disponível em: <http:// www.mideplan.cl/admin/docdescargas/centrodoc/centrodoc197.pdf>. Acessado em 10 de setembro de 2018.

309 Para uma pesquisa mais detalhada sobre a mudança da hegemonía cultural no Chile, ver: KAISER, Axel. *La fatal ignorancia: La anorexia cultural de la derecha frente al avance ideológico progressista.* Prol. Alejandro Chafuén. Madri / Santiago de Chile: Unión Editorial / Fundación para el Progreso, 2014.

310 ATRIA, Fernando ; BENAVENTE, José Miguel ; COUSO, Javier ; LARRAÍN, Guillermo & JOIGNANT, Alfredo. *El otro modelo.* Santiago de Chile: Debate, 2013. p. 353.

tuais de esquerda que propuseram o novo caminho estadista para o Chile. No prólogo do livro, publicado em 2010, a então ex-presidente, relatando a derrota esmagadora das ideias liberais na discussão política e intelectual chilena, escreveu o seguinte:

> Hoje, a noção de um Estado que promove ativamente o desenvolvimento e garante a proteção social não é sequer questionada por aqueles que ontem criticaram essa ação do Estado. A reivindicação do público e da ação estatal, o abandono do dogma desregulador, é, talvez, nossa maior conquista como cultura política [...]. Com o meu governo, terminou-se de romper o tabu do Estado de bem-estar, tão demonizado na dogmática neoliberal [...]. Essa é a base que temos pela frente[311].

Bachelet e os autores do livro *El otro modelo* estavam certos: a hegemonia ideológica na discussão pública chilena havia mudado de ideias bastante liberais e da noção de um Estado subsidiário para ideias socialistas igualitárias e propensas a um estado intervencionista e redistribuidor. Com maioria em ambas as Câmaras do Congresso, o projeto socialista de Bachelet – que um dos senadores de sua coalizão de governo descreveu como uma "retroescavadeira" para acabar com o sistema "neoliberal" – começou a ser realizado de maneira agressiva. A esquerda governante, protegida pelo manto da moralidade da causa igualitária, mais uma vez polarizou o ambiente e usou a retórica populista dos bons contra os maus, do ódio de classe, da lógica do povo e do antipovo. Muitas reformas foram lançadas ao mesmo tempo para deixar em xeque uma oposição desintegrada e derrotada intelectualmente. Assim, no Chile, houve uma mudança completa no sistema

---

311 HARDY, Clarisa (Ed.). *Ideas para Chile*. Santiago de Chile: LOM Ediciones, 2010. p. 8-9.

tributário, que deixou o país com impostos corporativos mais altos do que na Suécia e destruiu os incentivos para a poupança. Também foi realizada uma reforma da Educação que, novamente, deu controle d ao Estado, em boa parte desse segmento. Além disso, instalou a ideia de uma assembleia constituinte como na Venezuela, promoveu-se uma reforma trabalhista para fortalecer os sindicatos e fazê-los na prática os gerenciadores das empresas, analisaram-se propostas para renacionalizar o sistema de pensões e foram sugeridas medidas para o confisco da contribuição privada para a saúde, entre muitas outras intervenções.

Conforme esperado, as consequências desse novo populismo socialista foram devastadoras, levando em pouco mais de um ano para o país estrela da América Latina ter os piores resultados econômicos em 30 anos. A imprensa internacional acusou o impacto no início. O *Financial Times* disse que o Chile representava melhor do que qualquer país a era da *"nova mediocridade econômica"*[312]; *The Wall Street Journal* publicou um artigo intitulado "The Chile "Miracle" Goes in Reverse"[313]; *The Economist* questionava se Bachelet não estava arriscando o modelo de desenvolvimento do Chile[314]; e o jornal peruano *El Comercio* disse, em um editorial eloquente, que *"se o Chile implementar a mudança de curso proposto por Bachelet, devemos aproveitar o momento para aprofundar a*

---

312 "Chile faces tougher sell to investors as growth stalls", *Financial Times*, 13 de outubro de 2014. Disponível em: <http://www.ft.com/intl/cms/s/0/ fbce-fd70-52d9-11e4-9221-00144feab7de.html#axzz3nyWV9D00>. Acessado em 10 de setembro de 2018.

313 O'GRADY, Mary A. "The Chile "Miracle" Goes in Reverse", 2 de novembro de 2014. Disponível em: <http://www.wsj.com/articles/mary-anastasia-ogrady-the--chile-miracle-goes-in-reverse-1414973280 . Acessado em 10 de setembro de 2018.

314 "Reform in Chile: The Lady's for Turning", *The Economist*, 24 maio 2014. Disponível em: <http://www.economist.com/news/americas/21602681-michelle--bachelet-putting-her-countrys-growth-modelrisk-ladys-turning>. Acessado em 10 de setembro de 2018.

abertura do nosso economia e assumir a liderança econômica da região que o vizinho do sul provavelmente abandonaria"[315].

De acordo com a imprensa internacional, em uma visita ao país, o prestigioso historiador e professor Niall Ferguson, de Harvard, chegou a argumentar que o Chile tinha sido muito inteligente, mas estaria exercendo seu *"direito de ser estúpido"*[316]. Algum tempo depois, o famoso economista e filósofo francês Guy Sorman disse que a presidente Bachelet tinha sido *"muito ideológica, punindo os empresários por meio do sistema fiscal ou tentando destruir a educação privada, de uma maneira que freou o progresso"*[317].

Em paralelo, o investimento entrou em colapso, o crescimento econômico caiu para metade, o governo assumia os gastos fiscais mais expansivos em décadas, a dívida aumentou, a inflação excedeu a tolerada pelo Banco Central do Chile e a incerteza era generalizada. O governo tentou culpar a queda no preço do cobre, algo que não era plausível, porque, como resultado da queda do petróleo, os termos de câmbio do Chile permaneceram quase os mesmos, pois o país praticamente importa todo o óleo que consome. Entre muitos outros, o proeminente economista chileno Klaus Schmidt-Hebbel, ex-economista-chefe e diretor do Departamento Econômico da OCDE, gerente de pesquisa econômica do Banco Central do Chile e principal economista do Departamento de Pesquisa do Banco Mundial, disse que a crise chilena ocorreu devido à incerteza e à destruição de incentivos derivados das políticas estatistas do governo de Bachelet, não por condições externas. Schmidt-Hebbel, conhecido por sua qualidade técnica e pela capacidade de entender-se com vários setores políticos, interpelou a presidente Bachelet dizendo

---

315 Ver: <http://elcomercio.pe/opinion/editorial/editorial-chile-europeanoticia-1716343>. Acessado em 10 de setembro de 2018.

316 *El Mercurio*, C4, 6 de septiembre de 2014.

317 *El Mercurio*, 16 de agosto de 2015. Disponível em: <http://www.economiaynegocios.cl/noticias/noticias.asp?id=173601>. Acessado em 10 de setembro de 2018.

a ela que era fundamental que o *"governo corrigisse substancialmente o programa inicial, sanando as piores deficiências das reformas já aprovadas e reformulando os maus projetos de futuras reformas"*[318].

Infelizmente, para o Chile e para a América Latina, Bachelet, apesar de mostrar-se com dúvidas especialmente quando seu filho estava envolvido em escândalos de corrupção, não retrocedeu e continuou a agenda populista. Analisando o perigo que isso representava, em maio de 2015, a revista *The Economist* advertiu que o Chile poderia correr o risco de cair no *"populismo de estilo argentino"*, e que dependia de Bachelet evitar esse destino[319]. Em outubro daquele ano, o mesmo veículo de comunicação declarou que *"o Chile enfrentava um risco real de perder seu caminho"* e que a história iria culpar, *"principalmente Bachelet"*, de ter destruído as possibilidades de desenvolvimento do país[320].

---

318 SCHMIDT-HEBBEL, Klaus. "Crecimiento cero". *El Mercurio*, 9 jun 2015. Disponível em: <http://www.economiaynegocios.cl/noticias/noticias.asp?id=152007>. Acessado em 10 de setembro de 2018.

319 "An Anxious Role Model", *The Economist*, 9 maio 2015. Disponível em: <http://www.economist.com/news/americas/21650580-chile-needs-change--should-build-its-strengths-anxiousrole-model>. Acessado em 10 de setembro de 2018.

320 "Damage Control in Chile". *The Economist*, 24 out 2015. Disponível em: <http://www.economist.com/news/americas/21676825-michelle-bachelets--reluctant-retreat-towards-centredamage-control-chile>. Acessado em 10 de setembro de 2018.

CAPÍTULO 12
A Igreja Católica e Francisco: O Papa Socialista?

O fenômeno populista e socialista tem sido nutrido na América Latina, como em nenhuma outra parte do mundo, pelo ativismo da Igreja Católica. Quando Carlos Rangel afirmou que *"a Igreja Católica tem mais responsabilidade do que qualquer outro fator no que é e no que não é a América Latina"* não estava exagerando[321]. Nem ele exagerou quando afirmou o seguinte:

> A Igreja, depois de vários séculos de pânico e perplexidade pela ascensão do liberalismo capitalista, livre-pensador e secularizador, teve a surpresa divina ao perceber que o socialismo marxista tem [...] um belo aliado tático na difusão da mensagem de acordo com o quais os maiores inimigos da salvação do homem são os mercadores, e a tarefa mais urgente é expulsá-los do templo[322].

---

321 RANGEL, Carlos. *Del buen salvaje al buen revolucionario. Op. cit.*, p. 227.

322 Idem. *Ibidem.*, p. 262-63.

O caso mais emblemático da promoção das ideias socialistas pela Igreja Católica foi a famosa Teologia da Libertação, desenvolvida a partir da década de 1960. Mesmo essa teologia também sendo apoiada por sacerdotes protestantes e não tendo se limitado à América Latina, foi na região da América Latina onde ocorreu seu desenvolvimento mais poderoso. O sacerdote peruano Gustavo Gutiérrez mencionou esta doutrina pela primeira vez em 1968, embora suas origens sejam anteriores[323]. É muito importante lembrar a conferência de Gutierrez chamada "Rumo a uma Teologia da Libertação" para entender como o ideal marxista de liberdade, entendida como a não sujeição às condições materiais, apoderou-se do discurso da Igreja Católica latino-americana, tornando-se parte da hegemonia socialista e populista que nos caracteriza até hoje.

A primeira coisa rejeitada por Gutiérrez foi a ideia católica tradicional de que fé e religião não são deste mundo. Segundo Gutiérrez, *"uma vida no pós-morte faz perder importância para a vida presente; uma teologia 'sobrenaturalista' que devora valores naturais"*, como o promovido pela Igreja, foi um erro[324]. Para ele, isso não se trata do além, mas do presente. Portanto, a libertação não é puramente espiritual, mas também econômica e social, ou seja, material. De acordo com Gutiérrez, que estudaria na Universidade Católica de Louvain, na Bélgica, com especialistas em pensadores como Marx, Hegel e Freud, *"a Igreja,*

---

323 HILLAR, Marian. "Liberation Theology: Religious Response to Social Problems. A Survey". *In:* HILLAR, M. & LEUCHTAG, H. R. (Eds.). *Humanism and Social Issues. Anthology of Essays.* Houston: American Humanist Association, 1993. p. 36. Disponível em: <http://www.socinian.org/files/LiberationTheology.pdf>. Acessado em 10 de setembro de 2018.

324 GUTIÉRREZ, Gustavo. "Hacia una teología de la liberación". Conferencia, II Encuentro de Sacerdotes y Laicos, Chimbote (Perú), 21-25 de julho de 1968. Disponível em: <http://www.ensayistas.org/critica/liberacion/TL/documentos/gutierrez.htm>. Acessado em 10 de setembro de 2018.

como instituição, é orientada para o além, para o absoluto". E acrescentava, usando Marx e Engels, que a missão deve ser outra:

> É sobre a teologia que enfrenta este símbolo dos tempos, a libertação do homem, a qual o analisa minuciosamente. Isso nos dá uma certa perspectiva para julgar a estrutura do esquema de dominação econômica e política. Quando falamos de dominação econômica, colocamos nosso dedo na ferida, especialmente se dissermos que o que importa para nós é libertar o homem, como o Papa diz, de tudo aquilo que o domina, venha da natureza ou do homem. A dominação econômica e política não apenas terá o efeito de submeter os homens economicamente, mas também para impedi-los de serem homens. Grande sinal dos tempos contra os quais devemos tomar partido[325].

Gutiérrez e seus seguidores estavam convencidos da "teoria da dependência" que analisamos no primeiro capítulo. De acordo com ela, a América Latina era pobre por causa do capitalismo mundial e da exploração dos países ricos. Em seu livro dedicado a explicar a teologia da libertação, Gutiérrez escreveu que *"o subdesenvolvimento dos povos pobres, como um fato social global"*, era *"produto histórico do desenvolvimento de outros países"*[326]. Na visão deste sacerdote peruano, *"a dinâmica da economia capitalista leva ao estabelecimento de um centro e de um periferia"*, que geram *"progresso e riqueza para uma minoria, e desequilíbrios sociais, tensões políticas e pobreza para a maioria"*[327]. Como resultado, a libertação da América Latina aconteceria, para Gutiérrez, pela violenta revolução que terminaria com a exploração internacional.

---

325 Idem. *Ibidem.*

326 GUTIÉRREZ, Gustavo. *Teología de la liberación*. Salamanca: Ediciones Sígueme, 7ª ed., 1975. p. 118.

327 Idem. *Ibidem.*

Essas ideias refletiam a proximidade da Igreja Católica às doutrinas socialistas e coletivistas da época. Tão fora do lugar estavam os católicos que eles seguiram essas ideias que o teólogo Joseph Ratzinger, então prefeito da Sagrada Congregação para a Doutrina da Fé, que décadas mais tarde se tornaria o papa Bento XVI, escreveu que a Sagrada Congregação buscava *"para atrair a atenção dos pastores, teólogos e de todos os fiéis sobre os desvios e os riscos de desvio desastrosos para a fé e para a vida cristã que implicam certas formas de teologia da libertação e que recorrem de maneira insuficientemente crítica a conceitos emprestados de diferentes correntes do pensamento marxista"*[328].

O próprio Ratzinger disse que aqueles que viam nas estruturas econômicas e social injustas a raiz de todos os males tinham entendido tudo errado, porque era a liberdade de agir bem e evitar o mal que estava falhando. Portanto, o pecado não era social, mas individual. Dando uma lição sobre liberdade, Ratzinger afirmou que isto se encontrava em todos os seres humanos, incluindo ricos e pobres. E que disso, e não da revolução violenta, dependia a resolução de injustiças e misérias.

> Quando se coloca como primeiro imperativo a revolução das relações sociais – escreveu o teólogo alemão – e se questiona a partir daqui a busca da perfeição moral, entra-se no caminho da negação do sentido da pessoa [...] e arruína a ética e seu fundamento, que é o caráter absoluto da distinção entre bem e mal[329].

---

328 RATZINGER, Joseph. "Instrucción sobre algunos aspectos de la "Teología de la liberación". *Revista de Ciencia Política*, Vol. VI, N. 2, Universidad Católica de Chile, 1984, p. 140. Disponível em: <http://www.revistacienciapolitica.cl/rcp/wp-ontent/uploads/2013/08/07_vol_06_2.pdf>. Acessado em 10 de setembro de 2018.

329 Idem. *Ibidem.*, p. 146.

Mais tarde, diria que *"a negação da pessoa humana, de sua liberdade e de seus direitos está no centro da concepção marxista"*[330].

Então, Ratzinger lançaria uma crítica fulminante contra o marxismo que muitos padres e fiéis católicos latino-americanos haviam adotado como método de análise para justificar sua proposta revolucionária. O marxismo não teria de "cientista" nada além de uma pretensão, explicou Ratzinger, denunciando que exercia "um fascínio quase mítico", quando, na verdade, era uma ideologia "totalizadora", cuja análise foi baseada em tantas suposições *a priori* que o fato de compartilhá-la já implicava compartilhar ideologia[331].

Apesar dos esforços de Ratzinger, as ideias pró-socialistas eram a moda católica na América Latina durante décadas. Mesmo aqueles setores da Igreja que resistiam a elas, também, compartilhavam um anticapitalismo e um anti-individualismo visceral que ajudaram a preparar o caminho para a hegemonia socialista populista que fez tanto dano à região até hoje. Este espírito anticapitalista se refletiria na Segunda Conferência Geral do Episcopado Latino-americano, realizada em Medellín, na Colômbia, em 1968. Nela, os bispos da América Latina, embora condenando o marxismo por levar, dizem eles, apesar do seu *"humanismo"*, a uma sociedade *"totalitária"*, também investiam fortemente contra *"o sistema liberal capitalista"*, por atentar este *"contra a dignidade da pessoa humana"*, ao ter como premissa *"a primazia do capital, seu poder e seu uso discriminatório fundamentado no lucro"*[332].

Tão inclinada foi a opinião da Igreja Católica latino-americana para o socialismo que, no relatório que o presidente Richard Nixon (1913-1994) encomendou ao governador Nelson Rockefeller (1908-1979)

---

330 Idem. *Ibidem.*, p. 151.

331 Idem. *Ibidem.*, p. 150.

332 Texto do Documento final da conferência. Disponível em: <http://www.diocesebraga.pt/catequese/sim/biblioteca/publicacoes_online/91/medellin.pdf>. Acessado em 10 de setembro de 2018.

sobre a situação da ameaça marxista na América Latina, isso ocuparia um lugar especial. O relatório, feito por Rockefeller e um grupo de especialistas que o acompanharam para visitar vinte países da região, afirmava que a Igreja se tornou *"uma força de mudança e de mudança revolucionária, se necessário"*[333]. Além disso, de acordo com o relatório, a Igreja, seguindo um *"idealismo profundo"*, havia se tornado em alguns casos *"vulnerável à penetração subversiva; pronta para participar da revolução, se necessário, para acabar com a injustiça, mas sem ter nada claro a respeito da natureza da própria revolução ou do sistema de governo por meio do qual a justiça poderia ser realizada"*[334].

Ainda que a análise de Rockefeller seja atualmente descontextualizada, porque a Guerra Fria acabou, o espírito contra a liberdade e ao mercado é hoje, provavelmente, mais agudo entre os católicos latino-americanos do que em qualquer outro grupo católico ocidental. A mais alta expressão desse anticapitalismo foi dada com a eleição do argentino Mario Jorge Bergoglio como Sumo Pontífice. O Papa Francisco é, sem dúvida, um homem com as melhores intenções e fez da opção pelos pobres sua paixão pela vida. E, enquanto ele se opunha à Teologia da Libertação em seus aspectos marxistas, ninguém pode argumentar que compartilha muito da intuição socialista que esta promoveu.

Digamos, primeiramente, para entender melhor esse homem, que ele pertence à ordem jesuíta. Os jesuítas são conhecidos por sua dedicação às questões sociais e à pobreza, bem como por suas simpatias a movimentos que buscam a refundação da ordem social através da retórica que incentiva a luta de classes. Além disso, tais movimentos tendem a ser visceralmente anticapitalistas, antiliberais e não familiarizados com questões fundamentais da economia. Como lembra Carlos

---

333 ROCKEFELLER, Nelson A. *The Rockefeller Report on the Americas*. Chicago: Quadrangle Books, 1969. p. 31.

334 Idem. *Ibidem*.

Rangel, na América espanhola, os jesuítas, seguidores de Santo Inácio de Loyola (1491-1556), que fundaram a ordem em 1534, constituíram um dos *"poucos exemplos históricos de um regime socialista coerente com seus princípios"*[335]. No Paraguai, desde sua instalação em 1588 até cerca de 1700, eles criaram cerca de 30 missões com 100 mil índios. Nas missões, toda a propriedade era comunitária, e as relações eram estritamente paternalistas. A liberdade individual simplesmente não existia. Rangel explica que:

> A atitude jesuíta frente aos indígenas era a de adultos responsáveis pela guarda definitiva dos filhos menores que não deveria ou nem era esperado que chegaria nunca à idade adulta, à razão e à maturidade. Os "neófitos" (como eram chamados) não recebiam nenhum incentivo à responsabilidade; apenas à obediência[336].

Embora os missionários jesuítas seguissem um paradigma comunitário socialista, seria errado afirmar que, na esfera intelectual, estes eram sempre contra o livre-mercado. Na verdade, ainda que pareça inacreditável, foram em boa medida os sacerdotes católicos – entre os quais estavam vários jesuítas – que lançaram as bases da análise econômica moderna liberal, legado que foi se perdendo ao longo do tempo até ser inteiramente substituído pelo marxismo e pelas doutrinas não liberais[337]. Sobre isso, voltaremos mais tarde. Por ora, vale a pena parar no pensamento econômico e social do papa Francisco e demonstrar seus erros e falácias.

---

335 RANGEL, Carlos. *Del buen salvaje al buen revolucionario. Op. cit.*, p. 248.

336 Idem. *Ibidem.*, p. 250.

337 FLEMMING, Chris ; RIGAMER; David & BLOCK, Walter. "The Jesuits: From Markets to Marxism, from Property Protection to Social Progressivism". *Romanian Economic and Bussiness Review*, Vol. 7, N. 2. Disponível em: <http://www.rebe.rau.ro/RePEc/rau/journl/SU12/REBE-SU12-A1.pdf>. Acessado em 10 de setembro de 2018.

Em 2015, a revista *Fortune* resgatou cinco citações do papa sobre o capitalismo, e isso deixou em evidência sua rejeição pelo sistema do livre-empreendimento. É oportuno reproduzi-las e analisá-las, em parte para entender como a visão do novo sumo pontífice contribui para afirmar a hegemonia cultural socialista e populista na América Latina. Entre outras coisas, o papa disse que:

> A antiga adoração do bezerro de ouro retornou em uma roupagem nova e implacável na idolatria do dinheiro e da ditadura de uma economia impessoal desprovida de um propósito verdadeiramente humano[338].

Ele também disse que:

> A crise global que afeta as finanças e a economia deixa à mostra seus desequilíbrios e, acima de tudo, sua falta de preocupação real com a seres humanos. O homem é reduzido a uma das suas necessidades apenas: o consumo.

Em outra ocasião, Francisco desafiou algo que a realidade já provou e goza de consenso no mundo econômico com as seguintes e surpreendentes frases:

> Algumas pessoas ainda defendem "teorias do gotejamento", presumindo que o crescimento econômico, encorajado

---

338 HUDDLESTON, JR., Tom. "5 Times Pope Francis Talked About Money", *Fortune*, 14 set2015. Disponível em: <http://fortune.com/2015/09/14/ pope-francis-capitalism-inequality/>. Acessado em 10 de setembro de 2018. . A citação reproduzida pelo Vaticano é: *"A adoração do antigo bezerro de ouro (cf. Ex 32, 15-34) encontrou uma versão nova e impiedosa no fetichismo do dinheiro e na ditadura da economia sem um rosto e um objetivo verdadeiramente humano"*. Ver: https://w2.vatican.va/content/francesco/es/speeches/2013/may/documents/papa-francesco_20130516_nuoviambasciatori.html>. Acessado em 10 de setembro de 2018.

por um livre-mercado, inevitavelmente, terá sucesso em alcançar maior equidade e inclusão no mundo. Esta opinião, que nunca foi confirmada pelos fatos, expressa uma confiança ingênua e crua na bondade de quem exerce o poder econômico e o funcionamento sacralizado do sistema econômico vigente[339].

Dando um discurso na Bolívia, onde recebeu um crucifixo com a foice e o martelo comunistas das mãos do presidente Evo Morales, o Papa Francisco lançou-se contra o livre-mercado alegando que o dinheiro era *"esterco do diabo"* e que o bem comum havia sido esquecido. No mesmo tom de Marx, e para a grande satisfação de Morales, o pontífice continuou:

Uma vez que o capital se torna um ídolo e orienta as decisões das pessoas, pois a ganância por dinheiro preside todo o sistema socioeconômico, arruína a sociedade, condena e escraviza os homens e as mulheres e destrói a fraternidade humana, lança uns contra os outros e, como vemos claramente, até coloca nossa casa comum em risco[340].

Como os conhecidos populistas latino-americanos, Francisco parece acreditar que o capitalismo é a causa de muitos dos males do mundo e um jogo de soma zero no qual alguns ganham o que os outros perdem. É evidente que o papa ignora conceitos elementares da economia, bem como história econômica e evidências empíricas. Nisto, devemos dizer, tem sido extremamente irresponsável, oferecendo mais munições

---

339 Idem. *Ibidem*. A citação, segundo o Vaticano, é: *"A crise mundial que afeta as finanças e a economia expõe seus desequilíbrios e, sobretudo, a grave carência de sua orientação antropológica, que reduz o homem a apenas uma de suas necessidades: o consumo"*. Ver: <https://w2.vatican.va/content/francesco/es/speeches/2013/may/documents/papa--francesco_20130516_nuoviambasciatori.html>. Acessado em 10 de setembro de 2018.

340 Idem. *Ibidem*.

ideológicas para aqueles que condenaram seu país e seu continente à pobreza, à instabilidade e a essa opressão que ele mesmo denuncia. Então, quando o papa denuncia o capitalismo e argumenta que se fundamenta em uma "economia impessoal", na realidade, o que está atacando é a base da civilização moderna, calcada no princípio da divisão do trabalho e da ideia de dignidade como possibilidade para livremente buscar seus próprios fins.

Antigamente, os seres humanos eram autossuficientes, e tínhamos de produzir tudo o que precisávamos em comunidades fechadas onde todos se conheciam. A troca era limitada, e a miséria, de fato, generalizada. Com o gradual desenvolvimento do mundo moderno, do comércio e da especialização, esses laços foram desaparecendo, e sociedades fechadas e carentes de liberdade se tornaram sociedades abertas nas quais já não eram mais as relações pessoais que definiam a estrutura produtiva e social, mas regras impessoais que permitiram aumentar nossa produtividade e nossa liberdade. Isso levou à construção de sociedades mais complexas. Um exemplo disso é a substituição que o dinheiro fez do escambo. Tal fato possibilitou a expansão da atividade econômica e a criação de riqueza anteriormente desconhecida. Retornar a uma economia pessoal e eliminar o dinheiro como meio de troca significaria retroceder vários milênios no desenvolvimento da humanidade.

A mesma leviandade de julgamento é observada quando o papa denuncia a crise financeira, pois essa foi causada, principalmente, por governos e bancos centrais que criaram bolhas de crédito e imobiliárias que levaram o sistema ao colapso[341]. Na verdade, a crise de 2008 teve em seu epicentro uma medida que o papa Francisco provavelmente

---

341 Para una investigación completa acerca de como o Estado norte-americano criou a crise financiera, ver: KAISER, Axel. *La miseria del intervencionismo: 1929-2008*. Madri: Unión Editorial, 2013.

teria promovido: a entrega de hipotecas mais baratas a pessoas de baixa renda para que pudessem tornar-se proprietários de uma casa. Esta medida foi imposta pelo Estado dos EUA e foi a origem dos famosos empréstimos *subprime* (subpreferenciais), palavra que se refere à baixa qualidade dessa dívida e dá precisamente nome à chamada "crise do *subprime*". Quando as taxas de juros começaram a subir nos Estados Unidos, como resultado da inflação criada por outro órgão de origem estatal, a Reserva Federal, os mutuários de hipotecas *subprime* de baixa renda não podiam pagar. Assim, as casas foram leiloadas, com um preço menor do que o registrado nos balanços dos bancos. Tal fato levou-os a incorrer em perdas dramáticas. Consequentemente a essas perdas, esses bancos começaram a quebrar, arrastando outros bancos e impactando a economia real. As instituições com patrocínio ou garantias governamentais que mais contribuíram para o desastre foram "Fannie Mae" e "Freddie Mac", ambas criadas pelo governo dos Estados Unidos para facilitar hipotecas para pessoas com poucos recursos. As duas agências tornaram-se responsáveis por quase 50% do mercado hipotecário dos Estados Unidos, encorajando a oferta de empréstimos a indivíduos incapazes de pagar por instituições privadas que depois comprariam tais hipotecas para transformá-los nas famosas *mortgage backed securities*, instrumentos financeiros lastreados em hipotecas que logo foram vendidas no mercado.

Nada disso parece saber o Papa Francisco, mas ele insiste que o capitalismo é o culpado de uma crise que, na realidade, foi engendrada pelas políticas sociais e monetárias do Estado norte-americano. Conforme argumentado em 2009 pelo professor John Taylor, da Universidade de Stanford, um dos principais especialistas do mundo em política monetária:

> [...] Minha pesquisa mostra que foram as ações e intervenções do governo, não uma falha ou uma instabilidade

inerente a economia privada, que causaram, prolongaram e agravaram consideravelmente a crise[342].

Mais evidente e séria é a ignorância de Sua Santidade quando argumenta que o livre-mercado não melhora a situação dos pobres e que a ideia deste *"nunca foi provada pelos fatos"*. Se há algo que a história econômica e as evidências demonstram sem qualquer discussão é que o capitalismo consta precisamente como a força que mais melhorou a situação dos pobres do mundo. Embora tenhamos visto isso na primeira parte deste livro, é conveniente insistir neste ponto citando uma nova evidência.

A notável economista Deirdre McCloskey, em seu estudo sobre o aumento de oportunidades e riqueza no mundo, argumentou que *"os pobres têm sido os principais beneficiários do capitalismo"*[343]. De acordo com McCloskey, os benefícios resultantes da inovação em um mercado aberto de acordo com as instituições liberais vão primeiro para os ricos que a geraram. No entanto, o que as evidências históricas mostram é que os benefícios ajudam inevitavelmente aos menos favorecidos, causando uma diminuição nos preços e criando mais oportunidades de emprego e maior mobilidade social, o que leva a uma melhor distribuição de renda[344]. Vamos ver dados concretos.

Em seu extraordinário livro *Poverty and Progress* [*Pobreza e Progresso*], Deepak Lal, professor da Universidade da Califórnia em Los Angeles (UCLA), mostrou que o capitalismo tem sido a mais formidável força de redução da pobreza já conhecida. Segundo Lal, *"se os países do Terceiro*

---

342 TAYLOR, John B. "How Government Created the Financial Crisis". *The Wall Street Journal*, 9 de fevereiro de 2009. Disponível em: <http://www.wsj.com/articles/ SB123414310280561945>. Acessado em 10 de setembro de 2018.

343 McCLOSKEY, Deirdre N. *Bourgeois Dignity: Why economics Can't Explain the Modern World*. Chicago: University of Chicago Press, Chicago, 2010. p. 70.

344 Idem. *Ibidem*.

Mundo crescessem a taxas acima de 3% ao ano, o tão desprezado processo de 'gotejamento' diminuiria rapidamente a pobreza estrutural"[345]. Agora bem, devemos insistir que, ao contrário do que pensa o Papa Francisco e os populistas, a história da humanidade antes do capitalismo é a da pobreza. Na Europa Ocidental, por exemplo, o nível renda anual *per capita* no ano 1 da Era Cristã era de US$ 576.00 (quinhentos e setenta e seis dólares); no ano 1000, US$ 427.00 (quatrocentos e vinte e sete dólares); e no ano 1500, US$ 771.00 (setecentos e setenta e um dólares)[346]. Isso significa que, em uma das regiões mais ricas do mundo hoje, quase toda a população viveu por milênios com menos de dois dólares por dia, ou seja, em condições de extrema pobreza. Após a Revolução Industrial – o marco por excelência da história capitalista –, este número multiplicaria por um fator de trinta para alcançar quase US$ 20.000.00 (vinte mil dólares) em 2003. Em outras palavras, a pobreza desapareceu na Europa Ocidental graças ao capitalismo. O mesmo aconteceu com todo o Ocidente, enquanto regiões como a África, a América Latina e os antigos países socialistas ficaram para trás, embora, em geral, e nas últimas décadas, tais regiões tenham sofrido progressos significativos devido à abertura ao sistema capitalista.

Esse progresso, a propósito, não está limitado à renda. Todos os outros indicadores, como os referentes à mortalidade infantil, à expectativa de vida ou a à nutrição, entre outros, melhoraram substancialmente graças ao sistema de mercado. E isso tem sido verdade mesmo nos países mais pobres onde, de uma maneira ou de outra, tenham chegado os efeitos da globalização. Por isso, o Papa Francisco, em vez de ajudar, prejudica os pobres quando apoia e promove ativa e irresponsavelmente o mesmo discurso anticapitalista dos populistas

---

345 LAL, Deepak. *Poverty and Progress: Realities and Myths About Global Poverty*. Washington: Cato Institute, 2013. p. 1.

346 Idem. *Ibidem*., p. 10. (As cifras são em dólares norte-americanos de 1990).

em todo o mundo. Pois, como McCloskey explicou, o que permitiu a Revolução Industrial e nos levou a níveis de riqueza, bem-estar e liberdade jamais vistos na história humana era a retórica positiva sobre o papel do empreendedor, do lucro e da burguesia. A professora diz que foi *"uma mudança retórica, por volta de 1700, em relação aos mercados, à inovação e à burguesia [...], uma mudança no modo de falar e pensar na liberdade e na dignidade"* da burguesia que produziu o milagre produtivo sem precedentes[347]. Para isso, McCloskey insiste que falar contra os empresários e a função criativa do capitalismo, como Francisco faz, gera efeitos culturais e institucionais que dificultam o progresso dos pobres. Além disso, a única coisa alcançada com a doutrina da caridade por meio de impostos e redistribuição, diz a economista, é a *"santificação da inveja"*, com a qual poucos vencem e a maioria permanece *"pobre e ignorante"*[348].

Francisco, então, entendeu tudo errado. Tão óbvio é isso que o professor da Universidade de Harvard e diretor do Centro para o Desenvolvimento Internacional daquela universidade, o venezuelano Ricardo Hausmann, viu a necessidade de responder ao Papa Francisco em um eloquente artigo, publicado em 2015, intitulado "O capitalismo é a causa da pobreza?". Nele, Hausmann refutou o pontífice nos seguintes termos:

> Os problemas que preocupam o papa são resultado do que ele chama de capitalismo "desenfreado"? Ou, ao contrário, são uma consequência do fracasso do capitalismo em se estabelecer como esperado? Deveria uma agenda para promover a justiça social basear-se em conter o capitalismo ou eliminar as barreiras que impedem sua expansão? A resposta na América Latina, na África, no

---

347 McCLOSKEY, Deirdre N. *Bourgeois Dignity. Op. cit.*, p. 33.

348 Idem. *Ibidem.*, p. 421-22.

Oriente Médio e na Ásia são claramente a segunda opção [...]. O capitalismo [...] possibilitou um aumento sem precedentes na produtividade. A divisão do trabalho dentro e entre empresas, que em 1776 Adam Smith já havia concebido como motor de crescimento, possibilitou uma cisão de conhecimentos entre indivíduos que permitia ao todo saber mais que as partes e formar redes de troca e colaboração cada vez mais amplas[349].

Segundo Hausmann, as expressões que o Sumo Pontífice emitiu na Bolívia condenando o capitalismo foram *"bem pouco acertadas"*, pois o problema nesse país era que as grandes empresas não se estabeleciam lá simplesmente porque era pouco rentável. Daí a pobreza boliviana. O mesmo se aplica ao resto dos países pobres. Hausmann diz:

[...] o problema mais fundamental no mundo em desenvolvimento é que o capitalismo não reorganizou a produção ou o emprego nos países e regiões mais pobres. Isso significa que a maior parte da força de trabalho ficou de fora de seu âmbito operacional.

Finalmente, o professor de Harvard concluiu, confirmando o que propusemos neste livro, que *"os países mais pobres do mundo não são caracterizados por ter uma confiança ingênua no capitalismo, mas uma completa desconfiança"*. Tal fato levaria *"a fortes demandas por intervenção do governo e regulamentação do comércio"* sob os quais *"o capitalismo não prospera e as economias continuam pobres"*. Hausmann finaliza afirmando que o sofrimento dos países pobres *"não é consequência do*

---

349 HAUSMANN, Ricardo. "¿Es el capitalismo la causa de la pobreza?" *Project Syndicate en línea*, 21 de agosto de 2015. Disponível em: <http://www.projectsyndicate.org/commentary/does-capitalism-cause-poverty-byricardo-hausmann-2015-08/spanish>. Acessado em 10 de setembro de 2018.

capitalismo desenfreado, mas de um capitalismo que tem sido travado de maneira errada"[350].

Com isso, podemos voltar à questão original que a prestigiada revista *Newsweek* colocou em sua capa (e em uma reportagem dentro) em dezembro de 2013: "Is the Pope a Socialist?"[351] A julgar por suas opiniões sobre o econômico, não há dúvida de que sua filosofia está mais próxima do socialismo que do liberalismo ou a uma visão comedida e ponderada do capitalismo. Está muito longe de João Paulo II (1920-2005), que, em sua encíclica *Centesimus Annus*, foi muito mais ponderado em seu julgamento sobre a economia livre, chegando a reconhecer que, *"tanto no nível das nações quanto nas relações internacionais, o livre-mercado é o instrumento mais eficaz para alocar recursos e responder efetivamente às necessidades"*[352]. João Paulo II concluiria o seguinte:

> [...] Pode-se dizer que, após o fracasso do comunismo, o sistema vencedor é o capitalismo, e que os esforços dos países que tentam reconstruir sua economia e sociedade estão voltados para ele? Será este talvez o modelo que deve ser proposto aos países do Terceiro Mundo, que procuram o caminho do verdadeiro progresso econômico e civil? A resposta é obviamente complexa. Se "capitalismo" significa um sistema econômico que reconhece o papel fundamental e positivo da empresa, do mercado, da propriedade privada e da consequente responsabilidade

---

350 Idem. *Ibidem.*

351 Ver: <http://www.newsweek.com/2013/12/13/issue.html?piano_ t=1>. Acessado em 10 de setembro de 2018. Para consultar a reportagem, ver: ODONE, Cristina. "Is the Pope a Socialist?", *Newsweek*, 12 dez 2013. Disponível em: <http://europe.newsweek. com/pope-socialist-224324>. Acessado em 10 de setembro de 2018.

352 JOÃO PAULO II, Papa. *Centesimus Annus*. Carta Encíclica de 1º de maio de 1991. Disponível em: <http://w2.vatican.va/content/johnpaul-ii/es/encyclicals/ documents/hf_ jp-ii_enc_01051991_centesimus-annus.html>. Acessado em 10 de setembro de 2018.

pelos meios de produção, da criatividade humana livre no setor da economia, a resposta é certamente positiva, embora talvez fosse mais apropriado falar de "economia de empresa", "economia de mercado" ou, simplesmente, "economia livre"[353].

A economia livre era o caminho dos países pobres, pensava João Paulo II. Mas, além disso, podemos dizer que o livre-mercado é completamente estranho à tradição católica? Não. Como já mencionamos, foram padres espanhóis católicos que lançaram as bases do liberalismo econômico moderno. Em seu extraordinário livro *Raíces cristianas de la economia do libre mercado*, Alejandro Chafuen fez um estudo completo do pensamento escolástico tardio que se estendeu entre os séculos XIV e XVI, concluindo que nele há material abundante a favor do livre--mercado. Assim, por exemplo, o padre Domingo de Soto (1494-1560), da ordem dos dominicanos, diria que a propriedade comum inevitavelmente *"perturba a paz e a tranquilidade entre os cidadãos"*. Enquanto isso, o frade Tomás de Mercado (1525-1575) faria uma forte defesa da propriedade privada e do autointeresse, dizendo que *"não há ninguém que não busque seu interesse e que não se importe mais de cuidar da casa do que da república"* e que, como resultado, *"as fazendas particulares [...] vão adiante e crescem: as da cidade e do conselho diminuem, são mal providas e são mal governadas"*[354]. Esta é a crítica mais tradicional ao liberalismo clássico do Estado, em razão de ser ineficiente e corrupto, precisamente porque, não tendo nenhum interesse individual e usar recursos alheios, não existem no âmbito estatal os incentivos para um bom desempenho. O frei dominicano Francisco de Vitoria (1492-1546), promotor da famosa escola de pensamento chamada Escola de

---

353 Idem. *Ibidem.*

354 CHAFUÉN, Alejandro A. *Raíces cristianas de la economía de libre mercado.* Santiago de Chile: Fundación para el Progreso e Instituto Respublica, 2013. p. 33.

Salamanca, diria, inclusive, que, *"se os bens são adquiridos em comum, seriam maus os homens, e até mesmo os gananciosos e os ladrões seriam o que mais se beneficiariam"*, porque *"ganhariam mais e colocariam menos no celeiro da comunidade"*[355].

Na mesma linha, o eclesiástico Pedro Fernández de Navarrete (1564-1632) diria que, *"dos impostos elevados, origina-se a pobreza"*, tornando impossível as pessoas sustentarem suas vidas e as de suas famílias e levando-as a abandoná-las[356]. O jesuíta Juan de Mariana (1536-1624), entretanto, diria que os funcionários do Estado buscavam melhorar seu patrimônio à custa do restante, e, portanto, buscavam ampliar o poder do rei, ou seja, do Estado. Esse desejo de aumentar o poder do Estado acabou por se degenerar em "tirania", segundo Juan de Mariana[357]. Esses tiranos, ele acrescentou, *"esgotam os tesouros de particulares, impõem novos tributos todos os dias, semeiam discórdia entre os cidadãos [...], colocam em jogo todos os meios possíveis para evitar que outros se revoltem contra sua tirania amarga"*[358]. É quase como se Juan de Mariana estivesse descrevendo os populistas latino-americanos. Certamente, sua proposta era liberal: *"[...] deve procurar o príncipe que, tendo eliminado todas as despesas supérfluas, sejam moderados os tributos"*[359]. Não é difícil imaginar como seria a América Latina se os impostos fossem moderados e se as despesas supérfluas fossem eliminadas. Juan de Mariana também advertiu algo que a economia moderna confirmou repetidas vezes e que a América Latina parece não ter aprendido: que os gastos excessivos são a origem da inflação, que não passa de mais de outro tipo de tributação[360].

---

355 Idem. *Ibidem.*

356 Idem. *Ibidem.*, p. 34.

357 Idem. *Ibidem.*, p. 131.

358 Idem. *Ibidem.*, p. 135.

359 Idem. *Ibidem.*, p. 161.

360 Idem. *Ibidem.*, p. 142.

Em relação ao mercado e ao comércio, o padre jesuíta Luis de Molina (1535-1600) sustentava que *"não parece dever condenar as trocas que os homens fazem de acordo com a estimativa comum das coisas em suas respectivas regiões [...]. O preço justo das coisas depende, principalmente, da estimativa dos homens em cada região"*[361]. Assim, outro jesuíta defendeu a moderna teoria subjetiva do valor e do lucro obtida por meio de trocas voluntárias, rejeitando a ideia de que havia um preço justo diferente do comumente acordado entre as partes. Isso vai contra políticas de fixação de preços bem conhecidas na América Latina.

Ainda mais interessantes são as reflexões desses católicos sobre a justiça distributiva, hoje chamada justiça "social". De acordo com Santo Tomás de Aquino (1225-1274), os bens privados não podiam ser distribuídos por motivos de justiça, apenas os públicos[362]. Como explica Alejandro Chafuen, os seguidores escolásticos da tradição aristotélica-tomista "chegaram à conclusão de que não era função do governo determinar salários, lucros e juros"[363]. Em outras palavras, muitos escolásticos achavam que não deveria haver um salário mínimo estabelecido pelo governo. Chafuen explica que:

> Em toda a teoria do preço justo, a essência é a voluntariedade, livre consentimento, excluindo-se todos os tipos de fraude ou engano. A necessidade do trabalhador não determina o salário, assim como a do proprietário não determina o preço do aluguel ou o do arrendamento[364].

Pode-se citar muito mais evidências de que a Igreja Católica tem uma antiga e rica tradição que viu no mercado não só um mecanismo

---

361 Idem. *Ibidem.*, p. 171.

362 Idem. *Ibidem.*, p. 228.

363 Idem. *Ibidem.*, p. 231.

364 Idem. *Ibidem.*, p. 245.

útil para sociedade, mas também uma expressão da lei natural e da liberdade humana. Ainda mais, como o professor Jesús Huerta de Soto argumentou, os escolásticos espanhóis anteciparam em muitos aspectos a Escola Austríaca de Economia, conhecida por sua posição de livre-mercado[365]. Segundo Huerta de Soto – e isso surpreenderá o Papa Francisco –, o mais liberal de todos foi o jesuíta Juan de Mariana, que fez contribuições em várias áreas da ciência econômica. Dessa maneira, apesar do fato de que a doutrina social da Igreja é muitas vezes confusa em termos de mercado e propriedade, não há razão para pensar que ser católico implica ser contrário ao livre-mercado, como acredita o papa Francisco. Como concluiu o professor católico Gabriel Zanotti: "[...] *a economia de mercado, entendida a partir da Escola Austríaca, não contradiz os princípios básicos da doutrina social da Igreja"*. De acordo com Zanotti, é a economia de mercado aquela que melhor garante as condições sociais que permitem o pleno desenvolvimento da pessoa humana, que está na base do bem comum[366].

E é a economia de mercado que surge do princípio da subsidiariedade do Estado que muitos católicos perseguem e segundo o qual, explica Zanotti, tudo o que se pode fazer com os privados deve ficar de fora do alcance das atividades do Estado[367]. Além disso, diz Zanotti, embora a economia de mercado implique um uso econômico e eficiente dos recursos, ela os submete ao bem comum, pois consegue ser designada onde eles são mais necessários[368]. Infelizmente, esses princípios elementares foram amplamente ignorados dentro da Igreja, particularmente na América Latina.

---

365 Ver: DE SOTO, Jesús Huerta. *Nuevos estudios de economía política*. Madri: Unión Editorial, 2ª ed., 2007.

366 ZANOTTI, Gabriel J. "Liberalismo y catolicismo, hoy". *Revista UCEMA*, N. 25, Agosto de 2014, p. 29. Disponível em: https://www.ucema.edu.ar/publicaciones/download/revista_ucema/25/analisis-zanotti.pdf>. Acessado em 10 de setembro de 2018.

367 Idem. *Ibidem*.

368 Idem. *Ibidem*.

CAPÍTULO 13

A Estratégia Hegemônica do Foro de São Paulo

Não podemos terminar esta parte de nosso livro sem antes nos referirmos brevemente ao famoso Foro de São Paulo, no qual o socialismo do século XXI viu seu momento gestacional. Patrocinado pelo Partido dos Trabalhadores (PT) do Brasil em 1990, o encontro reuniu 48 partidos políticos e organizações de esquerda de 14 países da região. O objetivo era reviver o comunismo na América Latina com o objetivo de projetá-lo após o fim da Guerra Fria. As conclusões desta reunião delinearam o roteiro dos movimentos de esquerda latino-americanos nas décadas seguintes:

> Constatamos que todas as organizações da esquerda concebem que a sociedade justa, livre e soberana e o socialismo só podem surgir e ser sustentados pela vontade dos povos, ligados às suas raízes históricas. Declaramos, portanto, nossa vontade comum de renovar o pensamento de esquerda e do socialismo, para reafirmar seu caráter emancipatório, corrigir concepções equivocadas, superar qualquer expressão de burocracia

e toda ausência de uma verdadeira democracia social e de massas[369].

Assim, deveria haver a *"renovação do pensamento da esquerda"*, por um lado, e usar a estratégia democrática para alcançar a concentração de poder, por outro. O Foro não teve um compromisso mínimo com a democracia liberal, o que ficava claro quando os grupos presentes declaravam reafirmar a *"solidariedade com a revolução socialista cubana, que defende firmemente sua soberania e suas conquistas"*. Além disso, o Foro declarou compromisso *"com a democracia e a soberania popular como valores estratégicos"*. Ou seja, não havia nem há compromisso de princípios com eles, mas estes foram vistos como ferramentas para o estabelecimento de regimes socialistas autoritários. O Foro continuou a ser realizado ano após ano, adicionando mais e mais participantes e repetindo sempre as mesmas conclusões: que todo o mal na América Latina se deveu ao "neoliberalismo" e ao imperialismo norte-americano, que o socialismo deveria retornar por meios democráticos e que havia que repensá-lo para transformá-lo novamente em uma força hegemônica.

O que é alarmante sobre a história do Foro de São Paulo é o sucesso que teve no propósito criado em 1990, quando o socialismo parecia completamente enterrado. Ninguém expunha isso de maneira mais clara do que Álvaro Garcia Linera, vice-presidente da Bolívia, na reunião que o Foro realizou em 2014. Na ocasião, García Linera, um dos cérebros por trás do ressurgimento do socialismo na região, refletiria que é preciso reproduzir para entender a essência do problema discutido aqui. De acordo com ele, *"quando nasceu o Foro de São Paulo, o mundo em que vivíamos era outro, entrou em colapso diante dos nossos olhos a União*

---

369 Texto disponível em: <http://forodesaopaulo.org/wp-content/uploads/2014/07/01-Declaracion-de-Sao-Paulo-19901.pdf>. Acessado em 10 de setembro de 2018.

Soviética", enquanto Ronald Reagan (1911-2004) e Margaret Thatcher (1925-2013) triunfavam *"pela mídia, pelas universidades, até mesmo pelos meios sindicais"*, todas as instâncias em que se difundia *"uma ideologia planetária"* chamada "neoliberalismo" que *"começava a atravessar o continente e o mundo de maneira aparentemente triunfante"*[370]. A situação, de acordo com a autoridade boliviana, é muito diferente hoje, porque, graças ao Foro de São Paulo e às lutas promovidas por 24 anos "na América Latina, emergiu genericamente um modelo pós-neoliberal" que fez *"falar do neoliberalismo na América Latina cada vez [...] como se fosse um parque jurássico"*. Linera concluiu: "[...] *15 anos atrás, o neoliberalismo era a Bíblia; hoje, o neoliberalismo é um arcaísmo que estamos jogando no lixo da história, da qual nunca deveria ter saído"*[371].

Não se pode duvidar de que, além do triunfalismo exagerado de García Linera, ele está certo quando diz que o socialismo se tornou mais uma moda na América Latina. Desse modo, o roteiro que o Foro de São Paulo delineou, assim que a União Soviética caiu, foi um sucesso. Mais interessante é sua reflexão quando ele explica o sucesso que tiveram. Segundo o vice-presidente boliviano, *"a democracia como um método revolucionário"* foi a primeira lição que se deve tirar proveito do triunfo do socialismo do século XXI. Ele disse ainda o seguinte: "[...] *o que a América Latina demonstrou nestes 15 anos, nos últimos dez anos, [...] é que a democracia está se tornando e é possível transformá-la no meio e no espaço cultural da própria revolução"*. García Linera, em seguida, descreve o processo de vitória do socialismo do século XXI como aquele que se produz essencialmente na área da cultura e na hegemonia cultural e intelectual no sentido de Gramsci, que já mencionamos nas páginas anteriores. Mais uma vez, confirma-se que a solução para superar o

---

370 Discurso disponível em: <http://forodesaopaulo.org/discurso-de-alvaro-garcia-al-xx-encuentro-del-foro-desao-paulo/>. Acessado em 10 de setembro de 2018.

371 Idem. *Ibidem.*

populismo e o socialismo reside no mundo das ideias, da cultura e das consciências das pessoas. García Linera insistiu:

> Não me equivoco ao dizer que as vitórias da esquerda latino-americana são o resultado de processos de mobilização no campo cultural e ideológico, mas também na esfera social e organizacional.

A rua e os movimentos sociais têm sido uma parte importante do avanço socialista, diz García Linera. Mas o fundamento ideológico é o essencial:

> Um componente histórico conquistado nesses 14 anos é a construção dificultosa, mas ascendente, de um novo corpo de ideias, de um novo senso comum mobilizador; não nos esqueçamos, camaradas, de que a política é fundamentalmente a luta pela direção das ideias principais, das ideias mobilizadoras de uma sociedade e do Estado; e todo revolucionário que luta pelo poder do Estado é metade matéria e metade ideia. Todo Estado, o conservador e o revolucionário, estabelecido e em transição, é matéria, é uma instituição, é organização, é correlação de forças, mas também ideia, senso comum, força mobilizadora no campo de ideologia.

O que queremos destacar nesta segunda parte, mais do que os fatores materiais que facilitam o populismo, são os fatores intelectuais e culturais que tornam possível, e mais especificamente, o papel desempenhado pela hegemonia intelectual e ideológica no avanço das propostas socialistas. Sem dúvida, García Linera, Iglesias, Harnecker, Monedero e muitos outros teóricos da esquerda que comentamos estão certos ao enfatizar a estratégia de hegemonia cultural gramsciana. O mesmo deve fazer aqueles que querem ver a América Latina livre das misérias que engendram o populismo e o socialismo, porque, apesar dos sinais de esperança que surgiram, sem uma filosofia e uma alternativa de senso comum mobilizador não será possível derrotar o populismo e as várias correntes hostis à democracia liberal. Ora, essa filosofia ou o corpo de ideias alternativas deveriam ser, acreditamos, um republicanismo liberal do século XXI que apresenta um roteiro totalmente oposto à ideologia coletivista e autoritária do populismo socialista.

Parte III

Alternativas ao Populismo

Outros foram o destino e a condição da sociedade que povoa a América do Norte. Essa sociedade, radicalmente diferente da nossa, deve à origem transatlântica de seus habitantes saxões a gestão e a complexidade de seu regime político de governo, em que a liberdade da pátria tinha por limite a liberdade sagrado do indivíduo [...]. Os homens eram livres porque o Estado, o poder de seu governo não foi onipotente, e o Estado tinha poder limitado na esfera da liberdade ou do poder de seus membros porque seu governo não se baseava no modelo das sociedades grega e romana.

Juan Bautista Alberdi

CAPÍTULO 14

Como Resgatar nossas Repúblicas

A superação do populismo que arruinou nossos países requer um diagnóstico claro em torno da natureza do problema, seus nutrientes e as razões de seu sucesso e de sua persistência. As duas primeiras partes foram dedicadas a isso. Agora, convém explicar claramente qual é o conteúdo da proposta alternativa, porque, sem um norte filosófico e programático definido, é impossível estabelecer uma proposta de ação positiva.

Uma coisa é criticar o populismo e outra é propor um caminho diferente. Acreditamos que os fundamentos desse caminho diferente podem ser encontrados na América, e também há uma versão da fórmula filosófica que possibilitou que os Estados Unidos se tornassem o país mais próspero e livre do planeta. Trata-se de ideias universalmente válidas e que várias nações seguiram com excelentes resultados.

Ao mesmo tempo, precisamos ter uma estratégia clara que nos possibilite avançar nessa fórmula vencedora, deslocando o populismo e o socialismo que nos caracterizaram. A estratégia deve passar pela construção de um novo senso comum próximo ao republicanismo liberal. Por sua vez, essa estratégia exige uma tática que leve em conta realidades da natureza humana como nossas emoções e a possibilidade de nos educarmos.

Finalmente, são necessários instrumentos modernos para alcançar uma construção efetiva e sustentável de novo senso comum republicano.

CAPÍTULO 15

A Alternativa: Republicanismo Liberal

Um dos desvios da mentalidade populista que caracterizou a América Latina é o antiamericanismo. Embora isso tenha diminuído substancialmente em alguns países da região, nos países onde sobressai o populismo tem sido sempre parte da retórica oficial. No México, historicamente, este "antiamericanismo" tem sido tão arraigado que ainda hoje existe um ditado popular que diz: "Pobre México, tão longe de Deus e tão perto dos Estados Unidos". Mas a verdade é que ter um vizinho como os Estados Unidos tem sido extremamente positivo para os mexicanos do ponto de vista econômico, social e cultural. E não há nenhuma razão para que os mexicanos rejeitem as instituições *"gringas"*, embora, obviamente, possam ser criticadas muitas políticas do governo dos EUA, começando com a guerra inútil contra as drogas que tem sido realizada.

Em países como a Venezuela, a Argentina dos Kirchner, a Bolívia, o Equador e a Nicarágua, entre outros, o antiamericanismo foi o perfeito estratagema dos líderes populistas para justificar a incompetência e a devastação institucional, e para desviar a atenção de corrupção interna. Para eles, tudo se deve a conspirações dos "malvados ianques", da CIA e de seus lacaios, ou seja, opositores e dissidentes supostamente servindo o inimigo. Mas a verdade é que, como Juan Bautista Alberdi observou, os Estados Unidos devem seu sucesso inegável à sua cultura e à sua tradição liberal. E, na América Latina, é o que é – um fracasso incontestável – devido à cultura estatista, socialista, assistencialista e populista e às *"instituições extrativistas"*, para usar os termos de Daron Acemoglu e James A. Robinson, que as caracterizou[372]. Enquanto isso, de acordo com ambos os acadêmicos, instituições *"inclusivas"* que prevalecem nos Estados Unidos *"fomentam a atividade econômica, o crescimento da produtividade e prosperidade econômica"*, mediante a proteção dos direitos de propriedade, os serviços públicos confiáveis, a liberdade contratual e a manutenção da ordem, *"instituições extrativistas"* prevalecentes na América Latina fazem o oposto: elas criam privilégios especiais para elites que enriquecem à custa dos outros, destroem os incentivos para a criação de riqueza, não respeitam os direitos de propriedade e não garantem a igualdade perante a lei, nem acesso a mercados ou serviços públicos decentes[373]. Essa diferença entre a América Latina e os Estados Unidos certamente tem origens históricas. Em seu clássico estudo comparando as colonizações da Inglaterra e da Espanha na América, J. H. Elliott, professor de Oxford, sustentava que a descoberta de grande riqueza mineral e uma extensa população indígena na América Latina facilitou o surgimento de elites que acumularam riqueza simplesmente usando os nativos para extraí-la. Em vez disso, de acordo com Elliott,

---

372 Ver: ACEMOGLU, Daron & ROBINSON, James A. *Why Nations Fail: The Origins of Power, Prosperity, and Poverty*. Londres: Profile, 2012. Versão em espanho: ACEMOGLU, Daron & ROBINSON, James A. *Por qué fracasan los países: Los orígenes del poder, la prosperidad y la pobreza*. Trad. Marta García Madera. Barcelona: Ediciones Deusto, 2012.

373 Idem. *Ibidem*., p. 73-74.

A falta de dinheiro e trabalho indígena nas primeiras colônias britânicas forçou os colonos a uma lógica desenvolvimentista, em vez de uma essencialmente exploradora. Isso, por sua vez, deu peso adicional às qualidades de autossuficiência, trabalho duro e empreendedorismo que estavam assumindo um papel cada vez mais proeminente no imaginário nacional e na retórica da Inglaterra do século XVII[374].

Dessa maneira, a cultura anglo-saxônica, que confiava no indivíduo e no *"Rule of Law"* (Estado de Direito ou, literalmente, "Império da Lei"), deu origem a repúblicas autênticas baseadas na liberdade e na lei, enquanto a tradição francesa que veio para a América Latina deu lugar ao contrário: caudilhismo revolucionário e *refundacional*. Como Alberdi, o já citado Carlos Rangel chamou a atenção para o fato de que os americanos mantiveram um espírito libertário e que, ao contrário dos latino-americanos, nunca se deixaram levar pela febre revolucionária dos jacobinos franceses. Segundo Rangel, para os americanos, as obras do inglês John Locke, pai do liberalismo moderno, foram uma leitura tão folclórica quanto as de Marx e Lenin, dois aprendizes da revolução jacobina, para o Terceiro Mundo[375]. Na mesma linha, o Prêmio Nobel de Economia e filósofo F. A. Hayek, entrevistado em 1981 pelo jornal *El Mercurio,* do Chile, sobre porque na América Latina, ao contrário dos Estados Unidos, era tão difícil alcançar governos que produzissem prosperidade, ele respondeu:

> A diferença está em sua tradição. Os Estados Unidos herdaram sua tradição da Inglaterra. Nos séculos XVIII e XIX, acima de tudo, era uma tradição de liberdade. Por

---

374 ELLIOTT, J. H. *Empires of the Atlantic world: Britain and Spain in America, 1492-1830.* New Haven / Londres: Yale University Press, 2007. p. 27.

375 RANGEL, Carlos. *Del buen salvaje al buen revolucionario. Op. cit.,* p. 50.

> outro lado, a tradição na América do Sul, por exemplo, baseia-se fundamentalmente na Revolução Francesa. Essa tradição não é encontrada na linha clássica da liberdade, mas na linha do poder máximo do governo. Acho que a América do Sul tem sido excessivamente influenciada por um tipo totalitário de ideologias [...]. Assim, a resposta é que os Estados Unidos permaneceram fiéis à velha tradição inglesa, mesmo quando a Inglaterra a abandonou em parte. Na América do Sul, por outro lado, as pessoas tentavam imitar a tradição democrática francesa, a da Revolução Francesa, que significava dar poder máximo ao governo[376].

Como mostram os casos do Chile e da Argentina que vimos no segundo capítulo, os países latino-americanos também podem prosperar quando abraçam ideais republicanos liberais, mais próximos da tradição anglo-saxônica do que dos ideais construtivistas e refundacionais franceses. Até a França avançou muito mais quando ela se aproximou dos ideais da liberdade individual anglo-saxônica na matéria econômica. De fato, após a Segunda Guerra Mundial, o principal obstáculo da economia francesa para chegar à frente foram as políticas estatistas existentes que impediram a recuperação do país. Em 1958, no auge da crise econômica, o presidente Charles de Gaulle (1890-1970) convocou um conselho de especialistas liderado pelo economista liberal Jaqcues Rueff (1896-1978). Confrontado com a inflação desenfreada, elevados déficits fiscais, fuga de capitais, protecionismo, perda de competitividade e uma escassez de divisas – males e cenários conhecidos na América Latina –, Rueff, um seguidor de linha

---

376 Entrevista de F. A. Hayek. *El Mercurio*, 12 de abril de 1981. Disponível em: <http://www.economicthought.net/blog/wp-content/uploads/2011/12/LibertyCleanOfImpuritiesInterviewWithFVonHayekChile1981.pdf>. Acessado em 10 de setembro de 2018.

de Adam Smith e membro da Mont Pelerin Society, propôs reformas liberais radicais que incluíram a abertura ao comércio internacional, uma drástica redução dos gastos públicos, uma reforma monetária que restaurou o padrão-ouro e desvalorizou o franco e a redução de subsídios, entre outros. Como resultado das políticas liberais, durante a década de 1960, a economia francesa cresceu mais do que qualquer outra na Europa Ocidental[377].

Embora já tenhamos analisado ambas as tradições no capítulo anterior, é bom deixar claro que a diferença fundamental entre a tradição da Revolução Francesa e a tradição inglesa consiste no fato de que os franceses e seus filósofos racionalistas acreditavam que era possível construir uma ordem completamente nova a partir de cima, destruindo instituições que evoluíram ao longo dos séculos. Os encarregados de realizar essa transformação – pensavam os jacobinos franceses – eram especialistas ou pessoas esclarecidas que sabiam melhor do que os outros as leis da sociedade e poderiam, de acordo com esse conhecimento, desenhar seu plano social iluminado. Como um engenheiro constrói uma ponte com base em seus cálculos matemáticos, um engenheiro social projeta uma instituição fundamentada em seus cálculos. O primeiro a extrapolar essas ideias científicas para o campo das ciências sociais foi o famoso matemático e filósofo René Descartes (1596-1650), pai do racionalismo moderno. Na segunda parte do seu *Discurso sobre o método*, Descartes expressa essa visão assegurando que o progresso social e a civilização podem ser alcançados da melhor maneira por meio do planejamento racional. Para Descartes, é suficiente com a sabedoria de alguns homens planejadores criar instituições e leis mais perfeitas sem a necessidade de avançar através de um processo gradual de tentativa e erro:

---

377 LYNCH, Frances M. B. *France and the International Economy: From Vichy to the Treaty Of Rome*. Taylor & Francis e-Library, 2006. p. 110-11.

Acho que essas nações que, a partir de um estado semi-bárbaro, avançaram em direção à civilização gradualmente e tiveram suas leis sucessivamente determinadas pela experiência dos danos causados por crimes e disputas particulares, tiveram instituições menos perfeitas do que aqueles que, desde o início de sua configuração como comunidades, seguiram as determinações de um sábio legislador[378].

A consequência dessa visão, segundo a qual a sociedade é uma engrenagem que deve ser ajustada por especialistas, é que o governo, ou seja, o Estado – deve ter o máximo de poder possível para executar o plano que possibilita o progresso. Em outras palavras, não confiamos que os indivíduos e suas famílias sejam os verdadeiros agentes de progresso, mas, sim, em que uma autoridade política devidamente iluminada possa refundar e dirigir a ordem social a sua vontade. Assim, a liberdade é substituída pela discricionariedade e o poder ilimitado do governante, o que justifica seu imenso domínio com o argumento de que o Estado deve cuidar de tudo, porque só a autoridade sabe como melhorar a sociedade e a vida das pessoas. Mas, além disso, a vontade do líder é sempre, por definição, a do "povo". Essa foi a ideia de Rousseau e seu famoso "contrato social" que analisamos no primeiro capítulo. Como dissemos, não é incomum para populistas, como Pablo Iglesias e os fundadores do socialismo do século XXI, declararem-se herdeiros de Rousseau e da Revolução Francesa. Afinal, é a tradição totalitária a precursora do socialismo e do fascismo, à qual fornece o sustento teórico para suas reivindicações de controle opressivo e utopias de refundação.

---

378 DESCARTES, René. *The Method, Meditations and Philosophy of Descartes*. Washington: M. Walter Dunne, 1901. p. 119.

A filosofia anglo-saxônica postulou o oposto. Os americanos, ao contrário dos franceses, não fizeram uma revolução no sentido estrito do termo. Sua luta pela independência, declarada em 1776, foi uma luta para preservar as instituições ancestrais que já tivemos e que limitavam o poder da Coroa Britânica de taxá-los e restringir suas liberdades econômicas. O conjunto de normas que atacaram a liberdade econômica dos colonos norte-americanos constituiu o gatilho da reação. Já em 1651, o Império Britânico aprovou o primeiro de seus Atos de Navegação (*Navigation Acts*). Estes estabeleciam que apenas os navios britânicos poderiam negociar nas colônias britânicas, deslocando a concorrência holandesa, que era muito mais barata. Em 1733, aprovou a Lei do Melaço, que obrigou os americanos a importar melaço, essencial para a produção de rum, das colônias britânicas na Índia, sendo o melaço muito mais barato produzido nas colônias espanhola e francesa. Então, em 1764, foi aprovada a Lei do Açúcar (*Sugar Act*), que aumentou a fiscalização para evitar o contrabando. Esta lei foi seguida pela Lei do Selo (*Stamp Act*), que aplicava impostos a todos os documentos oficiais e em papel. Posteriormente, novos impostos foram aplicados a álcoois, frutas, vidros e outros produtos.

O Império Britânico continuou no caminho de restringir as liberdades econômicas dos americanos até surgir a famosa "Lei do Chá" de 1773, marco determinante. Essa lei proibia a importação de chá para os americanos, dando o monopólio à Companhia Britânica das Índias Orientais, uma empresa privada inglesa coberta e regulada pelo Estado britânico. Foi nesse momento que eclodiu uma rebelião aberta em que centenas de colonos disfarçados de índios atiraram ao mar as expedições de chá de navios britânicos ancorados no porto de Boston. A partir daí, a situação intensificou-se até a guerra pela independência de uma monarquia que eles consideravam tirânica e à qual alegavam não poder taxá-los se não aceitassem a representação americana em seu Parlamento. Os americanos, assim, exigiam o direito de buscar sua felicidade sem a interferência de qualquer governo. Mas, acima de tudo, exigiam respeito pelo direito à propriedade, que para eles era sagrado.

Enquanto Rousseau não via necessidade de limitar o poder do Estado, os colonos americanos se rebelaram precisamente contra o governo. Eles procuraram limitar seu poder tanto quanto possível para garantir a liberdade individual e a propriedade dos cidadãos. Em outras palavras, enquanto a Revolução Francesa buscava aumentar o poder do Estado em detrimento da liberdade individual, o norte-americano buscava limitar o poder dos governantes de garantir a liberdade dos cidadãos. Portanto, o filósofo e parlamentar britânico Edmund Burke (1729-1797), que viveu na época de ambas as revoluções, condenou fortemente a Revolução Francesa como uma tentativa insana para construir um paraíso na Terra, enquanto defendeu os EUA por ser uma luta de acordo com *"ideias inglesas e princípios ingleses de liberdade"*[379]. Em suas famosas reflexões sobre a Revolução na França, Burke denunciaria o espírito refundacional jacobino alertando que isso levaria ao desastre:

> A ciência do governo, sendo uma questão prática [...] exige experiência, e ainda mais experiência do que qualquer um pode ganhar na vida [...], é com infinita cautela que qualquer homem deve se aventurar a demolir um edifício que tem respondido em qualquer grau tolerável por séculos a propósitos comuns da sociedade, ou a construção de um novo, sem padrões de utilidade testados diante de seus olhos[380].

---

379 BURKE, Edmund. *Thoughts on the Cause of the Present Discontents. In: Select Works of Edmund Burke: A New Imprint of the Payne Edition.* Foreword and biographical note by Francis Canavan. Indianapolis: Liberty Fund, 1999. Vol. 1, p. 142. Disponível em: <http://oll.libertyfund.org/titles/796>. Acessado em 10 de setembro de 2018.

380 BURKE, Edmund. *Reflections on the Revolution in France. In: Select Works of Edmund Burke: A New Imprint of the Payne Edition.* Foreword and biographical note by Francis Canavan. Indianapolis: Liberty Fund, 1999. Vol. 2, p. 99. Disponível em: <http://oll.libertyfund.org/title/656>. Acessado em 10 de setembro de 2018.

Como é evidente, a fantasia refundacional da Revolução Francesa criou raízes na América Latina, e, até hoje, continua a nutrir projetos populistas devastadores para as nossas liberdades e nosso bem-estar. A assembleia constituinte é uma manifestação típica desse espírito construtivista refundacional. A ideia de que o governo responde por nossas vidas também se consolidou. Enquanto Thomas Jefferson, na Declaração de Independência dos Estados Unidos, escreveu que o governo deveria garantir o direito à vida, à liberdade e à busca da felicidade, os franceses acreditavam – e na América Latina e algumas partes da Europa continental ainda se acredita – que o governo deve nos garantir o direito efetivo de ser feliz. A diferença mostra-se fundamental, como observou Alberdi, porque não é o mesmo dizer que o governo deveria nos fazer feliz em dizer que é nossa responsabilidade sermos felizes e que o governo apenas protegerá nossa liberdade de tentar sermos felizes do nosso jeito. No século XIX, o grande economista francês Frédéric Bastiat (1801-1850) já notaria essa diferença substancial entre franceses e norte-americanos, bem como suas consequências. Segundo ele, os franceses haviam colocado "a quimera" do Estado em sua constituição, elevando-a a categoria de uma espécie de deus que levaria as pessoas a maior bem-estar e maior perfeição moral. Bastiat explicou que outra era a realidade dos americanos, que não esperava qualquer coisa que não era *de si mesmos e sua própria energia*", enquanto os franceses haviam caído em uma *"sutileza metafísica"* e uma *"personificação do Estado"* que seria sempre *"uma fonte fértil de calamidades e revoluções"*[381].

O filósofo teuto-americano Francis Lieber (1800-1872) descreveria o contraste entre a tradição francesa e a americana em termos ainda mais profundos. Segundo Lieber, os franceses buscaram a liberdade

---

381 BASTIAT. Frédéric. *El Estado*. Trad. de Alex Montero. Disponível em: <http://www.hacer.org/pdf/ElEstado.pdf>. Acessado em 10 de setembro de 2018.

no governo, enquanto os americanos procuravam no indivíduo o seguinte:

> A liberdade francesa [galicana] é procurada no governo em que, de acordo com um ponto de vista anglo-saxão, não pode ser encontrada. A consequência necessária da liberdade francesa é que os franceses estão buscando o mais alto grau de civilização política na organização, ou seja, o grau máximo de interferência do poder do Estado [...]. Segundo a visão anglo-saxônica, essa interferência sempre será absolutismo ou aristocracia[382].

Lieber alertou que *"o reconhecimento universal da organização faz com que os franceses busquem qualquer melhoria no governo; a confiança individual não existe em detalhe"*. Enquanto isso, os anglo-saxões consideravam a interferência pública como *"insidiosa"*[383], e, para eles, o governo *"não é considerado o educador ou líder ou organizador da sociedade"*[384]. Nessa mesma linha, em sua viagem aos Estados Unidos, o notável pensador francês Alexis de Tocqueville (1805-1859) observou que o contraste entre a sociedade americana e a francesa não poderia ser maior quando se tratava do papel do Estado. Segundo Tocqueville, ao contrário do cidadão francês, o americano:

> [...] aprende desde o nascimento que é necessário confiar em si para lutar contra os males e as dificuldades da vida. Sempre tem um olhar desafiador e inquieto sobre a

---

382 LIEBER, Francis. "Anglican and Gallican Liberty (1849)". *In: Miscellaneous Writtings of Francis Lieber – Volume II: Contributions to Political Science.* Philadelphia: J. B. Lippincott, 1881. p. 377-88. Reimpressõa em facsimile em: *New Individualist Review.* Indianapolis: Liberty Fund, 1981. p. 783. Disponível em: <http://oll.libertyfund.org/title/2136/195437>. Acessado em 10 de setembro de 2018.

383 Idem. *Ibidem.*, p. 781.

384 Idem. *Ibidem.*

autoridade social, e só aceita o seu poder quando ele não pode prescindir dele. Ele começa a ser se perceber desde a escola, na qual crianças são submetidas, até em seus jogos, a regras que eles mesmos criaram, e punem uns aos outros por infrações cometidas por eles mesmos. Em todos os atos da vida social, o mesmo estado de espírito é descoberto[385].

Quando Thomas Jefferson, o terceiro presidente dos Estados Unidos, afirmou que *"o governo é melhor, quanto menos governa"*, ele estava captando a essência desse espírito individualista do qual depende a força da sociedade civil americana. Este último ponto é essencial. Embora a muitos pareça surpreender, os Estados Unidos é a sociedade mais solidária do mundo, de acordo com o *World Giving Index*[386], e sempre foi um exemplo de solidariedade precisamente porque o governo, por ser tão limitado, deixava o espaço para a sociedade civil encarregar-se de resolver problemas sociais. O mesmo Tocqueville observou, durante sua viagem a esse país, que os Estados Unidos eram *"o país do mundo em que se tirou mais partido da associação [...]. Nos Estados Unidos, eles se associam a propósitos de segurança pública, comércio e indústria, prazer, moral e religião. Não há nada que a vontade humana não possa esperar alcançar pela livre ação do poder coletivo dos indivíduos"*[387]. De acordo com Tocqueville, embora *"a paixão pelo bem-estar material"* fosse generalizada na sociedade americana[388], *"as instituições livres que possuem os habitantes do Estados Unidos [...] encaminham sua mente à ideia de que o dever e o*

---

385 TOCQUEVILLE, Alexis de. *La democracia en América*. Madri: Trotta, 2010. p. 366.

386 World Giving Index 2014. Disponível em: <https://www.cafonline.org/about-us/publications/2014-publications/world-giving-index-2014>. Acessado em 10 de setembro de 2018.

387 TOCQUEVILLE, Alexis de. *La democracia en América. Op. cit.*, p. 367.

388 Idem. *Ibidem.*, p. 886.

interesse dos homens é tornar-se útil a seus semelhantes. E, como não veem razão para odiá-los, já que eles não são nem seus escravos nem seus donos, seu coração inclina-se facilmente para a benevolência"[389]. Assim, *"a força de trabalhar pelo bem dos seus concidadãos, finalmente, adquire o hábito e o* hobby *de servir"*[390].

A diatribe típica segundo a qual os americanos são uma cultura egoísta e individualista é, então, uma falsidade. Precisamente porque é individualista é que seus cidadãos são responsáveis por seus companheiros. Enquanto isso, em outras partes do mundo, acreditamos ser solidários porque nós exigimos que o governo resolva os problemas dos necessitados e tendemos a nos separar de nossa responsabilidade de cuidar dos outros. Americanos provam que os conceitos de liberdade individual e responsabilidade andam de mãos dadas e são a fórmula para uma sociedade solidária e economicamente bem-sucedida. E isso também prova que o espírito redundacional, tão típico na América Latina, leva à tirania e à instabilidade. Os americanos tiveram apenas uma Constituição em toda a sua vida independente, corrigida, mas que permanece essencialmente a mesma aprovada em 1787. Trata-se de um grau de sensatez, responsabilidade e maturidade pouco comum em nossos países e entre nossos políticos e intelectuais, muito dados a sonhar em entrar na história como heróis e precursores revolucionários.

Além disso, como os americanos geralmente não acreditam em fórmulas mágicas oriundas do poder e são céticos em relação a seus líderes, buscam limitar as esferas de interferência do Estado e ser responsáveis por sua própria existência. E se, conforme foi observado professor de Harvard Niall Ferguson, há um processo de degeneração também no norte do país, e precisamente porque parte desses ideais que os fez grande foi substituída por ideais estadistas no qual o governo assume

---

389 Idem. *Ibidem.*, p. 857.

390 Idem. *Ibidem.*

um papel cada vez mais importante na vida dos cidadãos. O resultado é que as liberdades em geral, e especialmente as liberdades econômicas, estão sendo cada vez mais sufocadas por um Estado gigantesco que incuba a corrupção[391].

O que a América Latina e grande parte do mundo deve aprender com esse Estados Unidos dos fundadores é sua confiança na liberdade dos indivíduos, seu ceticismo sobre o poder do Estado e a rejeição das aventuras utópicas refundacionais. Contra o preconceito dominante em nossas sociedades, e contra a crença infundada de que isso é *"estranho à nossa cultura e identidade"*, deve-se considerar que essas são ideias válidas em todos os tempos e lugares; e elas necessariamente fazer parte da herança cultural, intelectual e política de um ideal de república sadia capaz de se apresentar como uma autêntica alternativa ao populismo, que causou tantos danos a nossos países. A questão é, claro, como conseguir esse objetivo. Partindo desse raciocínio, os pontos serão focados os próximos tópicos.

---

391 FERGUSON, Niall. *The Great Degeneration: How Institutions Decay and Economies Die*. London: Penguin, 2012.

CAPÍTULO 16

A Estratégia: A Construção de um Novo Senso Comum

A fim de romper o embuste populista de que nossos países são vítimas, deve-se necessariamente trabalhar na construção de um senso comum oposto ao que tem prevalecido. Em outras palavras, convém alcançar certas ideias e certos conceitos que hoje não parecem ser populares. Derrotar o populismo – ou, pelo menos, contê-lo – passa fundamentalmente por uma revolução ideológica e de valores. O ceticismo frente ao poder do Estado, o assumir a responsabilidade por nossas próprias vidas, o jogar limpo e o respeito aos projetos de vida individuais e a propriedade alheia são essencialmente valores enraizados em ideias e modos de ver o mundo.

Na segunda parte deste livro, vimos a relevância das ideias, da linguagem e dos intelectuais no curso da evolução social. É impossível ter uma resposta para o problema do populismo sem tocar nesses pontos e sem elaborar um diagnóstico muito claro sobre o que faz nossos países fracassarem. O Prêmio Nobel de Economia Douglas C. North explicou que o que define o sucesso das nações são suas instituições formais e informais. Instituições formais são aquelas criadas pelo homem, como a Constituição, as leis e outras. Enquanto isso, as informais são as crenças, as tradições, os hábitos e os valores que prevalecem em uma sociedade. Desses dois tipos de instituições, North explicou que as informais são mais importantes porque, no fim, refletem a realidade estrutural de uma determinada sociedade.

North diz que se pode copiar (ou transplantar) todas as leis de um país desenvolvido em um subdesenvolvido, mas isso não necessariamente melhorará o país pobre. A razão é que a cultura pode ser completamente contrária e adversa às instituições importadas. Por exemplo, os americanos fracassaram totalmente em sua tentativa de construir uma democracia no Afeganistão, pois a cultura tribal e a tradição histórica afegãs tornam impossível que nesse país funcione, pelo menos por enquanto, uma democracia ocidental. Da mesma maneira, nos países em que a crença predominante é o Estado tomar cuidar de tudo, torna-se muito difícil manter instituições libertárias e republicanas, pois as pessoas não as apoiarão ou não jogarão de acordo com as regras do jogo informal que estas exigem: honestidade nas trocas, cumprimento dos contratos, respeito ao direito de propriedade etc. North explica que as instituições reduzem a incerteza no mundo em que operamos, possibilitando a existência do mercado e da vida comunitária[392]. Se não soubermos o que é nosso ou se seremos vítimas de fraude, roubo ou ataques, não poderemos desenvolver nenhuma atividade produtiva ou viver em paz. A ordem social entrará em colapso. Agora, este é o lugar onde as ideologias têm um papel decisivo. Segundo North, *"as ideias, as ideologias, os preconceitos, os mitos e os*

---

392 NORTH, Douglass C. "The Role of Institutions in Economic Development". Comisión Económica para Europa de la Organización de las Naciones Unidas, documento de debate, N. 2003/2, outubro de 2003, p. 1. Disponível em: <http://www.unece.org/fileadmin/DAM/oes/disc_papers/ECE_DP_2003-2.pdf>. Acessado em 10 de setembro de 2018.

dogmas são importantes, já que têm um papel fundamental na tomada de decisões[393]. E acrescenta:

> Para tornar compreensíveis as situações incertas, os humanos desenvolverão explicações. A onipresença de mitos, tabus, e particularmente, as religiões ao longo da história (e também a pré-história) sugere que os seres humanos sempre sentiram a necessidade de explicar o inexplicável, e que, de fato, é provável que seja uma característica evolutiva superior ter uma explicação do que não ter explicação[394].

Ideologias como o comunismo, explica North, são *"sistemas de crenças"* organizados que, muitas vezes, têm suas origens nas religiões que fazem exigências prescritivas para o comportamento humano. Estas incorporam ambos os pontos de vista sobre como *"o mundo funciona"* e como deveria funcionar. Como tal, eles fornecem um guia para tomar decisões[395]. Seguindo essa linha de argumentação, North explica que as ideologias são um aspecto fundamental para entender o fraco desempenho econômico dos países do Terceiro Mundo, onde estes, em geral, levam a políticas e instituições que não estimulam atividades produtivas[396]. Isso porque, de acordo com o próprio North, em uma democracia, as pessoas tendem a votar por motivos ideológicos mais do que racionais, pressionando para

---

393 NORTH, Douglass C. "¿Qué queremos decir cuando hablamos de racionalidad?". *Op. cit.*, p. 3.

394 NORTH, Douglass C. "Economics and Cognitive Science", Washington University, Saint Louis, [s. d.]. p. 4. Disponível em: <http://www2.econ.iastate.edu/tesfatsi/north. econcognition.pdf>. Acessado em 10 de setembro de 2018.

395 Idem. *Ibidem.*

396 NORTH, Douglas C. *Institutions, Institutional Change and Economic Performance.* Cambridge: Cambridge University Press, 1990. p. 110-11.

que as instituições formais mudem rumo a modelos que destroem os incentivos para progredir[397].

Robert Dahl (1915-2014), um proeminente cientista político da Universidade de Yale, argumentou no mesmo sentido que *"as crenças individuais influenciam nas ações coletivas e, portanto, na estrutura e no funcionamento das instituições e sistemas"*[398]. Este ponto será discutido com maior profundidade no próximo tópico. Por ora, deve-se estabelecer que o desafio é mudar ideias na sociedade de tal modo que o senso comum, as crenças e os valores predominantes sejam aqueles que favorecem a liberdade e a prosperidade. Sem esse trabalho rigoroso, sistemático e profundo – de curto, médio e longo prazo –, é impossível conter o avanço socialista ou populista. Como vimos no capítulo anterior, Gramsci e os teóricos socialistas sempre foram claros sobre a relevância da batalha pelas ideias e cultura quando se trata de construir hegemonia ou sensos comuns que os favoreçam.

No caso dos defensores de uma sociedade livre, a tarefa não é diferente. Não serve muito ganhar as eleições se uma mudança fundamental na mentalidade e na cultura de um país não for alcançada, porque, como já vimos milhares de vezes na América Latina, os populistas de sempre retornam e destroem os avanços. A batalha pela cultura e – como diria Gramsci – pela consciência das pessoas é fundamental para qualquer projeto que vise a oferecer esperança. A filosofia libertária e republicana que possibilitou ao Ocidente avançar, enraizada especialmente no mundo anglo-saxão, é que, salvo as nuances que possam apresentar nas diversas culturas, em termos gerais, deve tornar-se parte do senso comum.

---

397 NORTH, Douglas C. "Economic Performance Through Time". Discurso no Prêmio Nobel, 9 de dezembro de 1993. Disponível em: <http://www.nobelprize.org/nobel_prizes/economics/laureates/1993/northlecture.html>. Acessado em 10 de setembro de 2018.

398 DAHL, Robert A. *Polyarchy*. New Haven: Yale University Press, 1971. p. 125.

Existem várias histórias de sucesso, e vale a pena rever alguns para entender parte da estratégia. O mais emblemático é o da Inglaterra. Em meados da década de 1940, um rico empresário chamado Antony George Anson Fisher (1915-1988) leu na *Reader's Digest* uma versão sintetizada do livro *O Caminho da Servidão*, do então professor na London School of Economics, F. A. Hayek. Na obra, que se tornaria um *best-seller* mundial, Hayek advertiu sobre os riscos do avanço da economia planificada na Inglaterra e apontou que a perda de liberdades econômicas que propunha o socialismo conduziria necessariamente à destruição de todas as outras liberdades. Impactado pela mensagem no livro, Sir Antony Fisher, que foi piloto de caça da Royal Air Force (RAF) durante a Segunda Guerra Mundial, decidiu entrar em contato com o professor Hayek em Londres. Fisher disse que ele tinha ficado muito preocupado com o que ele estava dizendo em seu livro, contando também que estava pensando em entrar na política para fazer algo a respeito e impedir o avanço do socialismo em seu país. Ao contrário do que esperava, Hayek disse para ele para não perder seu tempo, porque os políticos não eram líderes, mas seguidores das ideias que estavam na moda. Se ele queria mudar as coisas – sugeriu Hayek –, ele deveria financiar os intelectuais para que suas ideias se tornassem populares. Uma vez isso tendo acontecido – de acordo com o professor austríaco – os políticos irão segui-los. Fisher se lembraria daquele momento com estas palavras:

> Foi uma reunião decisiva para mim. Hayek me alertou sobre a perda de tempo envolvida na perseguição de uma carreira política – da qual fui tentado. Ele explicou que a influência decisiva na grande batalha de ideias e nas políticas públicas e econômicas era exercida pelos intelectuais [...]. Se eu compartia a visão de que as melhores ideias não estavam recebendo uma oportunidade justa, seu conselho foi que eu deveria me juntar com outros para formar

uma organização de pesquisa acadêmica para fornecer aos intelectuais de universidades, escolas, jornalismo e difusão de estudos autorizados da teoria econômica dos mercados e sua aplicação a questões práticas[399].

Foi assim que Fisher decidiu fundar o Institute of Economic Affairs (IEA), um *think tank* ainda muito vivo e ativo, e de alto nível acadêmico, a partir de ideias e através de pesquisa. Assim, começou a influenciar o clima da opinião intelectual da Inglaterra, então dominada por correntes socialistas e coletivistas. A IEA desenvolveu uma política sistemática de abordagem de jornalistas para explicar suas ideias e pesquisas, participando ativamente do debate público. A influência que ele teve foi tão gigantesca que Margaret Thatcher deve sua eleição como primeira-ministra, em grande medida, ao trabalho do instituto fundado por Fisher e cujo trabalho conseguiu mudar as ideias dominantes na sociedade e na intelectualidade britânicas. A própria Thatcher diria sobre a IEA: "[...] *eram poucos, mas estavam certos. Eles salvaram a Inglaterra*"[400].

Mas Fisher não apenas fundou o IEA na Inglaterra, mas muitos outros *think tanks* no mundo que continuam a ser extremamente influentes e em torno dos quais dezenas de prêmios Nobel circularam. Não é exagero dizer que, apesar de ser relativamente desconhecido, Fisher foi, provavelmente, o empresário mais influente do século XX; e isso por causa da rede de intelectuais que ele criou para mudar a opinião no mundo. Oliver Letwin, membro do Parlamento Britânico,

---

399 FROST, Gerald. *Antony Fisher: Champion of Liberty*. Profile. London: Institute of Economic Affairs, 2008. p. 10. Disponível em: <http://www.iea.org.uk/sites/default/files/publications/files/upldbook443pdf.pdf>. Acessado em 10 de setembro de 2018.

400 NASH, George H. "Antony Fisher: Entrepreneur for Liberty". Atlas Network on line, 19 de junho de 2015. Disponível em: <https://www.atlasnetwork.org/news/article/antony-fisher-entrepreneur-for-liberty>. Acessado em 10 de setembro de 2018.

chegaria ao ponto de dizer que, *"sem Fisher, a IEA não teria existido; sem o IEA e seus clones, não haveria Thatcher, e possivelmente Reagan não teria existido"*[401].

O caso de Fisher é a prova de que aqueles que acreditam que apenas na política como um caminho para fazer as mudanças estão simplesmente equivocados. Além disso, no fim das contas, a política é um resultado de ideias da moda, e não há maneira de conseguir uma mudança sustentável no tempo, se um novo projeto político não tiver o apoio das crenças gerais do povo em um regime democrático. Quando o filósofo britânico John Stuart Mill (1806-1873) argumentou que *"a opinião é em si uma das forças sociais mais ativas"* na hora de definir as instituições do governo, acrescentando que *"uma pessoa com uma crença é um poder social igual a 99 que só tem interesses"*[402], ele certamente não estava exagerando. Como explica Alberto Benegas Lynch Filho, presidente da Academia de Ciências Econômicas da Argentina:

> Em última análise, os políticos são caçadores de votos (são quase megafones) e ficam inibidos de fazer discursos que os eleitores não entendem e, em seu caso, não compartilham. Para ampliar as ideias dos políticos no sentido de que pode modificar a articulação de seus discursos, é necessário trabalhar as ideias para que a opinião pública mude a direção de suas demandas, longe de multidões. Isso exige frases curtas e platitudes que não admitem raciocínios sérios[403].

---

401 FROST, Gerald. *Antony Fisher. Op. cit.*, p. 2.

402 MILL, John Stuart. *The Collected Works of John Stuart Mill, Volume XIX: Essays on Politics and Society.* Ed. John M. Robson; Prol. F.E.L. Priestley. Toronto: University of Toronto Press, 1985. p. 57.

403 LYNCH, Alberto Benegas. "La paradoja de las ideas". *Punto de Vista Económico en línea*, 4 de septiembre de 2014. Disponível em: <https://puntodevistaeconomico.wordpress.com/2014/09/04/la-paradoja-delas-ideaspor-alberto-benegas-lynch-h/>. Acessado em 10 de setembro de 2018.

Para alcançar o objetivo declarado por Benegas Lynch, é necessário tomar posições em universidades, escolas e mídia, escrever textos acadêmicos e de divulgação, ganhar espaço na televisão, entrar em igrejas e muito mais. As ideias devem estar presentes na cultura, nas séries de televisão, na música, na arte e nos filmes. E isso deve ser feito de maneira honesta, inteligente, atraente e otimista, mostrando a verdade sobre o que são os populistas, sem medo. Devemos convencer empresários de boa vontade, especialmente aqueles que viram seus países arruinados, de que invistam em *think tanks* e em esforços intelectuais para disseminar e promover essas ideias e torná-las maciças. Isso é essencial, porque, sem investimento sustentável e bem direcionado, pouco pode ser feito para mudar as coisas.

É de pessoas como Sir Antony Fisher – ou seja, de empresários que se preocupam com algo mais do que com seus próprios bolsos e têm uma certa profundidade cultural para entender o quão decisivo é o clima de opinião – de que depende em grande parte o destino de nossas nações. No mundo, mas especialmente na América Latina, não há muitos empresários que acreditam na liberdade e têm a coragem, a generosidade e a clareza mental suficiente para promover e investir em iniciativas que contribuam para consolidar repúblicas autênticas. Além disso, muitos empresários, especialmente os latino-americanos, sempre se acomodaram aos políticos populistas e corruptos do momento, esperando se beneficiar à custa do resto. Isso tem sido mais caro que a alternativa. Não só porque eles se tornam vítimas de países onde a violência irrompe e vivem aterrorizados com a possibilidade de que sequestrem a eles ou seus filhos, mas porque, quando radicalizados os projetos populistas – como tende a acontecer na América Latina –, expropriam e confiscam empresas e recursos daqueles que, em sua subserviência ao governo do dia, acreditavam que estavam seguros. Não devemos esquecer que Chávez chegou ao poder com o apoio de grande parte da classe empresarial venezuelana decadente e que, no

Chile, as políticas socialistas contra os proprietários de terras na década de 1960 foram ainda apoiados por industriais, até o governo de Salvador Allende também expropriar as indústrias.

Histórias como estas são contadas às dezenas na América Latina. E elas são enquadradas, sem dúvida, no fenômeno que Milton Friedman chamou de *"o impulso suicida da comunidade empresarial"*[404], que consiste em financiar aqueles que buscam destruir a ordem do mercado. Segundo um estudo citado por Friedman em um artigo com esse título, publicado em 1999, para cada dólar que a comunidade empresarial dos Estados Unidos usava para apoiar grupos de apoio ao livre-mercado, três dólares eram usados por ela para financiar grupos de esquerda interessados em destruí-la. É muito provável que, se um estudo semelhante fosse feito na América Latina, os resultados renderiam números ainda mais alarmantes.

Não são poucos os empresários em nossa região que financiam ONGs, intelectuais, grupos de reflexão, acadêmicos, políticos e todos os tipos de grupos, cujo trabalho é minar os pilares de nossa liberdade e nossa prosperidade. Talvez eles façam isso para se protegerem ou obter favores se chegarem ao poder, ou talvez por ignorância. Em todo caso, essa inconsistência levou Friedman a afirmar que a comunidade empresarial tende à "esquizofrenia". As forças que colocam esses empresários em movimento geralmente definem o clima de opinião intelectual a favor do estadismo e do populismo, o mesmo que, uma vez desencadeado, se torna seu principal inimigo.

Para a maioria das pessoas, esse processo é imperceptível, mas tem potencial para arruinar completamente a sociedade, como vimos na América Latina tantas vezes. O ponto de não retorno nesta evolução

---

404 FRIEDMAN, Milton. "The Business Community's Suicidal Impulse". *Cato Policy Report*, Vol. 21, N. 2. março-abril de 1999, Disponível em: <http://www.cato.org/sites/cato.org/files/serials/files/policyreport/1999/3/friedman.html>. Acessado em 10 de setembro de 2018.

é aquele em que, nas palavras de Isaiah Berlin, *"as ideias adquiriram um impulso tão incontrolável e um poder tão irresistível sobre as multidões que é violento demais para ser afetado pela crítica racional"*[405]. Quando isso acontece, o dogmatismo baniu o diálogo racional como um mecanismo para resolver as diferenças, substituindo a civilização pela barbárie.

A pergunta óbvia nesta análise é por que tantos empreendedores financiam, às vezes até com entusiasmo, as forças intelectuais que destruirão a fonte de nossa liberdade e seu próprio sucesso. Friedman diz que não tem uma resposta satisfatória, mas sugere uma sobre a qual podemos elaborar uma hipótese: muitos empreendedores são, eles mesmos, vítimas do clima intelectual de esquerda que ajudaram a criar. Coabita nestes homens e mulheres uma ausência negligente de entendimento sobre o que realmente está em jogo com uma inclinação permanente pelo caminho fácil: acomodar a opinião dominante, a fim de não assumir o custo de fazer a coisa certa e defender as ideias corretas. Dessa maneira, por não assumirem um custo a curto prazo, correm o risco de perder muito mais a longo prazo. Para evitar isso é que Friedman pede ação. Vale lembrar ao leitor que é do seu interesse *"mudar o padrão de conduta nos negócios para se livrar do que é claramente um impulso suicida"*[406].

Agora, o triunfo da liberdade sempre foi o trabalho das minorias, segundo Lord Acton. E, como em todas as coisas, também entre os empresários há minorias convictas movendo ideias na direção certa. Existem vários *think tanks* na América Latina e na Espanha que contam com o apoio de profissionais e pessoas de empresas compro-

---

405 BERLIN, Isaiah. "Two Concepts of Liberty". *In: Four Essays on Liberty*. Oxford: Oxford University Press, 1969. p. 1. Disponível em: <https://www.wiso.unihamburg. de/fileadmin/wiso_vwl/johannes/Ankuendigungen/Berlin_twoconceptsofliberty. pdf>. Acessado em 10 de setembro de 2018.

406 FRIEDMAN, Milton. "The Business Community's Suicidal Impulse". *Op. cit.*

metidos. Embora os esforços sejam insuficientes para o desafio que deve ser enfrentado, o impacto vale a pena. Argentina tem algumas organizações notáveis, como Libertad y Progreso (em Buenos Aires), Fundación Libertad (Rosario), Fundación Atlas Federalismo e Liberdade (Tucuman) e do Instituto Acton (em Buenos Aires), entre muitas outras que têm sido fundamentais para manter uma resistência ao populismo desse país.

No Chile, a Fundação para o Progreso, liderada por um dos autores deste livro, e que ocupou um lugar importante no debate nacional, também promove as ideias da sociedade aberta independentemente dos partidos políticos. Enquanto isso, outras organizações procuram fazer isso em conexão com a classe política. Entre elas, há a Fundação Jaime Guzmán, a Libertad y Desarrollo, a Fundação Libertad, a Avanza, Chile e a Horizontal.

O México tem um exemplo notável em "Caminos de la Libertad", com o apoio do Grupo Salinas, sem o qual não seria possível o trabalho de formação e disseminação de ideias da sociedade aberta que a organização faz. Roberto Salinas, presidente do Fórum Empresarial do México, também tem sido um dos principais defensores e promotores mais lúcidos das ideias de liberdade naquele país, contra a tentação populista que sempre o ameaça. A esses esforços, juntou-se o "Instituto de Pensamiento Estratégico Ágora" (Ipea), dos irmãos Claudia e Armando Regil, que têm mobilizado milhares de jovens para construir um México livre da ameaça populista. Na Espanha, o Instituto Juan de Mariana, liderado pelo brilhante economista Juan Ramón Rallo, tem um enorme impacto, assim como o *think tank* Civismo. Na Venezuela, o "Centro para la Divulgación del Conocimiento Económico" (Cedice), liderado pela incansável Rocío Guijarro, realizou um trabalho heroico, resistindo ao regime chavista. A Bolívia e o Equador têm seus principais expoentes na "Fundación Nueva Democracia" e no "Instituto de Economía Política", liderados por Dora de Ampuero, respectivamente.

O Peru tem várias referências liberais, embora careça de um centro de estudos bem financiado para abordar o objetivo de influenciar o clima de opinião. A República Dominicana, por outro lado, tem o "Centro Regional de Estratégias Económicas Sostenibles" (Crees), que tem uma influência considerável no país. Na Guatemala, as ideias da sociedade aberta e a necessidade de resgatar a república são promovidas pelo "Movimiento Cívico Nacional", integrado por um dos autores deste livro; e por muitos anos, admiravelmente, o que tem feito a famosa Universidade Francisco Marroquín (UFM).

De todas as instituições mencionadas, que poderiam somar-se muitas outras, sem dúvida, o caso da UFM merece um tratamento especial. Isso porque é um dos esforços mais importantes e de maior impacto sobre a construção de um senso comum republicano e liberal conhecido na América Latina.

A UFM foi fundada pelo empresário Manuel Ayau (1925-2010), após um conselho de F. A. Hayek, a fim de influenciar o clima intelectual da Guatemala. Embora pareça surpreendente para muitas pessoas, esta universidade é, provavelmente, o caso mais bem-sucedido na América Latina e na Espanha para a criação de um novo senso comum em favor das ideias de liberdade. O ex-diretor da UFM, Giancarlo Ibargüen (1963-2013), lembra que:

> [...] a decisão de fundar a Universidade Francisco Marroquín (UFM), em 1971, foi em resposta direta à crescente influência do socialismo no mundo acadêmico. A Guatemala foi o território mais importante para o marxismo na América Latina e o primeiro experimento comunista – muito antes de Cuba. No movimento comunista internacional, a Guatemala foi o lugar para estar (Che Guevara atuava na Guatemala antes de ir para Cuba). O movimento criou raízes na universidade nacional e, a partir daí, espalhou-se para universidades privadas. Quando a UFM

foi fundada, a atividade de guerrilha estava em seu ponto mais agressivo[407].

A UFM ofereceu um novo modelo, a fim de defender as ideias do liberalismo clássico e derrotar a hegemonia socialista instalada. O analista político guatemalteco de esquerda Alvaro Velásquez, em seu livro *Ideología burguesa y democracia*, que estuda o movimento libertário na Guatemala, dedicou um capítulo inteiro para o caso da UFM. Velásquez lembrou que a missão da universidade, cujo nível de tecnologização e de redes internacionais não deixa nada a dever às melhores universidades dos Estados Unidos, consiste no *"ensino e na divulgação dos aspectos éticos, legais e econômicos de uma sociedade de pessoas livres e responsáveis"*. A universidade procura promover o liberalismo clássico e influenciar nessa direção. Velásquez aponta corretamente que *"a UFM tem uma notoriedade enorme na Guatemala, como em outras partes do mundo"*[408]. Ele acrescenta que a *"UFM teve um impacto ideológico inegável sobre a sociedade de Guatemala"* por meio de mecanismos como sua influência nos círculos da imprensa, os partidos políticos e programas específicos e a adesão à sua filosofia por parte de funcionários públicos[409]. Como resultado do trabalho inteligente e sistemático de penetração cultural que fez a UFM, Velásquez diz que não é exagero dizer que muitos de seus princípios de economia livre *"tornaram-se parte do senso comum entre os principais comentaristas e editorialistas de meios de comunicação privada,*

---

407 IBARGÜEN, Giancarlo. "University Francisco Marroquin: A Model for Winning Liberty". *In*: DYBLE, Colleen (Ed.). *Taming Leviathan: Waging the War of Ideas Around the World*. London: Institute of Economic Affairs (IEA), 2008, p. 80. Disponível em: <http://www.iea.org.uk/publications/research/taming-leviathan-waging-the-war-ofideas-around-the-world>. Acessado em 10 de setembro de 2018.

408 VELÁSQUEZ, Álvaro. *Ideología burguesa y democracia*. Guatemala: Serviprensa, 2014. p. 105.

409 Idem. *Ibidem.*, p. 106.

bem como políticos e funcionários públicos"[410]. Velásquez acrescenta que *"a influência da UFM não se limita às políticas públicas"*, em que o mercado reina, mas também que *"muitos de seus graduados são treinados para serem polemistas habilidosos"*[411]. E conclui, aplicando categorias socialistas, que *"a UFM é um triunfo ideológico da classe dominante guatemalteca"*[412]. Segundo Ibargüen, os membros da "família" UFM fundaram centros de estudos e pressão sobre políticas públicas, e suas colunas aparecem diariamente na imprensa guatemalteca e até dominam os programas de rádio. Além disso, seus graduados – diz Ibargüen corroborando Velásquez – *"dominam a arte de tomar uma ideia abstrata e colocá-la em uma linguagem simples e que seja culturalmente relevante e compreensível para todos"*, de modo que *"qualquer debate público deve levar em conta um ponto de vista liberal clássico bem documentado"*[413].

Evidentemente, o comentário anterior não significa que a Guatemala seja um país predominantemente liberal ou que as ideias são a única coisa que importa. O que mostra o caso da UFM é que, em um país dominado pelo marxismo, uma corrente contra-hegemônica como o liberalismo conseguiu construir um novo senso comum com um impacto substantivo nas políticas públicas e econômicas, bem como no discurso político, o que levou a quebrar a hegemonia socialista e populista instalada e colocar contrapesos relevantes. O caminho seguido por Manuel Ayau ao criar uma universidade para propor uma luta baseada em ideias acabou por ser o caminho certo, como reconhecem tanto seus apoiadores quanto seus detratores. Os empresários, como mostraram Ayau e Fisher, quando se unem a causas de transcendência intelectual em busca de uma sociedade livre, podem efetivamente mudar a história

---

410 Idem. *Ibidem.*, p. 122.

411 Idem. *Ibidem.*, p. 125.

412 Idem. *Ibidem.*, p. 151.

413 IBARGÜEN, Giancarlo. "University Francisco Marroquin: A Model for Winning Liberty". *Op. cit.*, p. 85.

de seus países e os do mundo. Isso tem sido aplicado em sociedades tão diferentes quanto a Inglaterra, a Guatemala e a Suécia. No primeiro, com o IEA, que levou Thatcher ao poder; no segundo, com a UFM, que demonstrou seu sucesso no objetivo de deslocar a hegemonia socialista, e no terceiro, com várias iniciativas, que a levaram a vivenciar um notável processo de mudança hegemônica a partir dos anos 1980. O último caso merece uma breve revisão para ilustrar a questão de como essa dinâmica de mudança social transcendeu em diferentes culturas.

Embora a mitologia popular sobre o caso da Suécia diga que tal país é o grandioso produto de seu grande Estado, o fato é que esta nação nórdica era muito pobre até , no século XIX, iniciar uma série de reformas liberalizantes em sua economia que o tornaram o quarto país com a maior renda *per capita* do mundo; e isso com um Estado muito pequeno. Antes disso, o Estado sueco era gigantesco, super-regulado, cobrava impostos muito altos e impedia a concorrência, coisas que conhecemos bem na América Latina. Em 1763, um pastor chamado Anders Chydenius (1729-1803), conhecido como o "Adam Smith Nórdico", escreveu um ensaio chamado "Por que tantas pessoas abandonam a Suécia?" Nele, expôs a dramática pobreza naquele país, culpando o governo interventor, que, com seus regulamentos e impostos, tornava impossível as pessoas trabalharem produtivamente. Segundo Chydenius, *"toda pessoa tenta espontaneamente encontrar o lugar e o negócio em que melhor se possa aumentar o lucro nacional, se as leis não o impedirem de fazer"*. Ou seja, *"todo homem busca seu próprio benefício"*, que ele considerava *"uma inclinação natural e necessária para que todas as comunidades do mundo fossem fundadas nisso"*[414].

---

414 NORBERG, Johan. "How Laissez-Faire Made Sweden Rich", Libertarianism.org (Cato Institute), 25 de outubro de 2013. Disponível em: <http://www.libertarianism.org/publications/essays/how-laissez-faire-made-swedenrich#.rq72mz:XePw>. Acessado em 10 de setembro de 2018.

Chydenius argumentou que, para que as nações prosperem, deve prevalecer uma ampla liberdade econômica que permita que as pessoas empreendam, disponham de suas propriedades e busquem seus interesses. Essas ideias liberais começaram a ter uma influência decisiva sobre a sociedade sueca, especialmente quando Chydenius ocupou uma posição no Parlamento daquele país. Embora as transformações tenham se atrasado até depois de sua morte, a influência de suas ideias o transcendeu, até que, em meados de 1800, uma verdadeira revolução liberal teve lugar no país nórdico. Como Johan Norberg explica:

> Não é exagero dizer que a Suécia sofreu uma revolução liberal não violenta entre 1840 e 1865. O sistema de guildas foi abolido, e qualquer um poderia, então, iniciar um negócio e competir livremente. Os regulamentos que haviam deixado o desenvolvimento das indústrias de madeira e ferro foram abolidos. A Suécia desenvolveu a lei das sociedades por ações já em 1848. Os bancos foram autorizados, e as taxas de juros foram desregulamentadas. Imigração e emigração livres foram instituídas. As antigas escolas, que tinham a missão de tornar os filhos da elite sacerdotes ou funcionários foram substituídas por uma educação prática para todos. A liberdade de imprensa e religiosa expandiram-se radicalmente. As mulheres ganharam o direito de possuir e herdar propriedades, obter educação e fazer uma carreira[415].

Foi essa revolução liberal que começou no mundo das ideias que fez da Suécia um dos países mais ricos do mundo. Já em 1950, os impostos na Suécia eram mais baixos e o tamanho do Estado era menor do que no resto da Europa e nos Estados Unidos. Depois disso, as ideias estadistas começaram a retornar e, com a riqueza já criada, os políticos

---

415 Idem. *Ibidem.*

suecos começaram a levantar o estado de bem-estar social que se tornou famoso em todo o mundo. A economia começou a sofrer intervenção maciçamente, certos privilégios foram concedidos a indústrias especiais e a redistribuição da riqueza tornou-se generalizada. O resultado do intervencionismo estatal foi um fracasso, levando o país a cair de 4° para 14° em termos de renda *per capita* no mundo, bem como a gestar um conjunto de problemas.

Isto é o que o autor sueco de origem curda Nima Sanandaji concluiu em seu estudo sobre o caso sueco:

> Suécia direcionou-se às políticas social-democratas radicais nos anos 1960 e 1970 com uma reversão gradual em 1980. O período social-democrata não foi bem-sucedido, pois conduziu a muito menos empreendimento, ao deslocamento de criação de empregos no setor privado e à erosão dos valores anteriormente fortes valores do trabalho e do lucro. A mudança para altos impostos, benefícios do governo relativamente generosos e mercado de trabalho regulado precederam uma situação na qual a sociedade sueca teve dificuldade em integrar os imigrantes, mesmo altamente educados e instruídos. Um quinto da população em idade de trabalhar era subsidiada mediante várias formas de transferências governamentais[416].

Finalmente, o Estado de Bem-Estar sueco ficou insustentável. Nos anos 1990, acabou quebrando e entrando em uma grande crise que aumentou seis vezes o desemprego, fez cair seis pontos do PIB, desembocou na dívida estatal (que duplicou entre 1990 e 1994) e

---

416 SANANDAJI, Nima. "The Surprising Ingredients of Swedish Success: Free Markets and Social Cohesion". Institute of Economic Affairs. Documento de debate, N. 41, Agosto de 2012. p. 39. Disponível em: <http://www.iea.org.uk/sites/default/files/publications/files/Sweden%20Paper.pdf>. Acessado em 10 de setembro de 2018.

desvalorizou maciçamente a coroa sueca, forçando o banco central do país a aumentar a taxa a dramáticos 500%[417]. Tudo isso levou os suecos a uma vez mais implementarem políticas liberais que lhes permitissem avançar. Hoje, apesar de ter certamente mais impostos do que deveriam, eles são, no entanto, um dos países com maior liberdade econômica do mundo.

No entanto, a coisa interessante sobre este episódio é que, mais uma vez, isso foi possível graças à construção de um novo senso comum no imaginário coletivo de uma sociedade, o que levou a ideias liberais modernas prevalecessem novamente. Em um interessante estudo sobre a virada da Suécia com as ideias liberais[418], Kristina Boréus, professora sueca de ciência política na Universidade de Estocolmo, analisou como, a partir de 1970, a linguagem tinha mudado gradualmente neste país nórdico de políticas mais socialistas para posições liberais. Segundo Boréus, seu estudo incluía *"a mudança ideológica que ocorreu no debate público sueco entre 1969 e 1989"* e *"a batalha por corações e mentes"* dada mediante *"o controle do uso da linguagem"*[419]. A análise foi realizada com base em várias fontes, como imprensa escrita, debates parlamentares, programas de partidos políticos e outros textos de diversos atores.

De acordo com Boréus, no fim de 1970 e no início de 1980 foi dado um ponto de inflexão em relação ao discurso político dominante, e, de lá, cada vez mais ideias e conceitos da corrente neoliberal ganharam

---

417 Ver: ROJAS, Mauricio. *Reinventar el estado del bienestar: La experiencia de Suecia.* Madri: Gota a Gota, 2008. p. 42ss.

418 BORÉUS, Kristina. *Högervåg: nyliberalismen och kampen om språket i svensk debatt 1969-1989.* Estocolmo: Tiden, 1994.

419 As citações foram retiradas do documento "The Shift to the Right: The Influence of Neoliberalism on the Swedish Public Debate 1969-1989 and the Struggle Over Language", síntese em inglês do livro *Högervåg*, de Kristina Boréus. Disponível em: <http://www.statsvet.su.se/polopoly_fs/1.151439.1381911496!/menu/standard/file/abstract_boreus_hemsidan.pdf>. Acessado em 10 de setembro de 2018.

terreno no debate público sueco. Além disso, segundo a acadêmica, *"até 1980, a mudança para a direita mostra-se quase que inteiramente liberal"*. Embora *"o neoliberalismo não tenha se tornado uma ideologia hegemônica"*, acrescenta, *"ele estava bem estabelecido [...] no fim dos anos 1980"*.

Em outro tipo de análise não quantitativa, mas qualitativa, Boréus encontrou uma grande penetração ideológica de ideias liberais favoráveis à privatização de empresas estatais, às liberdades econômicas e a restrição do tamanho do Estado. Até mesmo a ideia de igualdade antes dominante foi deslocada do debate público. Se compararmos os anos 1970 e 1980 com os anteriores, concluímos que o liberalismo social e econômico triunfou simplesmente sobre as ideologias que questionavam o capitalismo, sejam elas socialistas ou socialdemocratas reformistas. Segundo Boréus:

> No final dos anos 80, todas as ideias expressas eram social-liberais ou neoliberais. Já não se questionava que o capitalismo era o único caminho economicamente viável, apesar de seus efeitos colaterais às vezes criticados. [...] No início da década de 1970, o subdesenvolvimento econômico era frequentemente explicado com referência aos fatores estruturais da economia mundial e à dependência dos países pobres aos ricos. No fim da década de 1980, por outro lado, o subdesenvolvimento econômico era explicado referindo-se a fatores internos de países pobres, como má gestão, corrupção e tentativas de restringir as forças de mercado. Tampouco se questionava, no fim da década de 1980, que a única maneira de desenvolver as economias subdesenvolvidas era por meio do aumento da liberalização de suas economias e do livre-comércio, apesar de nem todos concordarem completamente quanto aos meios apropriados para alcançar este fim[420].

---

420 Idem. *Ibidem.*

O que reflete o estudo da Boréus é que, mais uma vez, o triunfo de políticas liberais na Suécia foi um triunfo da linguagem e das elites intelectuais, ou seja, uma vitória na batalha de ideias e pela ideologia, precisamente aquilo que a América Latina e parte da Europa têm perdido. De acordo Boréus, o "neoliberalismo", conceito que discutimos e que o autor usou para se referir a ideias de Estado de Direito e liberdade econômica, penetrou na linguagem ajudando a criar um novo senso comum entre os suecos, um senso comum que a palavra e a ideia de "liberdade" conseguiram deslocar a de "igualdade". Nesta mudança, a estratégia adotada pelos liberais suecos foi decisiva. Entre eles, havia vários empresários que não queriam ver seu país avançar ao longo do caminho socialista. Sobre esse período, Boréus explica o seguinte:

> Os *think tanks* e as revistas proliferaram, assim como o cultivo das relações com a imprensa, os contatos com os políticos, a publicação e o trabalho dirigido a estudantes e professores, desde o nível primário ao universitário. O conteúdo ideológico das campanhas dos anos 1980 era principalmente neoliberal e, em um grau muito leve, conservador. As campanhas incluem tentativas conscientes e deliberadas de alterar o uso da linguagem e certos termos no debate[421].

Como no caso da Universidade Francisco Marroquin (UFM) e do Institute of Economic Affairs (IEA), com Manuel Ayau e Sir Antony Fisher, respectivamente, a transformação do senso comum na Suécia foi alcançada graças a um empresário. Na década de 1960, a social democracia sueca foi radicalizada em direção ao socialismo, existencialmente ameaçando as bases do sistema de liberdades daquele país. A maioria dos empresários simplesmente não fez nada sobre possíveis nacionalização ou confisco de suas empresas. Mas havia um pequeno grupo

---

421 Idem. *Ibidem.*

que não ficou com os braços cruzados. O primeiro a reagir foi o então diretor de comunicações da antiga entidade patronal sueca "Svenska Arbetsgivareföreningen" (FAE)[422], Sture Eskilsson (1930-2016), que, alarmado com o que estava acontecendo em seu país, decidiu tomar medidas sobre o assunto em 1971. Sua primeira ação consistiu em escrever um memorando de oito páginas no qual ele descreveu um plano de ação para a SAF conter o avanço socialista. Reconhecendo que uma ação decisiva exigia um investimento relevante de recursos, Eskilsson argumentou que a chave era a batalha de ideias. Era necessária maior presença em escolas, universidades e na mídia. E a classe empresarial deve sair para o debate público e articular seus valores e ideias defendendo-os com convicção. Este foi o começo do fim da hegemonia da esquerda no debate público sueco.

Eskilsson, junto com o cientista político Carl Johan Westholm, estudou o surgimento de *think tanks* nos Estados Unidos e na Inglaterra e a influência que eles alcançaram. Inspirados por instituições como a IEA e a Heritage Foundation, decidiram fundar a organização Timbro[423]. Recrutando acadêmicos de alto nível, a Timbro começou a publicar obras liberais clássicas que não haviam sido traduzidas para o sueco. A primeira foi *A Constituição da Liberdade*[424], de F. A. Hayek, e

---

422 La Svenska Arbetsgivareföreningen (Associação de Empregadores Sueca), fundada em 1902, se fundiu em 2001 com a Sveriges Industriförbund (Federação Sueca de Indústrias) para formar a atual patronal Svenskt Näringsliv (Confederação Sueca de Empresas).

423 Para conhecer a história do *think tank* sueco Timbro, ver: McCORMAK, Billy. "A Swedish Think Tank Punches Above Its Weight". *In*: *Freedom Champions*. Washington: Atlas Economic Research Foundation, 2011. Disponível em: <https://www.atlas-network.org/assets/uploads/misc/FreedomChampions.pdf>. Acessado em 10 de setembro de 2018.

424 HAYEK, F. A. *The Constitution of Liberty*. Versão em espanhol: HAYEK, F. A. *Los fundamentos de la libertad*. Trad. José Vicente Torrente. Madri: Unión Editorial, 7ª ed., 2006.

a segunda, *Demain le capitalisme*[425], do francês Henri Lepage, que desencadearam um imenso debate na Suécia. Depois seguiram as obras de Milton Friedman, Adam Smith e Thomas Paine (1737-1809), entre muitos outros. Finalmente, a Timbro acabou sendo o *think tank* mais influente da Suécia, tendo papel fundamental na construção de um novo senso comum até hoje.

Já dissemos isso várias vezes, mas devemos insistir: se a América Latina e a Espanha querem superar a ameaça populista e socialista, e mesmo, se quiserem avançar de posições socialdemocratas onde estão, devem trabalhar no mundo das ideias, ideologias e linguagem para converter esses valores e princípios da sociedade livre no patrimônio universalmente aceitos. É claro que, ao mesmo tempo, tal estratégia deve levar à alternativa populista e estatista a gerar rejeição ou resistência em uma parte importante dos líderes intelectuais, empresariais e políticos, bem como na maioria da população. Isso requer intelectuais capazes de desenvolver, defender e promover ideias no debate público, o que, por sua vez, requer o apoio de pessoas com recursos e comprometidos com a causa de uma sociedade livre e isenta do flagelo populista.

Em todos os países, existem iniciativas, instituições e pessoas dispostas a formar focos de promoção dessas ideias que fizeram grandes os países desenvolvidos e com os quais o populismo é combatido. O que falta são os suportes de uma classe empresarial que, com poucas exceções, tem sido ignorante, indiferente e, até mesmo cúmplice, daqueles que arruínam nossos países, quer por não se incomodar, ou bem para ganhos de curto prazo em detrimento do resto da sociedade. Chegou a hora desses homens de empreendimento acordarem de sua passividade e que façam uma contribuição real à sociedade em que vivem, para o bem disso e também para seus próprios filhos.

---

425 LEPAGE, Henri. *Demain le capitalisme*. París, Librairie Générale Française, col. Pluriel-Le livre de poche, 1978. Versão em espanhol: LEPAGE, Henri. *Mañana, el capitalismo*. Trad. Juan Bueno. Madri: Alianza Editorial, Madri 1979.

CAPÍTULO 17

A Tática: Inteligência Emocional e Educação Econômica

Vimos que formar intelectuais públicos e posicioná-los na mídia, entrar em escolas e espaços artísticos, criar *think tanks* encarregados de defender, promover e disseminar as ideias da sociedade livre, persuadir políticos e publicar livros acadêmicos e de massa são tarefas fundamentais que devem ser empreendidas para construir um senso comum que favoreça os princípios de uma sociedade livre. Tudo isso deve ser projetado com um senso de oportunidade e de estética, com uma mensagem honesta e atraente, tanto por seus porta-vozes quanto por seu conteúdo e seu estilo. Isso porque a conexão emocional com o público é decisiva.

Aqueles que defenderam o sistema de liberdades, em geral, pecaram de um formalismo excessivo, variando de seus argumentos e sua linguagem à maneira como se vestem. Raramente se vê um artista, um rastafári ou uma mulher liderar a defesa dos ideais da sociedade livre; e mesmo à juventude, em geral, não se abrem espaços. Isso apesar do fato de haver cada vez mais jovens dispostos a abraçar uma sociedade livre. O que deve ser entendido é que, embora o essencial seja o trabalho intelectual rigoroso, a forma é essencial para transmitir a mensagem. Como comunicador, não é o mesmo um senhor engravatado e falando com muita compostura sobre a liberdade do que um jovem enérgico, eloquente e sem preocupação com a etiqueta. O sucesso de Camila Vallejo, a líder comunista que foi conduzida em todo o mundo por sua liderança no movimento estudantil no Chile, se deve não a suas ideias, mas ao modo como as transmitia e ao fato de ser uma mulher atraente, carismática e jovem. O mesmo aconteceu no caso de Che Guevara. Não é preciso ser um gênio para entender que seu sucesso como um símbolo passou mais pela estética do que pela mensagem ética, e até hoje se vendem camisetas com a imagem de seu rosto – cópia da famosa foto de Alberto Korda (1928-2001) – é porque ele criou uma imagem que evoca uma certa épica *sexy* cheia de significados, emoções e símbolos: rebeldia, ousadia, luta, utopia, sonhos, amor, justiça ... se trata de uma construção muito meticulosa e complexa, como a construção de marcas.

É essencial entender essa inclinação para a resposta emocional imediata que os seres humanos têm se quisermos ter uma chance de derrotar o discurso populista. O americano-israelense Daniel Kahneman, psicólogo, professor emérito da Universidade de Princeton, em New Jersey, e Nobel de Economia em 2002, explicou que nosso cérebro trabalha com dois sistemas. O "sistema 1" emite julgamentos imediatos e intuitivos, e o "sistema 2" requer esforço mental e elaboração para ele. Se lermos, por exemplo, 15 × 32, imediatamente sabemos que é uma operação matemática e que podemos resolvê-la. Também sabemos que o resultado está dentro de um determinado intervalo. É assim que funciona o sistema 1. No entanto, o sistema 2 é aquele que possibilitará determinar o resultado, para o qual a pessoa terá de se concentrar e gastar mais tempo e energia desenvolvendo o cálculo.

O sistema 1 desenvolve sistemas complexos de ideias que não exigem esforço, mas são incapazes de criar pensamentos ordenados e estruturados. Este último é o que faz o sistema 2. No entanto, o sistema 1 é o predominante. E isso, como diz Kahneman, continuamente gera sugestões para o sistema 2 na forma de impressões, sentimentos, intuições, intenções e impulsos, que nesse sistema 2 se tornam crenças e ações voluntárias[426]. O sistema 1, então, é o emocional e o sistema 2, o racional. O sistema 1, segundo Kahneman, é *"rápido, automático, sem esforço, associativo e difícil de controlar ou modificar"*. Enquanto isso, as operações do sistema 2 são *"lentas, graduais, exigem esforço, demandam controle. São também relativamente flexíveis e comandadas por regras"*[427].

O discurso populista e socialista "ataca", fundamentalmente, o sistema 1, explorando várias emoções: esperança, ressentimento, ódio, ambição de crescer, sensação de justiça, empatia com o sofrimento, etc. Por meio de uma linguagem simples e básica, apela para emoções e intuições espontâneas. O discurso partidário da sociedade livre, que apela para argumentos e evidências empíricas ou científicas – às vezes apoiados por estatísticas ou números, por exemplo, da economia –, geralmente é ligado ao sistema 2, muito menos eficaz emocionalmente. Os argumentos econômicos que prevalecem nesse discurso – e que são necessários, a propósito – são a melhor prova da abordagem racionalista daqueles que defendem a sociedade livre. As cifras do PIB, as taxas de crescimento, a balança de pagamentos, os déficits fiscais e outros dados não se conectam facilmente com as emoções das pessoas. Em parte, o fracasso deste discurso deve-se ao fato de que a economia é

---

426 KAHNEMAN, Daniel *Thinking Fast and Slow*. London: Penguin, 2012. p. 24.

427 KAHNEMAN, Daniel. "Maps of Bounded Rationality: A Perspective on Intuitive Judgment and Choice". Discurso no Prêmio Nobel, 8 de dezembro de 2002. Disponível em: <http://www.nobelprize.org/nobel_prizes/economic-sciences/laureates/2002/kahnemann-lecture.pdf>. Acessado em 10 de setembro de 2018.

uma ciência complexa que requer a compreensão de dinâmicas e forças operando a longo prazo e de modo invisível. Em uma democracia, as pessoas não a consideram, pois geralmente é conduzida a curto prazo. Kahneman explica da seguinte maneira:

> As pessoas são muito sensíveis às pressões e consequências imediatas que podem ter. Os efeitos a longo prazo são mais abstratos e mais difíceis de serem levados em conta [...]. Levar as coisas a sério implica um elemento emocional. Emoções são evocadas mais rapidamente e com maior intensidade por coisas imediatas. As democracias funcionam assim, por exemplo. As pessoas são forçadas a pensar a curto prazo. É um dos grandes problemas das democracias [...]. Isso explica, em parte, a situação atual. É surpreendente que as pessoas votem e tenham opiniões políticas sobre coisas sobre as quais não têm ideia, como a economia. Mas faz parte da nossa própria natureza. Está relacionado com o que ele disse antes: o problema é que não sabemos o que não sabemos[428].

O populista e o socialista oferecem, com linguagem simples e ideias também simples, soluções de curto prazo bem recebidas pelo sistema 1 e que só podem ser neutralizadas deixando-se o sistema 2 operar. Assim, por exemplo, propor direitos sociais garantidos para todos é algo emocionalmente atraente que a maioria vai apoiar, pois ninguém pode ser contra a que as pessoas tenham tudo o que precisam. É a mesma coisa que define todas as tendências da publicidade: hoje, as marcas não apelam para a racionalidade, mas para emoções puras. Carros não são vendidos apelando para argumentos técnicos, mas para sentimentos e identificação com estilos de vida. As promessas

---

428 Ver: <http://www.abc.es/20120615/cultura-libros/abci-danielkahneman--premio-nobel-201206151829.html>. Acessado em 10 de setembro de 2018.

populistas têm muito disso, e é somente após uma análise posterior, na qual se valorizam as consequências a médio e longo prazo, que o indivíduo decide descartar a ideia. Nesse caso, após a reflexão, o sistema 2 controla o sistema 1.

A fórmula clássica de aumentar impostos sobre os ricos para financiar os pobres é outro exemplo do jogo entre o sistema 1 e o sistema 2. Intuitivamente, todos concordariam em taxar um homem rico para melhorar uma pessoa pobre. Mas tal ideia pode ser questionada e até mesmo rejeitada se for analisada em profundidade, já que os impostos mais altos cobrados provavelmente terão um impacto negativo no investimento, no emprego e na produtividade. Tal fato resulta em que aos pobres seja mais conveniente que haja menos impostos se eles quiserem manter seus empregos ou ter acesso a um. Como Kahneman explica, é o sistema 1 que sempre fornece a resposta imediata a qualquer problema relacionado com ricos e pobres. Estas são intuições morais que nos levam a preferir os pobres aos ricos sem compreender as consequências que isso tem no problema concreto que procura resolver. Assim, de acordo com o professor de Princeton, nossos sentimentos morais nos condicionam a cometer erros, mas eles não necessariamente nos determinam, pois tudo depende do modo como o problema é colocado[429].

No capítulo anterior, vimos o quão relevante é o que pode chegar a ser a linguagem. Kahneman confirma isso explicando, por exemplo, que não é o mesmo dizer que uma empresa cumpriu 40% de sua meta de vendas do que dizer que ela fracassou em 60%; ou não é igual dizer que a taxa de sobrevivência infantil é de 60% devido a políticas governamentais do que expor que a taxa de mortalidade infantil é de 40%, embora no fundo estejamos dizendo a mesma coisa. Em um caso, a recepção emocional é bastante positiva e, na outra, negativa. Nem é o

---

429 KAHNEMAN, Daniel *Thinking Fast and Slow. Op. cit.*, p. 371ss.

mesmo falar de um sistema de livre-empresa do que do neoliberalismo, ou de falar de lucro legítimo em vez de lucro.

Essa distinção entre os dois sistemas não pode ser ignorada se procurarmos obter o nosso raciocínio e explicações diretamente para o público ou se quisermos nos comunicar eficazmente. Assim, a inteligência emocional envolve o trabalho com imagens, linguagens e formas que tornam a mensagem dos defensores da sociedade livre e aberta chamativa para a maioria, mas sempre cuidando da honestidade intelectual e salvaguardando a verdade. O desafio é superar a crença derivada da economia neoclássica de que as pessoas são agentes racionais que maximizam seu próprio benefício, pois, embora haja muito disso, o que Kahneman prova é que a realidade é muito mais complexa e que os seres os humanos agem especialmente impulsionados pelas emoções.

Brian Caplan, professor de Economia na George Mason University (GMU), na Virgínia, levou essa ideia a um ponto de maior depuração em seu *best-seller*, o livro *The Myth of the Rational Voter* no qual ele afirma que a razão pela qual democracias levam a más políticas econômicas e sociais, prejudicando a maioria, é porque os eleitores são diretamente irracionais ou, ao contrário, irracionalmente racionais[430]. Isso significa que eles simplesmente votam no que os faz se sentir bem. De acordo com Caplan, não são informações sobre os fatos, mas, sim, ideologias e emoções que definem nosso julgamento. *"As ideias populistas, como o protecionismo"*, continua Caplan, *"são tão difíceis de erradicar porque há uma conexão emocional com elas que faz com que as pessoas se sintam bem apoiando-as"*. O autor diz que, *"quando as pessoas votam sob a influência de crenças falsas que são percebidas como boas, a democracia persistentemente produz políticas ruins"*[431].

---

430 CAPLAN, Bryan. *The Myth of the Rational Voter: Why Democracies Choose Bad Policies*. Princeton: Princeton University Press, 2006. p. 2. Disponível em: <http://www.libertarianismo.org/livros/tmotrvbc.pdf>. Acessado em 10 de setembro de 2018.

431 Idem. *Ibidem*.

Mais uma vez, vemos aqui que são as ideias e ideologias que incubam fortes emoções sobre como o mundo deve ser é o que leva ao fracasso de democracias. Caplan diz que as democracias "sofrem de uma forma abstrata de externalidade: a contaminação mental de crenças sistemicamente falsas" que levam as pessoas a votar a favor de políticas que acabam prejudicando-as[432]. Isto é assim porque as pessoas tomam muito a sério sua maneira de ver o mundo e raramente aceitam que estão erradas. Dessa maneira, como eles não assumem um custo imediato para votar de acordo com crenças falsas, os eleitores buscam maximizar seu bem-estar psicológico apoiando políticas coerentes com sua ideologia. Uma maneira de corrigir isso, segundo Caplan, é aumentar o nível de conhecimento sobre economia entre a população de uma maneira divertida, ou seja, emocionalmente inteligente[433].

Frédéric Bastiat, economista francês do século XIX, elaborou uma famosa sátira sobre o protecionismo em que formulava um pedido dos fabricantes de castiçais e velas para o Parlamento a fim de que se proibisse as casas terem aberturas que permitissem a entrada do sol, para incentivar a indústria local de castiçais, velas, lâmpadas, etc.[434]. Para Caplan, essa sátira é um bom exemplo de como destruir estereótipos e preconceitos que prevalecem na população de ensino economia de modo eficaz. Caplan explica:

> Não importa se "professor de economia" é ou não a descrição oficial de seu trabalho. Todo mundo que sabe alguma coisa sobre a economia – professores, "especialistas",

---

432 Idem. *Ibidem.*, p. 206.

433 Idem. *Ibidem.*, p. 202.

434 BASTIAT, Frédéric. "Petición de los fabricantes de candelas, velas, lámparas, candeleros, faroles, apagavelas, apagadores y productores de sebo, aceite, resina, alcohol y generalmente de todo lo que concierne al alumbrado". Trad. de Alex Montero. Disponível em: <http://bastiat.org/es/peticion.html>. Acessado em 10 de setembro de 2018.

jornalistas, estudantes e cidadãos interessados, tem a oportunidade de ensiná-la. Cada um de nós deve começar, como Bastiat, contrastando a visão popular de um tópico com o ponto de vista econômico, deixando claro que os economistas pensam uma coisa e os não economistas pensam o contrário. Escolha algumas conclusões com profundas implicações para a política pública ou econômica ou campos semelhantes – como o efeito do controle de preços, os benefícios de longo prazo da economia da mão de obra por meio da inovação... – e as esgote[435].

Steven Pinker, professor de Harvard, especialista em psicologia evolutiva, confirma o argumento de Caplan, argumentando que a educação é a melhor maneira de conter as reações emocionais do sistema 1 baseadas em preconceitos, mitos e estereótipos destrutivos para o bem-estar da população. De acordo com Pinker, a educação em economia e em áreas como estatística, biologia evolucionária e probabilidade daria uma grande contribuição para a quebra de preconceitos e crenças falsas[436]. Pinker explica, por exemplo, que a mentalidade igualitária que rejeita o mercado como meio de interação através do sistema de preços é um sinal claro do triunfo da intuição e do preconceito sobre a realidade.

A mentalidade igualitária e a mentalidade de mercado são tratadas por duas psicologias ou diferentes sistemas, diz o acadêmico: o igualitário, por um *"intuitivo e universal"*; o mercado um, por um *"refinado*

---

435 CAPLAN, Bryan. *The Myth of the Rational Voter: Why Democracies Choose Bad Policies. Op. cit.*, p. 200. Um excelente exemplo de como popularizar conceitos econômicos e torná-los acessíveis para jovens é a iniciativa do professor Martín Krause, da Universidade de Buenos Aires, com o seguinte livro: KRAUSE, Martín. *La economía explicada a mis hijos.* Buenos Aires: Aguilar, 2003. Disponível em: <http://www.fhi.org.hn/images/Libros/185-martin-krause-la-economia-explicada-a-mis-hijos.pdf>. Acessado em 10 de setembro de 2018.

436 PINKER, Steven. *The Blank Slate.* London: Allen Lane, 2002. p. 208.

e cultivado"[437]. É fácil entender, diz Pinker, uma troca quando é direta na forma de permuta, como um par de galinhas por uma faca. Mas, quando surge o dinheiro, o crédito e outras figuras mais complexas que não nos acompanharam evolucionariamente, essa mesma troca é rejeitada. O professor de Harvard diz que existe uma crença de que há algo como um "preço justo", ou um valor objetivo que leva a considerar todos os preços acima do "justo" como ganância; e assinala que tal crença é uma superstição que justificou preços compulsórios na Idade Média, sistemas de controle comunista e controle de preços nos países do Terceiro Mundo[438]. A mesma coisa acontece com a proibição de juros, sobre a qual cai uma superstição derivada da incapacidade de entender como funcionam os mecanismos de mercado.

Como já dissemos, o resultado desses preconceitos intuitivos, surgidos da falta de entendimento racional, são leis e instituições que, fundamentadas em ideologias sem base na realidade, causam um dano tremendo à própria população que a respalda. Assim, o embuste populista não apenas reside no problema de seus líderes, mas, fundamentalmente, em seu público, com o qual é necessário comunicar-se de maneira inteligente e atraente para que adotem, consciente e espontaneamente, as ideias que realmente promovem sua liberdade e seu bem-estar, podendo, assim, fechar as portas aos preconceitos e ideologias que os fazem cair em tal falácia populista.

---

437 Idem. *Ibidem.*, p. 207.

438 Idem. *Ibidem.*

CAPÍTULO 18

Os Instrumentos: Redes Sociais e Novas Tecnologias

Vivemos em um mundo marcado cada vez mais pelo imediatismo, um mundo em que as tecnologias de informação e comunicação (TIC) tornaram-se decisivas na opinião pública. Hoje em dia, não há campanha política bem feita que não concentre boa parte de seus esforços no *Facebook*, no *Twitter*, no *Instagram*, no *MySpace*, no *YouTube*, em blogs e em outras redes sociais e espaços no mundo digital. Até mesmo aplicativos como o *WhatsApp*, muito mais próximas e menos públicas, são consideradas nas estratégias de comunicação. Trata-se de meios de informação e distribuição maciças de ideias em que o *slogan* fácil e emocional é usado para chegar ao sistema 1. Do mesmo modo, em redes como o *Twitter*, o populista tem um terreno fértil para semear seus preconceitos e falsas crenças. O grande intelectual italiano Umberto Eco (1932-2016) chegou a dizer que as redes sociais eram um problema porque *"elas dão o direito de falar a legiões de idiotas que antes falavam apenas no bar depois de um copo de vinho, sem prejudicar a comunidade. Eles eram silenciados rapidamente e agora eles têm o mesmo direito de falar que um Prêmio Nobel. É a invasão de tolos"*[439]. Eco acrescentou que *"a televisão promoveu o tolo do povo, dado respeitabilidade ao telespectador, que se sente superior. O drama da internet é que tem promovido o tolo do povo ao nível de um portador da verdade"*[440].

Não há dúvida de que as redes sociais possibilitaram dar voz a uma massa de pessoas que nunca a tiveram; e que boa parte dela é ignorante, rude e faz do insulto, das mentiras e da estupidez seu modo de manifestar. Em certo sentido, é verdade que os idiotas encontraram nas suas redes sociais seu ambiente natural, e também que suas opiniões, quando repetidas por um número suficiente de pessoas, são influentes, apesar de seu conteúdo absurdo. Mas essa é a realidade que se deve conviver hoje, e a alternativa não pode ser abandonar completamente esse terreno, como muitas pessoas fizeram, de acadêmicos a celebridades. Isso é deixar o espaço das redes, tão grande e cheio de oportunidades, para os idiotas e populistas. Assim, dá-se como perdida uma batalha fundamental no campo das ideias, que é também a da comunicação. Em vez de retirar, portanto, convém diminuir o discurso republicano e liberal para um formato que seja fácil de assimilar para aqueles que participam nas redes sociais, já que estes podem ser instrumentos eficazes de controle do poder político, conforme mostrado no caso do Brasil, onde as manifestações de milhares de pessoas contra o governo corrupto de Dilma Rousseff foram coordenadas graças a essas tecnologias.

Outros casos que ilustram o poder das redes sociais são a chamada Primavera Árabe, o movimento *Occupy Wall Street* e a eleição de Barack Obama, que marcou um antes e depois em termos de exploração política das redes sociais. De acordo com um estudo do Centro de Estudos

---

439 Ver: <http://www.abc.es/cultura/20150616/abci-umberto-redes-sociales-201506161259.html>. Acessado em 10 de setembro de 2018.

440 Idem. *Ibidem.*

Europeus da Universidade de Harvard, as redes sociais conseguiram alcançar um impacto relevante nos resultados eleições em vários países. Ainda mais, de acordo com o estudo, *"a mídia tradicional, com suas transmissões de televisão, jornais e revistas, estão interagindo ativamente com as mídias sociais"* e até mesmo *"seguindo o exemplo das mídias sociais"*[441]. No caso das eleições francesas de 2007, por exemplo, nas quais Nicolas Sarközy derrotou Ségolène Royal, 40% dos usuários da *internet* informaram ter seu voto influenciado pelas redes sociais[442]. Por seu turno, um estudo da London School of Economics[443] mostrou que, nas eleições parlamentares de 2010 na Inglaterra, as redes sociais tiveram papel decisivo na opinião pública, influenciando diretamente a mídia tradicional. Outro estudo, publicado na prestigiada revista *Nature*, com base em 61 milhões de usuários do *Facebook* em 2010, concluiu que, nas eleições parlamentares dos Estados Unidos naquele ano, *"as mensagens influenciaram diretamente a autoexpressão política, a busca por informações e o voto efetivo de milhões de pessoas"*[444]. Além

---

441 AUVINEN, Ari-Matti. "Social Media: The New Power of Political Influence". Center for European Studies y Suomen Toivo Think Tank, p. 5. Disponível em: <http://www.martenscentre.eu/sites/default/files/publicationfiles/social-media-and-politics-power--political-influence.pdf>. Acessado em 10 de setembro de 2018.

442 Idem. *Ibidem.*, p. 7.

443 ANSTEAD, Nick & O'LOUGHLIN, Ben. "Social Media Analysis and Public Opinion: The 2010 UK General Election". *Journal of Computer-Mediated Communication*, online, 2014. Disponível em:<http://eprints.lse.ac.uk/60796/1/__lse.ac.uk_storage_LIBRARY_Secondary_libfile_shared_repository_Content_Anstead,%20N_Social%20media%20analysis_Anstead_Social%20media%20 analysis_2015.pdf>. Acessado em 10 de setembro de 2018.

444 BOND, Robert M. ; FARISS, Christopher J. ; JONES, Jason J. ; KRAMER, Adam D. I. ; MARLOW, Cameron; SETTLE, Jaime E. & FOWLER, James H. "A 61-Million-Person Experiment in Social Influence and Political Mobilization". *Nature*, N. 489, 13 de setembro de 2012, p. 295-98. Disponível em: <http://fowler.ucsd.edu/massive_turnout.pdf>. Acessado em 10 de setembro de 2018.

disso, de acordo com o estudo, "*as mensagens não só influenciaram quem as recebeu, mas também seus amigos e amigos de amigos*"[445].

A razão pela qual essas novas tecnologias exercem tanta influência é seu caráter eminentemente relacional, sem contar a crescente disponibilidade em massa de dispositivos móveis cada vez mais sofisticados, que colocam nos bolsos de milhões de pessoas um computador poderoso com o qual eles estão conectados, literalmente, 24 horas por dia e 365 dias por ano. As pessoas tendem a definir seu modo de pensar e decidir eleitoralmente (assim como em outros assuntos) com base no que veem nos outros. Isso faz com que a construção de senso comum usando redes sociais tenha um efeito multiplicador imprevisível. Se o uso de redes sociais se tornou um novo campo da pesquisa, é precisamente porque os especialistas acreditam que podem obter informações valiosas sobre as crenças, os valores e os hábitos das pessoas a partir de suas publicações. As empresas privadas também começaram a concentrar seu *marketing* nas redes sociais, conscientes de que a imagem de sua marca e as possibilidades de expansão dos mercados exigem um uso inteligente dessas tecnologias e das informações massivas que hoje podem ser obtidas com uma facilidade e em magnitudes anteriormente inimagináveis.

Ideologicamente, há um debate sobre se os efeitos dessas redes foram positivos ou negativos. De acordo com um estudo da Universidade de Nova York, os usuários de redes sociais participam de redes ideologicamente diversas, o que produziria uma aproximação para outros pontos de vista e, consequentemente, diminuição da polarização política. Isso promoveria diálogos e interações mais pacíficas[446]. Tal estudo contraria outros estudos anteriores, de acordo com os quais as

---

445 Idem. *Ibidem.*

446 BARBERÁ, Pablo. "How Social Media Reduces Mass Political Polarization. Evidence from Germany, Spain, and the U. S.". New York University, 18 de outubro de 2014. Disponível em: <http://smapp.nyu.edu/papers/SocialMediaReduces.pdf>. Acessado em 10 de setembro de 2018.

redes sociais aumentariam a polarização. Seja qual for a verdade sobre este ponto, o relevante é que existe um consenso em torno da influência das redes sobre a realidade política e ideológica de um país. Portanto, seu uso deve ser uma parte essencial da estratégia para destruir a farsa populista. Como concluiu o estudo mencionado da revista *Nature*:

> [...] a mobilização política *on-line* funciona. Induz a liberdade de expressão política, mas também a coleta de informações e a participação eleitoral [...]. A mobilização social nas redes é significativamente mais efetiva do que aquela através do uso da informação isolada. Mostrar rostos familiares aos usuários pode melhorar radicalmente a eficiência de uma mensagem de mobilização [...]. Em termos gerais, os resultados sugerem que as mensagens *on-line* poderiam influenciar em vários comportamentos *off-line*, e isso tem implicações para nossa compreensão do papel das mídias sociais na sociedade[447].

Não pretendemos dar aqui a resposta exata sobre como usar as redes sociais, algo para o qual há especialistas e textos suficientes. O que estamos procurando é chamar a atenção para o fato de que, hoje em dia, a farsa populista pode encontrar um aliado ou um inimigo letal nas novas tecnologias da informação, e estes devem fazer parte da estratégia para promover valores e princípios de uma sociedade de pessoas livres. Nenhum centro de estudos, universidade, meio de comunicação ou intelectual público que tente transcender com sua influência na construção de um novo senso comum pode parar de usar redes sociais inteiramente, apesar do custo envolvido em lidar com os idiotas de que fala Eco. Tanto na construção de novos relatos quanto na difusão

---

447 BOND, Robert M.; FARISS, Christopher J.; JONES, Jason J.; KRAMER, Adam D. I.; MARLOW, Cameron; SETTLE, Jaime E. & FOWLER, James H. "A 61-Million-Person Experiment in Social Influence and Political Mobilization". *Op. cit.*

de mensagens com porta-vozes eficazes e penetração com mensagens emocionais que permitam mobilizar as massas contra governos corruptos e tirânicos, as redes sociais são fundamentais. Isso foi demonstrado nas eleições parlamentares da Venezuela em dezembro de 2015, cujo monitoramento tornou-se possível, essencialmente, graças às redes sociais que, hoje em dia, qualquer pessoa pode acessar a partir do seu *smartphone*, a custo muito baixo e em qualquer momento. Na verdade, se algo tem alcançado a revolução tecnológica que estamos testemunhando é que ela deu voz a todos e, para usar uma expressão da moda, ela tem "democratizado o poder de comunicação". É cada vez mais difícil para os governos autoritários manterem o cerco e a desinformação, embora às vezes eles aproveitem muito bem das mídias disponíveis.

Não se trata, obviamente, de substituir o trabalho sério, acadêmico e rigoroso que deve ser dado em outras esferas e que, como vimos, é decisivo na construção de novos imaginários. Um professor universitário treina milhares de estudantes para suas vidas. Ele não pode basear-se no *Facebook* ou no *Twitter*. Mas as redes sociais são um complemento a esse trabalho, assim como as mídias tradicionais, que nem sempre possibilitam análises profundas.

A partida para o futuro dos nossos países é jogada hoje em mais campos do que faz algumas décadas, e devemos estar dispostos a ir a todos eles, se não quisermos conceder vantagens aos populistas e à demagogia responsáveis por nos arruinarem tantas vezes. Hoje todos nós temos uma entrada para esse campo a partir do qual podemos lutar a batalha das ideias. Por meio do *Facebook*, do *Twitter*, do *Instagram* ou do *YouTube* – e amanhã através de outros meios que surgirão neste dinâmico mundo –, a todo momento, qualquer um pode contribuir para desmantelar a falácia populista e fortalecer outras ideias que mostram que a liberdade, o indivíduo, o Estado de Direito e a República são uma alternativa real ao embuste que a América Latina tem sofrido e que hoje também ameaça a Espanha.

Epílogo

Epílogo

Certa vez, Simón Bolívar disse que vivemos dominados pelo engano, e ele estava certo. Na América Latina e em partes da Europa, contou-se uma história cheia de mentiras e falácias com o fim de tornar projetos políticos e ideológicos aceitáveis buscando concentrar o poder nas mãos de poucos e enriquecer vários grupos de interesse corruptamente.

Não é o caso de que todos aqueles que apoiaram programas populistas e ideológicos totalitários ou autoritários tivessem más intenções ou não acreditassem realmente no que promoveram. Não há dúvida de que Che Guevara acreditava em seus ideais, mas isso não significa que ele era uma boa pessoa, nem exime a responsabilidade pelas mortes e torturas realizadas. Também é possível que Chávez acreditasse fervorosamente no socialismo do século XXI, porém isso não o isenta de seu autoritarismo, das violações aos direitos humanos de seu regime e da miséria generalizada que seu sistema de ideias causou na Venezuela. O mesmo pode ser dito de Castro, Kirchner, Morales, Correa, Ortega, Rousseff, Bachelet e, usando outro termo de Plínio Apuleyo, Carlos Alberto Montaner e Álvaro Vargas Llosa, outro aspirante a "fabricantes de miséria", como Pablo Iglesias e López Obrador. Todos eles deliberadamente promoveram uma grande farsa que promete bem-estar a todos com ideias e projetos políticos cujo resultado não pode ser outro a não ser a destruição das possibilidades de progresso e liberdade dos cidadãos os quais governam ou pretendem governar.

Certamente, vários graus entre eles. Bachelet e Chávez não são os mesmos em termos de intensidade, mas se mostram iguais em termos da natureza ideológica do que rejeitam. Em comum, todos os populistas têm um profundo desprezo pela liberdade pessoal e pela dignidade humana, apesar da crença deles na igualdade ser sempre revestida por humanismo. A verdade é que idolatria dos populistas pelo Estado é incompatível com a valorização do indivíduo como agente digno, capaz de projetar seu plano de vida e perseguir seus fins de maneira responsável. Além disso, suas propostas de refundação são delírios ideológicos cujos custos eles transferem para terceiros, enquanto vivem cercados de luxos e fora do alcance da miséria que fabricam para os outros.

Felizmente, há esperança. O populismo começa a sofrer reveses na América Latina com as derrotas, por enquanto eleitorais, de Kirchner e Maduro, com os escândalos de corrupção que abalaram Bachelet e Dilma e com os problemas econômicos que enfrenta Correa, Morales e seus seguidores. No entanto, para que o ciclo populista chegue ao fim e não volte, é essencial mudar o senso comum prevalecente entre as elites e a população para fazer das ideias liberais republicanas uma herança cultural comum. Se esse trabalho não for feito, cairemos de novo na farsa populista e em suas consequências devastadoras.

Os autores deste livro acreditam que é possível mudar as coisas para melhor e que as novas gerações têm papel essencial nessa mudança. Estas dispõem agora de mais ferramentas do que nunca, para se informar, educar e mobilizar em busca dos ideais que possibilitaram outras nações prosperarem. Mesmo nas nossas, têm se mostrado bem-sucedidas quando aplicadas da maneira correta. Isso nos mostra que o subdesenvolvimento não é um problema geográfico ou de recursos naturais, mas eminentemente mental e cultural. A tarefa hercúlea de mudar as mentes e consciências das pessoas é a única coisa que possibilitará superar o subdesenvolvimento e a miséria econômica, social, política e a que o populismo nos condena.

Índice

Índice Remissivo e Onomástico

1984, de George Orwell, 146

A

Academia de Ciências Econômicas da Argentina, 263

Acton, John Emerich Edward Dalberg-Acton (1834-1902), primeiro Barão Acton, mais conhecido como Lord, 64, 266

Adams, John (1735-1826), 124

Afeganistão, 133, 258

África, 106, 223-24

Agência Tributária, 51

Alberdi, Juan Bautista (1810-1884), 186-88, 197, 200, 244-45, 251

Alemanha, 77, 103, 111, 135-37, 162, 172, 174, 184

Alemanha Oriental, 178

Aliança para o Progresso, 92-93

Allende Gossens, Salvador Guillermo (1908-1973), 76, 94, 104, 131, 169, 171, 176-78, 265

Althusser, Louis (1918-1990), 145, 147, 160

Alvarado, Juan Velasco (1910-1977), 131, 171

América Central, 60

América Latina, 9-11, 19-20, 40-48, 50-52, 55, 59-60, 62-65, 69, 76, 78, 82, 85-86, 88, 90-96, 99-03, 105-06, 109-10, 113, 115-16, 126, 129, 133-34, 137, 141, 143, 148-53, 155, 163, 166-68, 175-76, 179, 182-83, 187-88, 196, 199, 202-03, 207, 209, 211-13, 215, 216, 218, 223-24, 228-34, 243-46, 251, 254-55, 260, 264-66, 268, 271, 276, 278, 294-96

Ampuero, Dora de, 267

Angola, 133

Antiliberal, antiliberalismo, 13, 40, 48-50, 76, 80, 91, 99, 105, 167, 216

Anti-norte-americano, 80

Arbuthnot, John (1667-1735), 52

Arditi, Benjamin, 32

Arendt, Hannah (1906-1975), 121

Argentina, 10-12, 31, 33, 35, 39, 48, 60-62, 97, 102, 105, 109-10, 131-33, 143, 171, 183-86, 188-91, 193-94, 196-97, 199, 201-02, 243, 246, 263, 267

Arguedas, José Maria (1911-1969), 34

Astecas, 13, 89, 106

Asturias, Miguel Angel (1899-1974), 13

Atos de Navegação (*Navigation Acts*), 249

Austrália, 111, 195-96

Áustria, 30

Avanza Chile, 267

Ayau Cordón, Manuel Francisco (1925-2010), 268, 270, 276

Azócar, Patricio Aylwin (1918-2016), 203

B

Bachelet Jeria, Verónica Michelle (1951-), 48, 62, 76, 98, 104, 131, 184, 197, 203-09, 297-98

Ballester, Jesús Huerta de Soto (1956-), 230

Banco Central do Chile, 208

Banco Mundial, 208

Bastiat, Claude-Frédéric (1801-1850), 251, 285-86

Bates, Thomas H. (1938-), 156

Batista Zaldívar, Fulgencio (1901-1973), 131

Becker, Gary Stanley (1930-2014), 202

Behrman, Jere Richard (1956-2017), 200

Benavente, Andrés, 75

Bento XVI, Joseph Ratzinger (1927-), Papa, 214

Berlin, Isaiah (1909-1997), 124, 266

Berlusconi, Silvio (1936-), 11

Binner, Hermes Juan (1943-), 132

Boas, Taylor C., 102

Bolívia, 12, 31-32, 34, 60, 109-10, 113, 131, 133, 219, 225, 232, 243, 267

Bolsonaro, Jair Messias (1955-), 11, 38

Boréus, Kristina (1959-), 274

Boston Globe, The, 120

Bové, Joseph (1853-), 11

Brands, Hal, 96

Brasil, 10-12, 31, 36-39, 41, 60, 110, 133, 180, 184, 231, 290

Bruxelas, 23

Buenos Aires, 171, 184, 192, 267

Burke, Edmund (1729-1797), 250

C

Caminho da Servidão, O, de F. A. Hayek, 82, 261

Caminos de la Libertad, 267

Campins, Luis Herrera Antonio (1925-2007), 169-70

Canadá, 11, 109, 111

Canova, Antonio (1757-1822), 169-70

Canovan, Margaret (1939-2018), 24

Capital, O, de Karl Marx, 51

Caplan, Brian Douglas (1971-), 284-86

Caracas, 60, 134, 166

Cartel dos Zetas, 13

Castillo, Andrea, 135-36

Castro Ruz, Fidel Alexandro (1926-2016), 62, 76, 79, 114, 130-31, 166, 196

Centesimus Annus, carta encíclica de João Paulo II, 226

Centro de Estudos Europeus da Universidade de Harvard, 290-91

Centro para la Divulgación del Conocimiento Económico (Cedice), 267

Centro Regional de Estratégias Económicas Sostenibles (Crees), 268

Ceresole, Norberto Rafael (1943-2003), 165, 171-72

Chafuen, Alejandro Antonio (1954-), 227, 229

Chávez Frías, Hugo Rafael (1954-2013), 12, 22, 29, 31, 33-37, 39, 49, 62, 76, 78-79, 82, 89, 97, 104, 114-15, 129, 131, 133-34, 165-69, 171-73, 176-77, 179-82, 264, 297-98

Chicago Boys, 103

Chile, 10, 39, 48, 61, 63, 98, 101, 103-04, 110, 131, 133, 143, 169, 171, 178, 183, 196, 199-04, 206-09, 245-46, 265, 267, 280

China, 9, 39, 63, 135, 178

Chomsky, Avram Noam (1928-),165
Churchill, Winston Leonard Spencer
(1874-1965), 52
Chydenius, Anders (1729-1803),
271-72
Cingapura, 109, 111
Cirino, Julio, 75
Civismo, 267
Clinton, William Jefferson (1946-), 10
Colômbia, 11-12, 35, 39-40, 215
Comercio, El, 207
Commanding Heights, The, de Daniel
Yergin e Joseph Stamislaw. 190
Comissão Econômica para a América
Latina e o Caribe (Cepal), 90
Companhia Britânica das Índias
Orientais, 249
Conferência Mundial contra o
Racismo, a Discriminação Racial, a
Xenofobia e a Intolerância, 29
Conquest of Poverty, The, de Henry
Hazlitt, 107
Consenso de Washington, 10
Constituição da Liberdade, A, de F. A.
Hayek, 277
Coreia do Norte, 133
Correa Delgado, Rafael Correa (1963-),
12, 62, 76, 98, 120
Courcelle-Seneuil, Jean-Gustave (1813-
1892), 199-00
Couyoumdjian, Juan Pablo, 200
Crise do subprime, 221
Cuba, 10, 47, 60, 98, 130-31, 151, 167,
178, 196, 268

D ·

Dahl, Robert Alan (1915-2014), 260
Days of Rage, de Hermann Tertsch, 162
Deaton, Angus Stewart (1945-), 107

Declaração de Independência dos
Estados Unidos, 251
Demain le capitalism, de Henri Lepage, 278
Desafio e o Fardo do Tempo Histórico, O,
de István Mészáros, 179
Descartes, René (1596-1650), 247
De Soto, Domingo (1494-1560), 227
Dickens, Charles (1812-1870), 89
Dieterich Steffan, Heinz (1943-),
165-66
Díez González, Rosa Maria (1952-), 49
Dietze, Gottfried (1922-2006), 115
Dinamarca, 111
Discurso sobre a Origem da Desigualdade
entre os Homens, de Jean-Jacques
Rousseau, 86
Discurso sobre o Método, de René
Descartes, 86, 247
Di Tella, Torcuato (1929-2016), 27
Do Bom Selvagem ao Bom Revolucionário,
de Carlos Rangel, 83
Do Contrato Social, de Jean-Jacques
Rousseau, 123
Dorrego, Manuel Críspulo Bernabé
(1787-1828), 196
Doutrina Social da Igreja, 230
Dowling, Camila Antonia Amaranta
Vallejo (1988-), 280
Durban, 29

E

Eco, Umberto (1932-2016), 289
Economist, The, 132, 134, 184-86, 207,
209
Eliot, Charles William (1834-1926),
85
Elliott, John Huxtable (1930-),
244
Engels, Friedrich (1820-1895), 166,
182, 213

Equador, 12, 31-32, 34-35, 39, 60, 98, 101, 110, 113, 131, 133, 243, 267

Equador: de república das bananas à não república, de Rafael Correa, 99

Erhard, Ludwig (1897-1977), 103

Escobar, Ricardo Froilán Lagos (1938-), 204

Escola Austríaca, 230

Escola de Salamanca, 52, 228

Escola Superior Peronista, 198

Eskilsson, Sture Birger (1930-2016), 277

Espanha, 47-48, 51-52, 62-63, 82, 126, 143, 152, 155, 162-63, 166, 173, 186, 244, 266-68, 278, 294

Espectador, El, 114

Estados Unidos, 9, 11, 28-29, 35, 60, 63, 91, 96, 111, 116, 122-124-26, 137, 150, 186-87, 196, 201, 221, 241, 243-46, 251-53, 255, 265, 269, 272, 277, 291

Estado, 13, 25, 27, 29, 31-33, 35-39, 51, 71, 73-78, 80, 82, 90, 92, 98, 104, 110, 113-15, 119, 122-24, 130, 132, 135-38, 145, 153, 158, 161, 166, 178, 180, 186-92, 205-07, 227-28, 230, 234, 239, 248, 250-52, 254-55, 257-58, 271, 275, 296

Estado de Direito, 63, 75, 117-18, 127, 153, 171, 245, 276, 294

Estônia, 111

Etchebarne, Agustín, 194

Europa, 19, 26, 30, 47, 78, 84, 89, 91, 106, 148, 152, 183, 223, 247, 251, 272, 276, 297

Europa Oriental, 19, 178

F

Facebook, 289, 291, 294

Facundo Quiroga, Juan (1788-1835), 33

Facundo: Civilização e Barbárie no Pampa Argentino, de Domingo Faustino Sarmiento, 33

Fannie Mae e Freddie Mac, 221

FARC (Forças Armadas Revolucionárias da Colômbia), 33, 35

Fascismo italiano, 76

Feinmann, José Pablo (1943-), 194

Ferguson, Niall Campbell (1964-), 208, 254

Fernández-Gala, Juan Carlos Monedero (1963-), 51, 166, 173-75, 234

Ferreira, Silvestre Pinheiro (1769-1846), 41

Ferrer, Aldo (1927-2016), 189

Fiesta del Chivo, La [A Festa do Bode] de Mario Vargas Llosa, 13

Financial Times, 207

Finlândia, 111

Flores y Aramburu, Juan José (1800-1864), 59

Forbes, 130

Foro de São Paulo, 98, 163, 193, 231-33

Fórum Empresarial do México, 267

Fortune, 218

França, 11, 29-30, 107, 184, 200, 246, 250

Francisco, Jorge Mario Bergoglio (1936-), Papa, 51, 211, 216-21, 223-24, 230

Francisco de Vitoria (1483-1546), 227

Franco, Francisco Bahamonde (1892-1975), 79, 162

Frank, Andreas Gunder (1929-2005), 94

Freire, Paulo Reglus Neves (1921-1997), 195

Freud, Sigmund (1856-1939), 195, 212

Friedman, Milton (1912-2006), 94, 100, 265-66, 278

Friedman, Rose Director (1910-2009), 101

Fromm, Erich Seligmann (1900-1980), 136

Front National (FN), 30

Fujimori, Alberto Kenya (1938-), 62, 131

Fundação Jaime Guzmán, 267

Fundação para o Progresso, do Chile, 267

Fundación Atlas Federalismo e Liberdade (Tucuman), 267

Fundación Libertad (Rosario), 267

"Fundación Nueva Democracia", 267

Fundo Monetário Internacional, 49

Furtado, Celso Monteiro (1920-2004), 105

G

Gaitán, Jorge Eliécer (1903-1948), 12

Galeano, Eduardo Hughes (1940-2015), 51, 95-96, 105

Gans-Morse, Jordan, 102-03

Garrido, Alberto (1949-2007), 171

Gaulle, Charles André Joseph Marie de (1890-1970), 246

Genebra, 85

George Anson Fisher, Antony (1915-1988), 261, 264, 276

George Mason University (Virgínia), 284

Germani, Gino (1911-1979), 32

Gide, Charles (1847-1932), 200

Globalização do mercado de trabalho, 10, 12

Globe and Mail, The, 133

Gómez, Juan Vicente (1857-1935), 12, 25, 33

Gramsci, Antonio (1891-1937), 151, 155-59, 161, 170, 175, 179, 193-95, 233, 260

Gramsci en la Argentina, de Mario Della Rocca, 193

Gramscianismo, gramsciano, 36, 38, 141, 159, 166, 175, 192-94, 198, 234

Grande Depressão dos anos 1930, 189, 199, 201

Granma, 196

Gratius, Susanne, 32

Greenspan, Alan (1926-), 14, 30

Grupo Salinas, 267

Guatemala, 63, 100, 133, 268-71

Guerra de Guerrilhas, A, de Ernesto "Che" Guevara, 88

Guerra de posições, 161

Guerra Fria, 96, 216, 231

Guerreiro, Mário A. L. (1944-), 14, 16, 27

Guevara de la Serna, Ernesto (1928-1967), o Che, 47, 74, 76, 85, 88-89, 114, 121, 179, 268, 280, 297

Guijarro, Rocío, 267

Gutiérrez Merino, Gustavo (1928-), 212-13

H

Haider, Jörg (1950-2008), 31

Haiti, 133

Harnecker Cerdá, Marta (1937-), 166-71, 175, 234

Hausmann, Ricardo (1956-), 224-25

Havana, 99

Hayek, F. A. [Friedrich August von] (1899-1992), 48, 62, 82, 119-20, 151-52, 245, 261, 268, 277

Hazlitt, Henry Stuart (1894-1993), 107

Hegemonia cultural, 62, 143, 145, 155, 158, 161-62, 183, 192, 195, 198, 204-05, 218, 233-34

Heritage Foundation, 277

Hidalgo, Marjuli Matheus, 169

História do Liberalismo Brasileiro, de Antônio Paim, 41

Hitler, Adolf (1889-1945), 71, 76-82, 172, 174, 195
Holanda, 106
Holcombe, Randall Gregory (1950-), 135-36
Hong Kong, 109, 111
Horizontal, 267
Hospital Universitário de Caracas, 134
Huasipungo, de Jorge Icaza, 35

I

Icaza, Jorge (1906-1978), 35
Inácio de Loyola, Santo (1491-1556), 217
Ibargüen, Giancarlo (1963-2016), 268
Ibero-Americano, 27
Ibex 35, 48
Idade Média, 287
Ideas para o Chile: aportes de la cientroizquierda, de Michelle Bachelet, 205
Ideología burguesa y democracia, de Alvaro Velásquez, 269
Idolatria do Estado, 13, 71, 73, 298
Iglesias Turrión, Pablo Manuel (1978-), 48, 50, 62, 76, 104, 120-22, 124-25, 155, 158-62, 170, 174-75, 234, 248, 297
Igreja Católica, 51, 143, 158-59, 211-12, 214-16, 229-30
Império Britânico, 249
Império da Lei ("*Rule of Law*"), 63, 245
Índice de Liberdade Econômica, 109, 135
Índice de Transformação Bertelsmann Stiftung, 113
Incas, 106
Índia, 39, 249
Inglaterra, 106-07, 196, 244-46, 261-62, 271, 277, 291
Instagram, 289, 294

Institute of Economic Affairs (IEA), 262, 276
Instituto Acton (em Buenos Aires), 267
Instituto de Economía Política, 267
Instituto de Pensamiento Estratégico Ágora (Ipea), 267
Instituto Fraser, 109
Instituto Hoover, 148
Instituto Juan de Mariana, 267
Instituto Nacional de Revisionismo Histórico Argentino, 195
Intelectuais orgânicos, 151, 155-56, 194
I, Pencil [Eu, lápis], de Leonard Read, 108
Irlanda, 111
Israel, 28
Izquierda Unida (IU), 48

J

Japão, 184
Jefferson, Thomas (1743-1826), 186, 251, 253
Jellinek, Georg (1851-1911), 123
Jiménez, Marcos Pérez (1914-2001), 12
Jinping, Xi, (1953-), 9
João Paulo II, Karol Józef Wojtyła (1920-2005), Papa, 226-27
Journal des économistes, 200
Jozami, Eduardo (1939-), 193-94
Juan de Mariana (1536-1624), 52, 228, 230, 267

K

Kahneman, Daniel (1934-), 280
Kapital, Das ver *Capital, O*
Kennedy, John Fitzgerald (1917-1963), 92-93

Keynes, John Maynard (1883-1946), 90-91, 189

Kirchner, Cristina Fernández de (1953-), 11, 31, 35, 62, 76, 98, 104, 120, 129, 131-32, 134, 190-91-92, 194-96, 297-98

Kirchner, Néstor Carlos (1950-2010), 11, 31, 35, 62, 76, 132, 134, 190-91, 192-95, 243, 297-98

Kirchnerismo, 190-91, 193-94, 197

Korda, Alberto Díaz-Gutiérrez (1928-2001), conhecido por Alberto, 280

Kraus, Karl (1874-1936), 169

Krugman, Paul Robin (1953-), 202

L

Lacan, Jacques-Marie Émilie (1901-1981), 195

Laclau, Ernesto (1935-2014), 32, 195, 197

Laissez-faire, 91, 105, 200-01, 271

Lal, Deepak (1940-), 222

Latin America: Underdevelopment or Revolution, de Andre Gunder Frank, 94

Leáñez, Carlos, 169

Lechín Weise, Juan Claudio (1956-), 79-82

Legault, François (1957-), 11

Leighton, Wayne, 152-53

Lei do Açúcar (*Sugar Act*), 249

Lei do Chá (1773), 249

Lei do Melaço, 249

Lei do Selo (*Stamp Act)*, 249

Lenin, Wladimir Ilyich Ulyanov (1870-1924), 78, 94, 174, 182, 195, 245

Lepage, Henri (1941-), 278

Le Pen, Jean-Marie (1928-), 11, 30

Letwin, Oliver (1956-), 262

Liberalismo, 20, 24, 38, 40-41, 49, 51, 77, 82, 103, 118, 135, 138, 152, 174, 186, 190, 200-01, 211, 226-27, 245, 269-70, 275

Libertad y Desarrollo, 267

Libertad y Progreso (em Buenos Aires), 267

Lieber, Francis (1798-1872), 251-52

Linera, Álvaro Marcelo Garcia (1962-), 232-34

Llosa, Álvaro Vargas (1966-), 15, 17, 39, 60, 97, 297

Llosa, Jorge Mario Pedro Vargas (1936-), 13, 34, 51, 96, 203-04

Locke, John (1632-1704), 118, 245

London School of Economics, 261, 291

López, Edward, 152

Lopez Obrador, Andrés Manuel (1953-), 12-13, 62, 76, 98, 104, 297

Lugo, Fernando Armindo (1951-), 12

Luis de Molina (1535-1600), 229

Luksenburg, Rozalia, a Rosa Luxemburgo (1871-1919), 94

Lynch Filho, Alberto Benegas, 263-64

M

Macri, Mauricio (1959-), 185, 195

Macron, Emanuel Jean-Michel Frédéric (1977-), 11

Maduro Moros, Nicolás (1962-), 12, 31, 62, 76, 104, 116-17, 131, 175, 203, 298

Maias, 13, 89, 106

Maquiavel, Nicolau (1469-1527), 52

Márquez, Ivan Duque (1976-), 40

Marx, Karl (1818-1883), 51, 61, 166, 200

Máscaras do Fascismo, As, de Juan Claudio Lechín, 79

McCloskey, Deirdre Nansen (1942-), 222, 224

Mead, Margaret (1901-1978), 65

Medellín, 215
Mein Kampf, de Adolf Hitler, 82
Mendoza, Plinio Apuleyo (1932-), 60
Menem Akil, Carlos Saúl (1930-), 62
Mercurio, El, 245
Messianismo, 24, 80
Mészáros, István (1930-2017), 166, 179, 181
México, 12-13, 98, 110, 133, 243, 267
Mill, John Stuart (1806-1873), 23, 27, 263
Mises, Ludwig Heinrich Edler von (1881-1973), 65
Monde Diplomatique, Le, 165, 175
Monedero Fernández-Gala, Juan Carlos (1963-), 51, 166, 173-75, 234
Mont Pelerin Society, 247
Montaner, Carlos Alberto (1943-), 60, 97, 297
Morales Ayma, Juan Evo (1959-), 12, 22, 62, 76, 97, 116, 219
Morandé, Felipe (1955-), 202
Movimento dos Sem Terra, 36, 180
Movimiento Cívico Nacional, 268
MySpace, 289
Myth of the Rational Voter, The, de Brian Caplan, 284

N

Nature, 291, 293
Nazismo alemão, 76, 78, 81-82, 169
Negação do Holocausto, 171
Neoliberalismo, 51, 71, 75, 97-99, 102-05, 108, 110-11, 145-46, 166-67, 173, 186, 192, 205-06, 232-33, 174-76, 284
Neopopulismo, 9, 12-15, 17-27, 29, 31, 33-34, 36, 38-41
Newsweek, 226
Nicarágua, 60, 113, 121, 151, 243
Nixon, Richard Milhous (1913-1994), 215

"Noble Savage"(O bom selvagem), de Charles Dickens, 89
North, Douglass Cecil (1920-2015), 149, 257-59, 260
Noruega, 111
Nova Zelândia, 111
"Novilíngua" (*Newspeak*), 51, 145

O

Oliva, Alberto (1950-), 14, 16, 27
Obama, Barack Hussein (1961-), 10, 290
Obrador, Andrés Manuel López (1953-), 12-13, 62, 76, 98, 104, 297
Occupy Wall Street, 290
OCDE – Organisation for Economic Cooperation and Development, 208
O'Donnell, Guillermo (1936-2001), 15, 20
Olmecas, 13
Oppenheimer, Andrés (1951-), 33
Organização das Nações Unidas (ONU), 90
Organização Timbro, 277-78
Ortega Saavedra, José Daniel (1945-), 62, 76
Orwell, Eric Arthur Blair (1903-1950), George, 131, 145-48
Otro modelo, El, vários autores, 205-06
Outono do Patriarca, O, de Gabriel García Márquez, 25, 33

P

Paim, Antônio (1927-), 38, 41
Paine, Thomas (1737-1809), 278
Pais fundadores dos Estados Unidos, 116, 126

Paraguai, 12, 217
Parlamento Britânico, 262
Partido Comunista Italiano, 155
Partido Comunista de Cuba, 196
Partido da Liberdade (FPÖ) da Áustria, 31
Partido dos Trabalhadores (PT) do
    Brasil, 231
Partido Nacional Socialista dos
    Trabalhadores da Alemanha
    (*Nationalsozialistische Deutsche
    Arbeiterpartei*), 78
Partido Revolucionário Institucional
    (PRI) do México, 12
Partido Socialista Obrero Español
    (PSOE), 48
Pátria Grande, 167
Pavón, Héctor, 193
Payne, Stanley G., 79
Paz, Octavio (1914-1998), 13
Pedagogia do Oprimido, de Paulo Freire,
    195
Pedro Fernández de Navarrete (1564-
    1632), 228
Pen, Marine le (Marion Anne Perrine le
    Pen) (1968-), 50
Perón, Maria Eva Duarte de, a Evita
    (1919-1952), 190
Perón, Juan Domingo (1895-1974),
    12, 76, 131, 171, 189-91, 195,
    198-99
Peru, 10, 39, 62, 110, 131, 133, 171, 268
Petrobrás, 37
Petróleos de Venezuela (PDVSA), 176
Piaget, Jean William Fritz (1896-
    1980), 195
Piñera, Miguel Juan Sebastián (1949-),
    203-04
Pinilla, Gustavo Rojas (1900-1975), 12
Pinker, Steven Arthur (1954-), 286
Pinochet Ugarte, Augusto José Ramon
    (1915-2006), 103, 169, 202
Plano Marshall, 93

Platão (427-347 a.C.), 27, 63
Podemos, 48-50, 120, 160, 162, 166, 173
Politics and the English Language, de
    George Orwell, 146
Ponte y Blanco, Simón José Antonio
    de la Santísima Trinidad Bolívar
    Palacios Ponte y Blanco, ou Simón
    Bolívar (1783-1830), 59-62, 114,
    297
Populismo, 9-24, 26, 28-32, 37, 39,
    47-52, 60-62, 64, 69, 71, 73-75, 78,
    105, 107, 116, 132-35, 139, 143,
    145, 148, 159, 165-66, 173, 188,
    195-97, 199, 207, 209, 234-35, 237,
    241, 243, 255, 257, 265, 267, 278,
    298-99
Popper, Karl Raimund (1902-1994),
    52, 182
Poverty and Progress, de Deepak Lal, 222
Prebisch, Raúl (1901-1986), 50, 90-95,
    105
Prêmio Nobel de Economia, 62, 82,
    107, 149, 202, 245, 257, 280
Primeira Guerra Mundial, 184
Princípios de Política, de Benjamin
    Constant de Rebecque, 40
Privilégios, 37, 52, 75, 89, 108,122, 125-
    26, 130-31, 135, 153, 189, 244, 273
Profit de l'un est dommage de l'autre, Le
    [*O Lucro de Um é Prejuízo de Outro*],
    de Michel de Montaigne, 84
Putin, Vladimir Vladimirovitch
    (1952-), 9

Q

Québec, 11
Queda do Muro de Berlim, 99, 168, 181
Querela do Estatismo, A, de Antônio
    Paim, 38
Quintana Leal, Jaime Daniel (1967-), 98

R

Raíces cristianas de la economia do libre mercado, de Alejandro Chafuen, 227

Rallo, Juan Ramón, 267

Ramonet, Ignacio Míguez (1943-), 165, 175-77

Rangel, Carlos (1929-1988), 83, 113, 211, 245

Ranking da Transparência Internacional, 133

Regime do Terror, 121-22, 174

Read, Leonard Edward (1898-1983), 108

Reader's Digest, 261

Reagan, Ronald Wilson (1911-2004), 233, 263

Rebecque, Benjamin Constant de (1767-1830), 40

República, 63, 84, 122, 227, 241, 245, 255, 264, 268, 294

República Popular da China, 63

Revel, Jean-François (1924-2006), 81

Revolução Cubana, 94

Revolução dos Bichos, A, de George Orwell, 131

Revolução Francesa, 120-21, 124, 131, 246-48, 250-51

Revolução Industrial, 223-24

Revolução Norte-americana, 121

Reyes, Raúl (1948-2008), 35

Ricardo, David (1772-1823), 91

Rioseco, Alejandro Tomás Foxley (1939-), 203

Ríos Profundos, Los, de José Maria Arguedas, 35

Robespierre, Maximilien François Marie Isidore de (1758-1794), 23, 27, 120-23, 174

Rocca, Mario Della, 193-94

Rockefeller, Nelson Aldrich (1908-1979), 215-16

Rodriguez, Rosa, 169

Rodríguez, Zorobabel (1849-1901), 201

Rosa, José María (1906-1991), 196

Rosas, Juan Manuel José Domingo Ortiz de (1793-1877), 186

Rousseau, Jean-Jacques (1712-1778), 23, 27, 85-89, 115, 122-24, 187, 248, 250

Rousseff, Dilma Vana (1947-), 12, 62, 131, 290, 295

Royal Air Force, 261

Royal, Marie-Ségolène (1953-), 11, 291

Rueff, Jacques (1896-1978), 246

Rule of law, ou Estado de Direito, 118, 245

Rússia, 9, 178

Rüstow, Alexander (1885-1963), 102-03

S

Sagrada Congregação para a Doutrina da Fé, 214

Salinas-Leon, Roberto, 267

Sanandaji, Nima (1981-), 273

Sandinistas, 131

Santiago do Chile, 90, 202

Sarközy de Nagy-Bocsa, Nicolas Paul Stéphane (1955-), 291

Sarmiento, Domingo Faustino (1811-1888), 33

Sartori, Giovanni (1924-2017), 126

Schmidt, Carl (1888-1985), 195

Schmidt-Hebbel, Klaus, 208

Schumpeter, Joseph Alois (1886-1950), 148, 200

Schwartzman, Simon (1939-), 15

Segunda Conferência Geral do Episcopado Latino-americano, 215

Segunda Guerra Mundial, 80, 246, 261

Señor presidente, El [*O Senhor Presidente*] de Miguel Angel Asturias, 13

Silva, Luiz Inácio Lula da (1945-), 12, 29, 31, 36-37, 62

Singer, Hans Wolfgang (1943-), 91

Sistema Comunal e a Lei do Valor, O, de István Mészáros, 181

Smith, Adam (1723-1790), 50, 91, 137, 225, 247, 271, 278

Sobre a Questão Judaica, de Karl Marx, 81

Socialismo del siglo XXI, El, de Heinz Dieterich, 166

Socialismo do século XXI, 73, 79, 82, 99, 110, 114, 121-22, 132-33, 142-43, 165-71, 173, 175, 179, 182, 194-95, 231, 233, 248, 297

Socialistas, 48, 52, 63, 71, 74, 76-79, 81-82, 88, 97, 103-05, 113, 119-21, 124, 126, 133-34, 146, 149-50, 152, 155, 157-59, 165, 168-69, 173-75, 178, 181-82, 189, 197, 201, 20507, 211-12, 214-18, 223, 232, 234-35, 244, 260, 262, 265, 269-71, 274-78, 281-82

Sociedades classistas e escravistas, 89

Sorman, Guy (1944-), 50, 208

Sousa, Paulino José Soares de (1807-1866), Visconde de Uruguai, 41

Sowell, Thomas (1930-), 148

Stalin, Josef Vissarionovich (1878-1953), conhecido como, 76, 78, 80, 174

Stefanelli, Giuseppe Graterol, 169

Suécia, 111, 196, 207, 271-74, 276, 278

Suíça, 24, 109, 111

Sunkel, Osvaldo (1929-), 105

Svenska Arbetsgivareföreningen (FAE), 277

Swift, Jonathan (1667-1745), 52

T

Taguieff, Pierre-André (1946-), 13-21, 23-24, 26, 28, 30

Taylor, John Brian (1946-), 221

Teatro Colón, 184

Teoria Geral do Emprego, do Juro e da Moeda, de John Maynard Keynes, 90

Terceiro Reich, 136

Tertsch, Hermann (1958-), 162-63

Thatcher, Margaret Hilda (1925-2013), 233, 262-63, 271

Tocqueville, Alexis Charles Henri Clérel (1805-1859), 18, 252-53

Tomás de Aquino, Santo (1225-1274), 229

Tomás de Mercado (1523 ou 1530-1575), 227

Torres, Manuel Francisco Antonio Julián Montt (1809-1880), 199

Tricontinental, 74

Troudi, Haiman el (1970-), 173

Tsipras, Alexis (1974-), 49

Twitter, 289, 294

U

União Soviética, 167-68, 174, 180, 182, 233

Universidade Complutense, 49

Universidade da Califórnia em Los Angeles (UCLA), 212, 222

Universidade de Cambridge, 91

Universidade de Chicago, 94, 137

Universidade de Columbia, 106

Universidade de Estocolmo, 274

Universidade de Harvard, 96, 224, 291

Universidade de Leuven (Bélgica),

Universidade de Nova York, 292

Universidade de Oxford, 124

Universidade de Princeton (New Jersey), 280
Universidade de Stanford, 148, 150-52, 221
Universidade de Sussex, 179
Universidade de Yale, 260
Universidade do Chile, 200, 204
Universidade Francisco Marroquín (UFM), 268, 276
Universal, El, 165
Uruguai, 110, 133
Uso da força (pelo Estado), 126, 156, 170
Utopia socialista, 34, 40-41, 81, 163, 178, 248, 280

V

Vargas, Getúlio Dorneles (1882-1954), 12
Vázquez-Rial, Horacio (1947-2012), 14, 29
Veias Abertas da América Latina, As, de Eduardo Galeano, 51, 95
Velasco, Claudia e Armando Regil, 267
Velásquez, Alvaro, 269-70
Vélez, Álvaro Uribe (1952-), 11, 40
Venezuela, 10, 12, 31-33, 35, 48, 60, 102, 104, 109-10, 113, 116, 132-34, 145, 169, 171-72, 174-76, 178, 180-81, 196, 207, 243, 267, 294-95
Vietnã, 178

X

Xavier Sala-i-Martin (1962-), 106
Xiaoping, Deng (1904-1997), 135-36

Y

YouTube, 289, 294

W

Wall Street Journal, The, 207
Washington, 177
Wealth of Nations, The, de Adam Smith, 137
Weffort, Francisco Correia (1937-), 15
Westholm, Carl Johan (1947-), 277
Wittgenstein, Ludwig Joseph Johann (1889-1951), 195
Woods, Alan (1944-), 166, 176-77
World Giving Index, 253

Z

Zanotti, Gabriel (1960-), 230
Zara, 51
Zedong, Mao (1893-1976), 76, 78, 80, 159, 161
Zingales, Luigi (1963-), 137
Zimbábue, 133

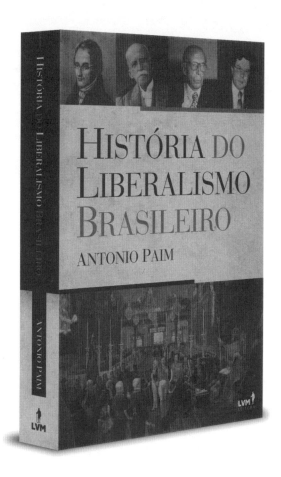

A trajetória pessoal e o vasto conhecimento teórico que acumulou sobre as diferentes vertentes do liberalismo e de outras correntes políticas, bem como os estudos que realizou sobre o pensamento brasileiro e sobre a história pátria, colocam Antonio Paim na posição de ser o estudioso mais qualificado para escrever a presente obra. O livro *História do Liberalismo Brasileiro* é um relato completo do desenvolvimento desta corrente política e econômica em nosso país, desde o século XVIII até o presente. Nesta edição foram publicados, também, um prefácio de Alex Catharino, sobre a biografia intelectual de Antonio Paim, e um posfácio de Marcel van Hattem, no qual se discute a influência do pensamento liberal nos mais recentes acontecimentos políticos do Brasil.

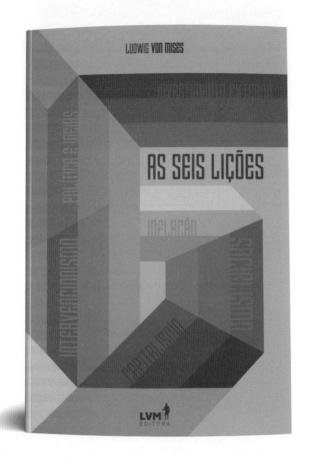

As Seis Lições reúne as palestras ministradas, em 1959, por Ludwig von Mises na Universidade de Buenos Aires (UBA). O autor discute com clareza o capitalismo, o socialismo, o intervencionismo, a inflação, o investimento estrangeiro e as relações entre política e ideias. Em linguagem agradável, a obra apresenta as linhas gerais do pensamento misesiano sendo, ao mesmo tempo, uma das melhores introduções à Política e à Economia. Além do prefácio original de Margit von Mises, viúva do autor, a presente edição conta com uma apresentação bibliográfica do economista austríaco escrita por Helio Beltrão e Alex Catharino.

Nascido em 1917 e tendo falecido em 2001, o diplomata, economista e parlamentar Roberto Campos foi um dos mais importantes pensadores liberais brasileiros do século XX, sendo uma figura central no projeto de modernização de nosso país. No contexto após a abertura democrática, tanto como senador e deputado federal quanto como colunista de grandes jornais, foi um crítico do intervencionismo da Constituição Brasileira de 1988 e das nefastas consequências dela para a sociedade. Na coletânea *A Constituição Contra o Brasil*, organizada pelo embaixador Paulo Roberto de Almeida, estão reunidos 65 ensaios de Roberto Campos sobre a temática, escritos entre 1985 e 1996, que ainda guardam uma impressionante atualidade, além de incluir três importantes estudos do organizador.

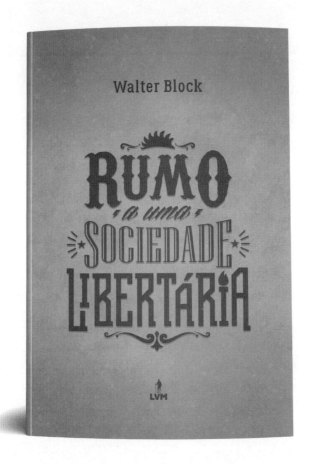

Rumo a uma Sociedade Libertária apresenta em capítulos curtos e incisivos as questões polêmicas mais discutidas em nosso tempo sob o prisma dos fundamentos básicos do libertarianismo. No característico estilo claro e agradável que marcam todos os seus escritos, Walter Block discute política externa, economia e liberdades pessoais nesta coletânea de ensaios. Ao forçar o leitor a sair do lugar comum das análises políticas, econômicas e sociais, a lógica impecável do autor revela que os princípios econômicos da Escola Austríaca e o pensamento individualista libertário são os melhores veículos para compreender os problemas mundiais e conduzir em direção às soluções destes.

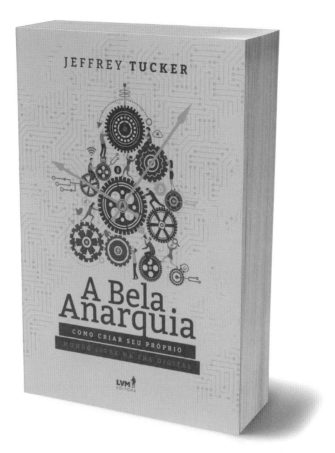

Os objetivos principais do livro *A Bela Anarquia* de Jeffrey Tucker são: 1) chamar a atenção para a realidade que nos cerca, mas que dificilmente nos preocupamos em notar, muito menos de celebrar; 2) exortar a disposição de abraçar este novo mundo como um meio de melhorar nossas vidas independentemente do que as instituições anacrônicas de poder estatal desejem que façamos; 3) elucidar as causas e efeitos que criaram este novo mundo; e 4) estimular mais ainda as boas instituições que criaram esta bela anarquia. Esta obra cobre os usos das mídias sociais, a obsolescência do Estado-nação, o modo como o governo está destruindo o mundo físico, o papel do comércio na salvação da humanidade, as depredações da política monetária dos governos e o mal da guerra, bem como a mentira da segurança nacional e o papel das sociedades privadas como agentes de libertação.

Acompanhe a LVM Editora nas redes sociais

 https://www.facebook.com/LVMeditora/

 https://www.instagram.com/lvmeditora/

Esta obra foi composta pela BR75
na famílias tipográficas Chaparral e Garamond
pela Rettec para a LVM em março de 2019